Unterwegs

Unterwegs

WIE MODERNE ABENTEURER SICH EIN ZUHAUSE SCHAFFEN

Von Emma Reddington
Fotografien von Sian Richards

Übersetzung von Johanna von Lobenstein

Lifestyle
BUSSE
SEEWALD

Impressum

Erstveröffentlichung: Artisan Books, Teil der Workman Publishing Co., Inc., USA unter dem Titel „Nomad: Designing a Home for Escape and Avdenture"

Übersetzung der deutschsprachigen Ausgabe: Johanna von Lobenstein
Produktmanagement und Lektorat: Tanja Kasten
Cover: Sandra Preinl
Herstellung: Jessica Siebert
Satz: Arnold & Domnick, Leipzig
Druck und Bindung: DRUK-INTRO S.A., Polen

1. Auflage 2020
© 2020 frechverlag GmbH, Turbinenstraße 7, 70499 Stuttgart ISBN: 978-3-7724-7284-8

Best.-Nr. 7284

Für Mum und Dad, die mich lehrten, für alle Abenteuer offen zu sein

Inhalt

Einleitung

Als ich jung war, blieben wir nie lange an einem Ort. Wir zogen oft um, und wir unternahmen so häufig Autotouren und Fernreisen, dass meine Mutter zu sagen pflegte: „Zuhause ist da, wo wir zusammen sind."

Ich sage öfter scherzhaft, dass ich meine Kindheit auf dem Rücksitz des Autos verbracht habe – aber ganz falsch ist es nicht. Die Wochenenden verbrachten wir bei Tagen der Offenen Tür; als ich vierzehn Jahre alt wurde, waren wir schon sechs oder sieben Mal umgezogen. In den Ferien fuhren wir durch die kanadischen Rockies oder noch weiter weg, an die warmen Seen von British Columbia. Damit begann die „Ausbildung" für meine beiden Schwestern und mich. 12-stündige Fahrten mit nur einer Pause waren an der Tagesordnung. Als wir dann selbst begannen, längere Reisen zu unternehmen (an der amerikanischen Ostküste entlang, von Madrid bis nach Marokko, einmal quer durch Europa) waren wir erfahrene Reisende, und wir liebten das Unterwegssein genauso sehr wie unsere Eltern.

Dann zog ich einen Schlussstrich. Ich ließ mich in Toronto nieder, widmete mich meiner Karriere, kaufte ein schmales viktorianisches Haus in einer angesagten Gegend und bekam zwei Kinder. Ich führte ein erfülltes, aber sesshaftes Leben.

Dann las ich von einer Familie, die dauerhaft in einem umgebauten Airstream Wohnwagen lebte. Ihr Leben war erfüllt vom

Zauber der ewigen Ferien (so schien es mir jedenfalls). Sie hatten Haustiere, es gab Abendessen im Familienkreis, sie waren erfolgreich in ihren Berufen, und sie hatten ein schönes Zuhause. Sie sahen glücklich aus – und sie waren frei.

Schon bald begegneten mir solche Geschichten überall. Der Buchhalter, der seinen gut bezahlten Job an den Nagel hängte und in einen Van umzog, um täglich surfen zu gehen; das junge Paar, das in ein Wohnmobil zog, weil sie nicht zusätzlich zu den Studiengebühren noch ein Darlehen für ein Haus aufnehmen wollten; die fünfköpfige Familie, die alle Besitztümer verkaufte, um in einem Schulbus zu leben. Die große Rezession, die immensen Schuldenberge der Studiengebühren, der Klimawandel, die exzessive Konsumgesellschaft und die wachsende Unsicherheit der traditionellen Arbeitsplätze schien viele Leute dazu zu zwingen, sich damit auseinanderzusetzen, wie und wo sie leben wollten. Ich wollte mehr wissen.

Vier Monate später unternahm ich die erste von neun Autotouren, die meine Fotografin Sian Richards und mich in sechs Länder und elf US-Bundesstaaten führte. Das erste, was ich lernte, war, dass ich keine Ahnung vom Leben auf der Wanderschaft hatte. Mein Wissensstand über Aussteiger-Basics wie Kompost-Toiletten, Solarzellen und Gleichstrom begann und endete mit dem Unterricht in der Oberstufe. Es sieht ganz so aus, als sei ich damit nicht alleine. Tatsache ist, dass es keinen Ratgeber für alternative Lebensmodelle gibt. Bei meinen Gesprächen mit den Bewohnern von Campingbussen, umgebauten Schulbussen, Hausbooten, Wohnmobilen, Wohnwagen und Tiny Houses hörte ich immer wieder, dass es mühsam ist, sich diese Wohnorte einzurichten und darin zu leben. Keiner von ihnen hatte sich gut informiert, bevor er sich für diese Lebensweise entschied; allen gemeinsam war aber das Bestreben, sich von der konventionellen Existenz abzuwenden, weil sie diese als für sich nicht mehr passend empfanden. Es ging zum Beispiel darum, einen neuen Sinn im Leben zu finden, weg von materiellen Dingen und hin zu Erfahrungen, oder darum, eine Geschäftsidee umzusetzen oder eine Übergangslösung weg von den horrend hohen Mieten in den Großstädten zu suchen.

Diese Lebensweise hat auch Schattenseiten, auch wenn es so erscheinen mag, als bestünde sie nur aus malerischen Sonnenuntergängen unter Palmen. So einfache Dinge wie den Wasserhahn aufzudrehen, um Kaffee aufzusetzen, oder den Thermostat höher zu stellen, weil es kälter wird, sind nicht immer möglich. Freunde bekochen kann man schlecht, wenn sie Hunderte von Meilen weit weg sind, und nur wenige haben die nötige Ausstattung, ein Blech Kekse in den Backofen zu schieben. Selbst eine Klospülung zu bedienen kann einem wie ein Luxus vorkommen.

Vielleicht ist das der Grund, warum die Mitglieder dieser Community so viel Zeit darauf verwenden, ihr Zuhause zum Refugium zu machen. Wenn die Welt an den Fenstern vorbeihuscht und der Alltag vom Unbekannten bestimmt wird, kann es ein Trost sein, sich nachts in die eigene Bettwäsche zu kuscheln oder sich abends sein Lieblingsessen zu kochen. Das eigene Zuhause ist nur wenige Quadratmeter groß, also ist es wichtig, dass jeder Quadratzentimeter sich heimelig anfühlt. Kein Mantra könnte für diese Nomaden zutreffender sein als „Umgib dich mit dem, was du liebst".

Das Heim dieser Menschen ist authentische Lebensweise in ihrer reinsten Form. Lege die Vorurteile gegenüber denen ab, die sich für ein Leben im Schulbus oder auf dem Campingplatz entscheiden. Auf den folgenden Seiten werden dir unter anderem eine Fulbright-Stipendiatin, die das American Journal of Bioethics der Universität von Stanford herausgibt, ein Architekt, ein Manager einer Software-Firma, ein Innenarchitekt und eine Krankenschwester begegnen. Unter den vorgestellten Eigentümern finden sich Skateboard-Designer, Technologie-Unternehmer und eine Kunsthandwerkerin. Die Zeiten, in denen nur Rentner oder Hippies und Naturbesessene diese Lebensweise wählten, sind vorbei. Überall Zugriff auf das Internet zu haben, hat eine neue Ära der Vernetzung eingeläutet: Es ist machbar, in einem Airstream neben einem rauschenden Fluss zu arbeiten, oder ein Fotostudio auf einem Berggipfel zu betreiben.

Es sind nicht immer die gleichen Gründe, die Menschen zu diesem Schritt bewegen.

Manche Menschen lockt das Abenteuer, andere praktizieren die Reduktion auf das Wesentliche. Manche wollen ihren Traum verwirklichen, andere dem Status Quo entrinnen. Darum habe ich das Buch in vier Teile strukturiert. Viele der Beschriebenen fallen in mehr als eine Kategorie – ich habe sie in dem Kapitel untergebracht, das am ehesten ihrem Anliegen entspricht. Und da ich davon ausgehe, dass du viele grundlegende Fragen haben wirst (Wo parke ich? Was kostet das Ganze? Wo verstaue ich meine Sachen? Wo gehe ich auf die Toilette?), haben die sanitären Einrichtungen und der Stauraum jeweils eigene Kapitel bekommen. Außerdem habe ich eine Art „Landkarte zur Freiheit" zusammengestellt, einen umfassenden Ratgeber dafür, wie man das für sich passende Modell findet und wie hoch die Renovierungskosten sind. Ich stelle Produkte vor, die für kleine Wohnsituationen besonders praktisch sind, und nenne ein paar unverzichtbare Bezugsquellen für das mobile Leben.

Die beschriebenen Lebensmodelle und Eigentümer sind sehr unterschiedlich. Manche Behausungen sind mobil, andere stationär. Die einen leben nur auf bestimmte Zeit auf diese Weise, andere haben sich dafür entschieden. Eines verbindet sie aber: ihre Lebenssituation ist immer eine Lösung für ein in einer konventionellen Wohnsituation unlösbares Problem. Diese neue Generation von Nomaden hat einen Weg gefunden, das zu verfolgen, was ihnen wichtig ist, indem sie sich dem Unbekannten stellen.

1

Die
Abenteuer-
sucher

DAS LEBEN VOLL AUSKOSTEN, NICHTS BEDAUERN,
DER NERVENKITZEL DES UNBEKANNTEN

Die Wellen-läuferin

Einigen wenigen Glückspilzen wurde Surfen in die Wiege gelegt; die meisten müssen es sich eher mühsam erkämpfen. Katharina Körfgen gehört zur zweiten Kategorie. Sie hatte nicht vor, ihr gesamtes Leben damit zu verbringen, es zu lernen. Nach sieben Jahren in Biarritz (Frankreich), in denen sie keine nennenswerten Fortschritte zu verzeichnen hatte, setzte sie sich selbst ein Ultimatum: Ein Jahr lang wollte sie nach Australien gehen, um Surfen zu lernen – wenn sie es danach immer noch nicht konnte, wollte sie es für immer sein lassen. Sie ließ sich in der Byron Bay nieder, die bekannt dafür ist, dass die Wellen sanft und stetig hereinrollen, und übte regelmäßig. Schon bald gelang es ihr, sich sicher auf dem Board zu halten, und damit begann ihre Liebesgeschichte mit diesem Sport.

Wir machen einen Zeitsprung. Es ist drei Jahre später, und wir befinden uns auf einem kleinen Parkplatz in Baleal, einem Surfstädtchen etwa eine Stunde nördlich von Lissabon. Hier hat Katharina ihr Zuhause auf vier Rädern geparkt. Der Parkplatz ist voller Busse in den verschiedensten Formen und Größen. An vielen hängen

‹ SURFEN BEI SONNENUNTERGANG

Katharina hat zwei Surfbretter: ein klassisches Longboard und ein kürzeres Reise-Longboard. Der morgendliche Blick auf die Surfberichte bestimmt den Rest des Tages – sie plant mit Blick auf die Wellen.

KATHARINA KÖRFGEN

2006 VW-Bus T5

Baleal, Portugal

Katharina ist gebürtige Kölnerin und betreibt aus ihrem Bus das Online-Magazin Salty Souls, das sich an Surf-begeisterte in Deutschland richtet.

⌃ EIN SCHÖNER PLATZ ZUM KOCHEN

Katharinas zweiflammiger Gaskocher wird von einer gekachelten Arbeitsplatte und einer selbst genähten Leinenschürze eingefasst. „Ich koche gern, und mir fehlt nichts. Meist koche ich morgens Haferflocken und abends Nudeln, Curry oder Kartoffeln. Ich esse nicht ganz vegetarisch, aber Fleisch gibt es bei mir eher selten", sagt Katharina.

⌐ EINE SACHE KOMMT, EINE GEHT

Der Bus von Katharina wird innen nicht von Wohn- zu Schlafbereich umgebaut, und das fast zwei Meter breite Bett bleibt immer offen. Um der Unordnung Herr zu werden, befolgt Katharina die Faustregel, immer etwas wegzugeben, wenn etwas Neues hinzukommt.

Ganzkörper-Wetsuits zum Trocknen. Am Tag meines Besuches ist aber niemand im Wasser. „Es ist viel zu windig", sagt Katharina. „Die Wellen sind total unberechenbar. Wir versuchen es lieber morgen wieder."

Sie macht sich in Richtung einer bekannten Wildcamperstelle auf, wo Campingbusse und Wohnwagen stehen, es aber keine sanitären Einrichtungen oder Strom gibt. Sie ignoriert das Verbotsschild, das ein durchgestrichenes Piktogramm von einem Surfer zeigt, und lenkt ihren beigefarbenen VW-Bus vorsichtig den holprigen Feldweg mit den Schlaglöchern entlang, bis sie an der Klippe angekommen ist. Die Aussicht ist zwar wunderschön, aber es kann trotzdem gefährlich werden, so nahe an den Wellen zu stehen. „Wenn es windig ist, wackelt der Bus ganz schön. Ich weiß gar nicht, wie oft ich schon gegoogelt habe ‚Kann ein Bus vom Wind umgeworfen werden?' Die Antwort ist immer nein, aber ich traue dem Frieden nicht ganz", sagt Katharina. Während sie sich bettfertig macht (sie zieht einen warmen Schlafanzug an und macht sich eine Wärmflasche), gesellen sich mehr und mehr Busse entlang der dramatischen Küste dazu, aufgereiht wie Perlen an einer Schnur.

In Byron Bay jobbte Katharina als Kellnerin, aber mit ihrem Geographiediplom von der Kölner Universität und der Passion, zu schreiben, wünschte sie sich eine interessantere Beschäftigung. Sie entschied sich, nach Europa zurückzukehren. Unterwegs legte sie einen Zwischenstopp in Indonesien ein, wo sie

eine alte Surferfreundin wiedertraf. Die beiden sprachen über ihre Pläne, dem Surfen einen festen Platz in ihrem Leben einzuräumen. So wurde Salty Souls geboren, ein ‚Online-Magazin für und über deutsche Surf-Nomaden'. Katharina wollte die Redaktion übernehmen, die Freundin wollte Fotos und Grafikdesign beisteuern. Sie beschlossen, sich ein Jahr lang ganz dieser Aufgabe zu widmen, um zu sehen, wie lebensfähig das Projekt sein würde. Dann beschäftigte Katharina sich ernsthafter mit dem Schreiben und schrieb sich für Online-Journalismus-Kurse ein. Aber Byron Bay wollte ihr nicht aus dem Kopf gehen. Sie vermisste das tägliche Wellenreiten, und sie wusste, dass jetzt der richtige Zeitpunkt war, um diesen Traum

umzusetzen. Das Einzige, was sie zurückhielt, war, dass die Bay so weit weg war. Sie beschloss also, dass vorübergehend die europäischen Surf-Strände, das Leben im ausgebauten VW-Bus und die Fahrten zu den besten Wellen genügen mussten. Sie suchte sich einen Volkswagen T5 aus und rekrutierte ihren Vater, ihr beim Umbau zu helfen. „Wir hatten beide keine Ahnung. Wir wussten gar nicht, wo wir anfangen sollten. Keiner von uns hatte je so etwas gemacht", sagt sie. Sie gingen davon aus, dass das speziell für den Bus angefertigte Bett, das fast zwei Meter breit ist, den meisten Platz beanspruchen würde, also begannen sie damit. Um die Karosserie nicht zu schädigen und Rost vorzubeugen, sahen sie davon ab, das Bett am

Fahrzeug zu befestigen. „Mein Vater ist Perfektionist. Es muss immer alles 100 %ig sein, also war es ein bisschen mühsam. Wir hatten viele Meinungsverschiedenheiten", sagt Katharina. Nachdem der Bettrahmen fertig war, beschloss sie, den restlichen Umbau alleine zu bewerkstelligen, um die Beziehung zu ihrem Vater nicht weiter zu belasten. Ihr war klar, dass Schreinern nicht ihre Stärke war, also entschied sie sich für ein einfaches Hängesystem mit Körben und gegen ein kompliziertes Einbausystem. In den Körben verstaut sie alles, von der Zahnbürste bis zum Basilikumtopf. Sie hat sogar einen Panik-Alarm, auf den ihr Vater bestanden hat.

Hinter dem Fahrersitz befindet sich ein einfacher, zweiflammiger Kocher, der mit campingüblichen Propangaskartuschen betrieben wird. „In Portugal Propangas aufzufüllen ist ein Albtraum", erzählt Katharina. „Es ist schwierig, jemanden zu finden, der einem das Gas verkauft. Irgendwann hatte ich endlich einen Tank, aber dafür braucht man einen Adapter. Wenn man den hat, braucht man einen weiteren Adapter, der zum betreffenden Herd passt. Am Ende habe ich mich für die kleinen Campinggaskartuschen entschieden. Das ist zwar teurer, aber man gewinnt dadurch eine Menge Stauraum."

Kühlschrank oder Kühlbox hat sie keine, aber sie kommt trotzdem zurecht. „Milch, Joghurt und Käse halten sich etwa zehn Tage." Ihr neuester Kauf ist ein batteriebetriebener Stabmixer, den sie liebt. In der kälteren Jahres-

⌃ AUFGEHÄNGT

Körbe und sogar eine Topfpflanze hängen im hinteren Teil des Busses an einer Metallstange. Fotos und wechselnde Motivationssprüche werden mit einfachen oder magnetischen Krokodilklemmen aufgehängt.

zeit macht sie Suppen damit, in den Sommermonaten Smoothies und Eiskaffee (mit geborgtem Eis). Für ihr Telefon, den Computer und die Kamera hat sie zusätzliche Akkus, die sie beim Autofahren auflädt. „Ich fahre auch manchmal abends nach dem Surfen in

∧ WILD PARKEN

„In Frankreich ist Parken ein großes Problem; die lokalen Behörden klopfen an die Tür und dann muss man den Wagen entweder wegfahren oder Strafe zahlen. In Spanien ist es ähnlich", sagt Katharina. „In Portugal kann man parken, wo man möchte. Aber in der Surfer-Community wird schon gemunkelt, dass sich das ändern könnte." Jetzt kann Katharina noch zwischen ein paar Lieblingsplätzen in der Nähe von Baleal hin und her wechseln, wobei sie darauf achtet, nicht allzu lange an einem Ort zu bleiben.

❯ STÄNDIGE BEGLEITER

„Das Hula-Mädchen heißt Riccarda. Ich habe sie aus San Sebastián mitgebracht. Der Dinosaurier heißt Tony. Er stammt aus Byron Bay. Sie sitzen immer auf meinem Armaturenbrett", sagt Katharina. „Der Bus heißt Bruno – keine Ahnung, warum."

den Supermarkt im nächsten Dorf. Dort kaufe ich Wasser und lade meine Akkus auf." Katharina ist inzwischen Profi, was das „Borgen" von Strom angeht. Sie tut es, wo sie geht und steht. Im Waschsalon, in Cafés, sogar im vier-Sterne-Golf-Resort in der Nachbarbucht. „Ich ziehe meine teure Kamera heraus, ziehe mich schick an, setze meine Sonnenbrille auf und trinke im Restaurant Kaffee. In einer großen Tasche hänge ich die Geräte an eine Powerbank, dann muss ich nur ein Kabel in die Steckdose stecken."

Im Resort nutzt sie auch manchmal gegen eine Tagesgebühr von etwa zehn Euro die Dusche und die Sauna. Ansonsten reicht ihr das Bad im Ozean und das Abduschen an einer der Duschen am Strand. „Wenn man surft, muss man nur etwa einmal pro Woche richtig duschen. Man riecht nicht, und die Haare sehen immer toll aus, ohne fettig zu werden. Wenn man nicht surft, muss man öfter duschen", hat sie festgestellt.

Ihre Toilette besteht aus einem mit einer Plastiktüte ausgekleideten Eimer, der unter dem Bett steht. Das mag sich etwas abstoßend anhören, ist aber ein Problem, das alle beliebten Surfspots kennen. Da so viele Menschen an den gleichen Küstenabschnitten wild campen, ist das Umland ziemlich verschmutzt. Es ist besser für alle, wenn man eine Tüte benutzt und sie anschließend entsorgt, wie man das auch bei Hunden macht."

Letzten Winter hat Katharina sich für eine Weile vom Leben im Bus verabschiedet und ging nach Köln zurück, um etwas Geld zu verdienen. Sie fing an, für ein Startup zu schreiben, das Produktbeschreibungen für Plattformen wie Amazon textet. Als dann der Sommer nahte und die Stimme des Ozeans immer lauter wurde, hatte sie ein schlechtes Gewissen, einfach wieder zu kündigen, hoffte aber, dass das junge Team sie verstehen würde. „Und dann haben sie mich wirklich überrascht. Sie waren aufgeschlossen und dachten total zeitgemäß", berichtet Katharina. Sie boten ihr an, frei von unterwegs zu arbeiten. „Ich arbeite mehr oder weniger täglich, entweder für Salty Souls oder in meinem anderen Job. Ich bin so froh, das machen und gleichzeitig an diesem wunderschönen Ort leben zu können."

Sie lebt allein, also war es nicht einfach, ihre Eltern davon zu überzeugen, dass sie ganz in den Bus umziehen wollte. „Es war schwierig für meine Eltern, mein neues Leben zu akzeptieren ohne den täglichen Gang ins Büro und das Leben in einem Haus."

Die Lichterketten schaukeln im Wind, und Katharina denkt an den Abend zurück, als sie sich entschloss, den Bus zu kaufen. „Heute weiß ich, dass ich damals richtig entschieden habe", sagt sie. „Als Kind war ich ziemlich schüchtern, und nicht besonders mutig. Niemand hätte je gedacht, dass ich so etwas alleine machen würde. „Heute lebe ich meinen Traum."

> SURFER-RÜCKZUGSORT

Ein hübsch gemusterter Vorhang am Rückfenster schützt den Bus vor Lichteinfall und wahrt nachts die Privatsphäre.

Ein wandern-
des Gemeinde-
zentrum

„Hi! Ich folge dir auf Instagram", erklärt ein kräftiger Mitt-
zwanziger in blauem Kapuzensweatshirt, als er aus seinem
Jeep Cherokee aus den späten Achtzigern springt. Er wirkt
ein bisschen verlegen über seine eigene Begeisterung. „Ich
habe im Vorbeifahren aus dem Augenwinkel den grünen
Bus gesehen, und dann dachte ich bei mir, es gibt ja nicht
so viele grüne Busse auf der Welt …? Ich bin Jacob. Ich
folge immer deinem Feed, und schaue, wo du gerade bist."

„Tja, ich bin's wirklich", antwortet Michael Fuehrer,
scheinbar unerschüttert davon, dass ein Fremder seinet-
wegen mitten im Chattahoochee-Oconee National Forest
in Georgia von einer steilen Gebirgsstraße abgebogen ist.
„Toll, dass du angehalten hast. Ich suche gerade eine Stelle
zum Übernachten und dachte, hier sieht es ganz gut aus.
Möchtest du reinkommen und dir alles ansehen?"

Michael trägt Duckboots und ein kariertes Holzfäller-
hemd mit Teddyfutter. Schon stößt er die schmale Doppeltür zu seinem vor 11 Monaten umgebauten, fast 11 Meter
langen Schulbus auf und setzt zu der kleinen Präsenta-
tion an, die er inzwischen bestimmt schon hunderte Male
gehalten hat. Jacob klettert mit leuchtenden Augen rasch
hinterher.

MICHAEL FUEHRER

Thomas Freightliner, Baujahr 2004,
knapp 11 Meter lang

Chattahoochee-Oconee
National Forests, Georgia

Während seines Busumbaus sah Michael ein Fahrzeug mit einer Dachterrasse aus Zedernholz. „So eine wollte ich auch, aber auch eine Dachluke. Also habe ich eine Lücke in der Terrasse ausgespart, damit Licht hereinfällt."

@navigationnowhere

New Jersey
A15·HWK
· Garden State ·

„Letztes Jahr zu Thanksgiving habe ich hier einen Truthahn zubereitet. Ich habe damals den großen Herd eingebaut, weil er nur 125 Dollar gekostet hat. Und jetzt kommen manchmal sechs bis acht Leute zu Besuch, die ich bekoche. Die Arbeitsflächen sind aus recyceltem Ahorn, und hinter dieser Tür ist mein Badezimmer", sagt er und präsentiert eine trendige, mit weißen Metro-Fliesen gekachelte und dunkel verputzte Nasszelle, die man ohne Weiteres auch in einem schicken Hotel finden könnte.

„Ich habe eine Kompost-Toilette, so muss ich mich nicht mit einem Schwarzwassertank rumärgern", fährt er fort und beschreibt den typischerweise in Wohnmobilen vorhandenen Tank, in dem die Fäkalien gesammelt werden und der von Hand geleert werden muss. „Ich habe auf der einen Seite Platz für knapp 500 Liter, auf der anderen Seite für etwa 380 Liter. Außerdem habe ich etwas über 100 Liter Propangas hinten im Bus, einen 380 Liter fassenden Dieseltank und über 2 Meter Stauraum für Kisten. Ich habe den Bus so umgebaut, dass ich auch abseits der Zivilisation leben kann. Da hinten sind mein Schlafzimmer und das Büro, und aus den Sitzen vorne kann ich ein vier Quadratmeter großes Bett bauen."

Man kann sich fragen, wozu ein alleinstehender Mann einen so großen Bus braucht, aber Michael lebt nicht so, um der modernen Gesellschaft oder seinen Mitmenschen zu entfliehen – im Gegenteil, er will sie zusammenbringen. „Unterwegs zu sein wäre für mich sinnlos, wenn ich nicht den Platz hätte, andere mitzunehmen und an meiner Erfahrung teilhaben zu lassen."

Bevor Michael sich auf die Reise machte, war er Master-Student der Theologie und Kulturanthropologie an der Eastern University. Sein Interesse galt den Obdachlosen. Er lebte sogar zu Forschungszwecken drei Wochen in Philadelphia auf der Straße. Dann kamen die letzten sechs Semesterwochen, er bewarb sich schon für Doktorandenprogramme und überarbeitete ein letztes Mal seine Masterarbeit, als er plötzlich einen Moment der Erkenntnis hatte: Er brauchte eine Pause. Er rief zwei Freunde an, sie quetschten sich in einen Mittelklassewagen und machten sich auf den Weg nach Westen, nach Montana. „Nach meiner Zeit als Obdachloser war mir klargeworden, dass ich Interaktion mit dem Leben und anderen Menschen brauche. Mein Studienfach sind menschliche Kulturen, also musste ich hinaus in die Welt und Erfahrungen machen."

Er kam rechtzeitig zurück, um seine Masterarbeit abzugeben. Danach reiste er eine Weile herum und lebte in einem SUV. Anschließend bezog er vorübergehend das Souterrain seiner Eltern. Als er ihnen von seinen Überlegungen erzählte, ein Tiny House zu erwerben, schlug sein Vater vor, er solle stattdessen über ausrangierte Schulbusse nachdenken. Er fragte seinen Vater, ob er ihm beim Umbau helfen würde. Sie hatten beide noch nie etwas Derartiges gemacht, wussten aber genug über Werkzeug, um sich die Arbeit zuzutrauen. Drei Tage später stellte Michael einen Schulbus in die Einfahrt, den er privat für 3.200 Dollar erworben hatte.

Der erste Punkt auf der Tagesordnung war die Entfernung der vielen Sitzreihen, zwischen deren Polstern sich über Jahre Kleingeld für die Schulkantine angesammelt hatte. Das war zeitaufwändiger als vermutet. Als der Bus endlich entkernt war, begann Michael, sich Gedanken über die Einrichtung zu machen. Anders als bei Airstreams oder Wohnmobilen, deren Design darauf angelegt ist, dass man darin lebt, ist ein Schulbus ein unbeschriebenes Blatt. Im Grunde seines Herzens ist Michael Akademiker, also dachte er zuerst darüber nach, wie er den Bus nutzen wollte: Er wollte eine gesellige Atmosphäre schaffen. Zuerst baute er zwei große, flanellbezogene Bänke, auf denen acht oder mehr Personen bequem sitzen konnten. Die Stoffe sind mit dem Hintergedanken an verschütteten Rotwein ausgesucht, und die Konstruktion der Möbel ist so stabil, dass man sich ohne Weiteres auf Lehnen, in die Ecken und auf die Arbeitsplatten setzen kann. (Diese Details erwiesen sich als sehr praktisch, als er kürzlich nach einem Tiny-House-Festival 45 Personen und ein Hängebauchschwein zu Gast hatte.) Im hinteren Teil richtete er ein kleines Zimmer für

ᴀ ABSOLUT IM TREND

Weiße Metro-Fliesen und dunkelgrauer Mörtel zieren die Wände des großzügigen Badezimmers. Armaturen und Duschkopf sind von Dura und speziell für Wohnmobile entworfen; sie sind besonders leicht und widerstandsfähig. Das Fenster an der rechten Seite dient der Belüftung. (Weitere Informationen zu diesem Badezimmer siehe Seite 273.)

❯ FÜR GÄSTE GEBAUT

„Wenn ich für mehrere Leute koche, ist es super, so viel Arbeitsfläche zu haben", sagt Michael. Die moosgrünen Schränke sind teils selbst gebaut, teils recycelt. Die Arbeitsflächen sind alle aus recyceltem Ahornholz und wurden speziell zugeschnitten, gesäubert und geölt. Eine schmale Speisekammer und ein großer Kühlschrank sind weiter hinten im Flur untergebracht.

^ IM RECHTEN LICHT

The Interpretation of Cultures von Clifford Geertz, einem Anthropologen, ist eines von Michaels Lieblingsbüchern, und eines der wenigen, die er mitgebracht hat. An Gardinenstangen befestigte Vorhänge aus lichtundurchlässigem grünem Stoff bieten Privatsphäre im Schlafzimmer und schützen vor Lichteinfall – frühmorgens oder auf beleuchteten Walmart-Parkplätzen. Für die anderen Bereiche hat Michael dünne, durchsichtige Stoffbahnen gewählt.

< EIN EXAKT KONFIGURIERTES SCHLAFZIMMER

Im winzigen Schlafzimmer gibt es ein Klappsofa mit Stauraum darunter, das zu einem großen Doppelbett umfunktioniert werden kann. Michaels gesamte Besitztümer sind im Bus. Motorrad, Auto und alles andere, was er nicht mitnehmen konnte, hat er vor seinem Aufbruch verkauft.

sich ein, in dem ein Bett und ein paar Klapptische zum Arbeiten Platz finden. Inspiriert von einem Handwerkerhaus, das er einmal in Seattle gesehen hatte, strich er seine Schränke moosgrün und verkleidete die Wände mit knotigen Fichtendielen. Von außen erhielt der Bus eine Outdoor-Lackierung in Armee-Grün, die er mit der Hand auftrug, um unterwegs selbst Kratzer ausbessern zu können.

Neun Monate, nachdem er mit dem Umbau begonnen hatte, war der Bus bereit für seine Jungfernfahrt. Michael lud seine Eltern und ein paar Familienmitglieder ein, ihn auf der ersten Etappe in den Yellowstone-Nationalpark und dann weiter zum Glacier National Park in Montana zu begleiten. Von dort aus fuhr er mit ein paar Freunden weiter über die Grenze nach Kanada, durch Banff, Alberta und British Columbia, bis er in Alaska ankam, wo er zehn Wochen blieb. Seit dieser ersten Reise ist er ohne festes Ziel durch die Vereinigten Staaten gefahren. Dabei hat er immer wieder Menschen mitgenommen – Freunde wie Fremde – und sie unterwegs an ihrem Reiseziel abgesetzt.

Über Social-Media-Kanäle und seine Website, www.navigationnowhere.com, kommuniziert er regelmäßig mit anderen Skoolies (eine Bezeichnung für die Bewohner von umgebauten Schulbussen). Sein Abenteuer inspiriert viele Menschen, und nicht selten beantwortet er hundert und mehr Nachrichten pro Tag. Er beantwortet sie alle persönlich, gibt Ratschläge und hilft, wo es gewünscht ist. Inzwischen hat er eine Möglichkeit gefunden, von dieser

Nachfrage nach Information zu leben. Sechzig Prozent seines Einkommens verdient er mit der Empfehlung bestimmter Links auf seinen Kanälen. „Mein Prinzip ist, nichts dafür zu berechnen, wenn jemand mich um Hilfe beim Umbau von Schulbussen bittet. Stattdessen empfehle ich Produkte, die ich benutzt habe, und verlinke sie auf meiner Website. So kostet es die Person, der ich helfe, nichts. Mein Honorar beziehe ich nur von den Herstellern, die ich empfehle. Die meisten bezahlen gerne dafür."

Derzeit braucht Michael etwa 800 Dollar pro Monat, um bequem leben zu können. Von diesem Geld zahlt er auch seine Studentendarlehen ab. Abzüglich dieser Gebühren bräuchte er nur etwa 200 Dollar monatlich. „Ich tanke nur einmal pro Monat voll", sagt er. „Wenn der Tank leer ist, bleibe ich da, wo ich bin. So bin ich gezwungen, zu entschleunigen und mich eine Weile in eine Gemeinde einzufügen."

Nach der Besichtigung und einigen Selfies mit Michael bricht Jacob wieder auf. Bevor er geht, fragt er nach Michaels Zukunftsplänen.

„Ich habe darüber nachgedacht, mich zu verkleinern oder einen weiteren Bus auszubauen. In diesem Jahr war mein Ziel das gemeinsame Erlebnis. Vielleicht mache ich nächstes Jahr etwas anderes. Den Bus verkaufen will ich jedenfalls nicht", sagt Michael. „Vielleicht vermiete ich ihn über Airbnb, oder ich schenke ihn meinen Eltern oder einer Nonprofit-Organisation. Oder ich vermiete an Leute, die selbst einen Bus ausbauen wollen." „Dann bin ich der erste Mieter!" freut sich Jacob.

∧ ZUSÄTZLICHE ARBEITSFLÄCHE

Die an Ketten befestigte ausklappbare Tischplatte neben dem vorderen Einstieg lässt sich für alles Mögliche von Essen vorbereiten bis Wäschefalten verwenden. „Ich werde auf jedem einzelnen Parkplatz angesprochen", sagt Michael über seinen auffälligen Bus. „Das finde ich auch in Ordnung. Ich habe mir von Anfang an gesagt, dass das Teil des Abenteuers sein wird. Wenn einmal der Tag kommt, an dem ich sage: Bitte nicht einsteigen! – dann ist das der Tag, an dem ich wieder aus dem Bus ausziehe."

⌃ PLATZ FÜR VIELE

Michael sitzt an dem 1,80 Meter langen Klapptisch aus Kiefernholz, den er selbst entworfen hat. Er wird unter einem der Sofas verstaut, wenn er nicht benötigt wird. „Ich mag gerne klare Linien, aber ich mag es auch, Überraschungen hervorzuzaubern", so Michael.

⌃ WARNSIGNAL

Michaels Bruder ist bei der Freiwilligen Feuerwehr, und er bestand darauf, dass Michael alles Brennbare (einschließlich des Benzins) außen am Bus unterbringen sollte. „Er hat gesagt: Du bringst den ersten freiwilligen Helfer in Lebensgefahr, wenn du das nicht machst! Also habe ich auf ihn gehört."

Auf der Weide zuhause

Eine ziemlich lange Schlange aus mit Extremsport-Aufklebern und Dachgepäckträgern versehenen Fahrzeugen zieht sich am Dinosaur Diamond Preservation Highway entlang, der von Moab in Utah bis hinunter zum Colorado River führt. Sie sind unterwegs in den Arches National Park, wofür man am Fluss links abbiegen muss. Biegt man aber rechts ab, kommt man ins vierhundert-Seelen-Nest Castle Valley. An einer unauffälligen Kreuzung biegt man auf eine kurvenreiche Straße ab und fährt an Schulgebäuden und Kirchen vorbei in ein fruchtbares, grünes Tal, das in deutlichem Kontrast zu den terrakottafarbenen Sandsteinformationen steht, die es umgeben. Die meisten Sportler kommen nie hierher. Wenn sie es täten, würden sie eine kleine Gemeinde von Hobbyfarmern vorfinden, die kleine, vier bis fünf Morgen große Stücke Land bestellen.

„Gerade vor einer Stunde sind zwei Ziegenbabys auf die Welt gekommen", ruft uns Marcella Garofano entgegen. Sie zupft ihr schwarzes Oberteil zurecht und läuft auf einen blauen Container zu.

Tannaz Darian, seit fünf Jahren Cellas Lebenspartnerin, steht wie eine stolze Mutter neben dem improvisierten Kreißsaal, und zeigt auf die neusten Mitglieder der Herde.

„Diese beiden und die meisten anderen", sagt Tannaz und zeigt dabei auf die eingezäunte Weide, auf der ein Dut-

MARCELLA GAROFALO
TANNAZ DARIAN

Trillium Trailer, Baujahr 1978

Castel Valley, Utah

Der kanadische Fiberglas-Wohnwagen von Taz (links) und ihrer Partnerin Cella (rechts) ist nach der dreiblütigen Waldlilie benannt, der offiziellen Blume und Symbol von Ontario.

zend weitere Lämmer herumhüpfen, „werden später als Lastziegen verkauft. Sie tragen das Gepäck bei Wanderungen und können unterwegs fressen. Ein traumhaftes Leben für eine Ziege."

Die beiden Frauen sind ehemalige Stadtpflanzen aus San Diego. Cella kommt aus der Bau-Marketing-Branche, Taz war in einer physiotherapeutischen Praxis beschäftigt. Sie sind vor zwei Monaten hierher zurückgekehrt, um den Eigentümern während der Lammsaison unter die Arme zu greifen, nachdem sie Anfang des Jahres schon einmal hier waren. Sie haben schon bei dreizehn Würfen assistiert. Cella und Taz sind WWOOFers (Freiwillige, die bei World Wide Opportunities on Organic Farms arbeiten). Sie helfen den halben Tag auf einem Gastbauernhof aus und lernen dabei etwas über ökologische Landwirtschaft, gegen Kost und Logis (falls notwendig). WWOOF wurde 1971 in Großbritannien gegründet und hat mittlerweile Mitglieder in allen amerikanischen Bundesstaaten sowie in vielen anderen Ländern weltweit. Cella hatte diese Arbeit auf ihre Liste von Dingen gesetzt, die sie unbedingt einmal ausprobieren wollte.

„Ich bin früher jeden Tag gependelt und war völlig überarbeitet", erinnert sich Cella, während sie einem der Lämmer die Flasche gibt. „Das habe ich fast fünf Jahre lang gemacht. San Diego ist wunderschön, aber die Lebenshaltungskosten sind ein Irrsinn. Taz und ich haben angefangen zu zweifeln, ob wir uns jemals ein Haus leisten können würden."

Da beschlossen die beiden, eine Abenteuerreise durch den westlichen Teil der Vereinigten Staaten zu machen, einerseits, um eine Auszeit zu nehmen, andererseits, um zu schauen, ob sie sich vielleicht woanders niederlassen wollten. Es war von vornherein klar, dass sie mindestens ein Jahr lang Pause machen wollten. Sie wollten einen Wohnwagen kaufen und in Teilzeit für WWOOF arbeiten.

„Wir haben immer gerne gecampt", erzählt Taz. „Uns war klar, dass wir etwas Kleines mit Charakter suchten, mit dem wir in die Nationalparks fahren konnten, wenn wir gerade nicht für WWOOF arbeiten. Es hat sechs Monate gedauert, bis wir den perfekten Wohnwagen gefunden hatten. Als wir sie sahen, wussten wir, dass nichts anderes in Frage kam." „Sie" ist ein vier Meter langer, butterfarbener Trillium-Wohnwagen in typisch kugeligem Design, 1978er Baujahr. Er war in sehr gutem Zustand, mit allen Originalteilen, denn er hatte davor nur eine einzige Besitzerin, eine 89-jährige alte Dame, die ihn hauptsächlich in der Garage aufbewahrt hatte.

Das gut erhaltene Innenleben des Wohnwagens bestand aus orangebraunem Teppich, gelbkarierten Bezügen und verrosteten Küchenarmaturen. „Und es roch irgendwie nach Oma",

⌃ WOHNWAGEN FÜR ZWEI

Cella und Taz haben das Etagenbett an einer Seite entfernt, um dort ein Regal anzubringen, was den Raum optisch vergrößert. Der untere Teil des zweiten Stockbetts ist das Sofa der beiden. Der kleine, bewegliche Tisch dient zum Gemüseschneiden oder als Tablett.

⌐ SO IST ES MIT WENIG PLATZ

In diesem liliputanischen Raum zu leben hat Vor- und Nachteile. Die gebürtigen Kalifornierinnen Cella und Taz ließen ihr Zuhause im Herbst hinter sich, um den pazifischen Nordwesten zu erkunden. „Im November war das Wetter schon ziemlich brutal. Wir haben gefroren. Außerdem regnete es die ganze Zeit und wir waren in diesem winzigen Raum eingepfercht", erinnert sich Cella. Die beiden besitzen einen tragbaren Heizkörper, aber er funktioniert nicht besonders gut. „Außerdem haben wir auch dann keine Toilette, wenn es draußen regnet", seufzt Taz.

fügt Cella hinzu. Die beiden mögen die 70er-Jahre-Anmutung, also behielten sie das Farbschema von Gold und Ocker bei. An der Aufteilung des Wohnwagens änderten sie auch nichts. Alles andere wurde aber ersetzt: Schränke, Polsterung, Armaturen, Böden. Der Teppich wich einem Laminatboden in Walnuss-Optik. Alte Fronten wurden ersetzt. Moderne, weiche, schokoladenbraune Leinenbezüge ersetzten die kratzigen, karierten Polster.

In der Küche entfernten sie den zweiflammigen Herd und das mittelgroße Spülbecken. Dafür beklebten sie den Bereich mit einer leichten Folie in Marmoroptik. Sie dachten darüber nach, einen 12-Volt-Dometic-Kühlschrank zu installieren, sahen aber aus Kostengründen davon ab und entschieden sich stattdessen für eine tragbare Kühlbox. „Wir haben immer nur das Nötigste hier, denn der Wohnwagen hat keine Anschlüsse", erklärt Cella. „Im Prinzip zelten wir auf vier Rädern." Ein paar Zimmerpflanzen geben dem Camper etwas Farbe und Kontrast, aber die beiden entschlossen sich, künstliche zu nehmen, um Verschmutzungen während des Fahrens vorzubeugen. Als letztes Detail kamen ein paar indigo- und rostfarbene Samtkissen hinzu. Der fertig eingerichtete Wohnwagen macht einen bequemen, sauberen Eindruck, ohne auf den Vintage-Charakter zu verzichten. „Es war eine erhebliche Umstellung vom Leben im Hamsterrad zur kompletten Entschleunigung", sagt Taz. „Es kam soweit, dass wir uns fragten: Warum machen wir das überhaupt?", fügt Cella hinzu. „An den Tiefpunkten

mussten wir uns oft gegenseitig aufbauen." Die beiden Frauen, die seit fünf Jahren ein Paar sind, suchten Trost bei Mutter Natur. Sie verbrachten mehr Zeit im Freien oder unternahmen Wanderungen. Sie waren entschlossen, nicht aufzugeben. Sie sind stolz darauf, wie gut sie es geschafft haben, mit dem Stress des ständigen Reisens und des Lebens auf kleinstem Raum umzugehen. Ihnen sind viele Menschen begegnet, denen das nicht gelang und die sich deswegen trennten und ihre Reise abbrachen. „Wenn man darüber nachdenkt, zu heiraten, sollte man vorher unbedingt gemeinsam renovieren und dann auf neun Quadratmetern leben", rät Taz.

Cella und Taz setzten sich einem Leben aus, das sie sich früher niemals hätten vorstellen können: durch kleine Städte reisen, auf Farmen arbeiten, Lämmer schlachten, ihr eigenes Land bestellen, Lämmer in Beckenendlage entbinden. „Es war eine sehr emotionale Erfahrung, zu sehen, wie viel harte Arbeit und Geduld das Leben auf dem Bauernhof bedeutet", sagt Taz, die inzwischen Vegetarierin geworden ist. „Letzte Woche hat eine der Mutterziegen es nicht geschafft, und wir waren am Boden zer-

---

> EINFACHE KÜCHENRENOVIERUNG

Cella und Taz entschieden sich, eine Klebefolie als Spritzschutz hinter der Spüle anzubringen, um den Wohnwagen nicht zusätzlich zu beschweren. Die islamischen Gebetsperlen an der Vorhangstange, genannt Tasbih, waren ein Geschenk von Taz' Onkel. „Ich selbst bin zwar keine praktizierende Muslima", sagt Taz, deren Eltern aus dem Iran stammen. „Aber Perser sind tendenziell abergläubisch, also habe ich sie gerne hier."

stört. Aber auch der Tod von Tieren und Miss-
ernten gehören leider zum Leben."

Nach etwas über einem Jahr sind die beiden immer noch auf der Suche nach dem einen
perfekten Ort zum Wurzeln schlagen. Bisher
haben sie in Oregon, Washington, Arizona
und New Mexico auf WWOOF-Höfen gearbeitet. Sie denken darüber nach, nach San Diego
zurückzukehren, wo sie eine Eigentumswohnung in der Innenstadt erwartet, die Taz' Eltern
für sie erworben haben. Sie könnten sie kos-
tenlos einige Jahre bewohnen und in der Zeit
Geld sparen, um später selbst etwas zu kaufen.
Aber die Frage bleibt: Wo sollte das sein?

„Wir wünschen uns eine ganze Reihe von
Dingen: halbwegs annehmbare Lebenshaltungskosten, gute Jobs, eine nicht zu große
Stadt, und eine LGBTQ-freundliche Umgebung", sagt Cella. Die beiden sind zurückhal-
tend mit öffentlichen Zärtlichkeiten, wenn sie
unterwegs sind, denn sie wissen, dass sie riskieren würden, wegen ihrer sexuellen Orien-
tierung diskriminiert zu werden. „Wir haben
uns immer wieder bedroht gefühlt", erinnert
sich Taz. „Wenn das passiert, fahren wir weiter.
Wir hauen sofort ab, wenn wir uns nicht wohl
fühlen."

„Es ist gut, aus unserer gewohnten Umgebung auszubrechen und all diese neuen Orte
kennenzulernen. Aber ich habe noch keinen
Ort gefunden, der mein Herz so berührt wie
San Diego", fügt sie hinzu.

Vielleicht hat ihre Reise gerade erst begonnen.

⌃ LANDARBEITER

Auf ihrer derzeitigen WWOOF-Farm sind Cella und Taz hauptsächlich damit beschäftigt, Lämmer zu entbinden und mit der
Flasche großzuziehen, da sie sofort von den Müttern getrennt
werden. „Man lernt eine vollkommen andere Lebensweise kennen, wenn man auf diese Weise umherreist und arbeitet", stellt
Cella fest. „Man bekommt Bezug zu den Farmern und anderen
Arbeitern, die dieses Land aufgebaut haben."

⌃ FRISCHLUFTZIRKULATION

Was Taz an ihrem Wohnwagen besonders liebt, sind die originalen, Jalousie-artigen Fenster. Ihr einzigartiges Design erlaubt
die natürliche Belüftung des Wohnwagens, da die frische Luft
durch das gesamte Fenster hereinkommt – allerdings zieht es
manchmal ein bisschen.

Surfer-Nomaden

In einem verschlafenen spanischen Dorf knattert ein klappriger hellblauer Caravan mit an den Dachgepäck-trägern befestigten Surfbrettern auf den Parkplatz einer heißen Quelle, in der die Einheimischen gerne baden. Matt H-B, ein charmanter Brite mit von der Sonne aus-gebleichten Locken, springt vom Fahrersitz auf der rech-ten Seite und tut es ihnen gleich, wobei ein Tribal-Tattoo sichtbar wird, das sich über seine Schulterblätter und die Brust zieht. Er fragt seine ebenfalls englische Freundin, Steph Rhodes, ob sie den Bademantel aus Dakhla (in der westlichen Sahara) irgendwo gesehen hat, während er im Kofferraum nach Badetüchern kramt. Die beiden machen sich auf zum kleinen Pool. Sie reiben sich die Arme gegen die Kälte und den aufkommenden Nebel. „Es ist mehr los als sonst", bemerkt Matt. „Das ist einer der Gründe, warum wir nicht gerne unsere Lieblingsplätze preisgeben. Es ist überall so voll geworden."

„Wir bleiben nie länger als wir willkommen sind. Höchstens ein oder zwei Nächte. Wir wollen die Einhei-mischen nicht verärgern", ergänzt Steph mit Blick auf die anderen Badegäste. „Als wir den Caravan vor drei Jahren gekauft haben, fuhren wir die portugiesischen und spani-schen Küsten ab, ohne Plan. Das war das Schöne – neue Orte zu entdecken und sich immer zu fragen, was als nächstes passiert. Müssen wir die ganze Strecke wieder

**MATT H-B &
STEPHANIE RHODES**

Iveco Daily Motorhome
mit verlängertem Heck,
Baujahr 1996

Lobios, Spanien

Wenn der Caravan falsch zum Wind
geparkt ist, wird es sehr schnell kalt.
„Neulich sind wir erst spät auf einen
Campingplatz gekommen und mitten
in der Nacht frierend aufgewacht", sagt
Steph. „Der arme Matt musste aufstehen und den Caravan umparken."

⌃ KÜCHE MIT BLICK NACH VORNE

Die L-förmige Küche befindet sich gleich hinter den Vordersitzen. Sie trennt den Fahrbereich vom Wohnbereich. Matt
und Steph lieben diese Aufteilung und würden sie auch
wieder so haben wollen, wenn sie nochmal einen Caravan
umbauen würden. „Wir haben so viel Platz", sagt Steph.
„Der Wagen ist in verschiedene Bereiche aufgeteilt. Wenn
einer von uns in der Küche steht, fühlt es sich sehr weit weg
von den Bänken oder dem Bett an." Die Fliesen mit Schnör-
kelmuster, die die Fläche hinter der Spüle zieren, haben sie
bei Etsy gefunden.

⌃ SITZBANK IM BOHO-CHIC

Der Überwurf auf der Sitzbank im Wohnzimmer stammt
aus Kanada, von wo ihn Stephs Mutter kürzlich mitbrachte.
Steph liebt Hüte, die im ganzen Caravan dekorativ an den
Wänden hängen, zwischen allen möglichen Dingen, die sie
interessant oder hübsch findet: Postkarten, Wimpeln oder
kleinen Kunstwerken.

rückwärts rausfahren? Bleiben wir vielleicht
stecken?"

„Es ist einfach nicht so angenehm, gesagt
zu bekommen, wo man hinfahren soll. Darum
macht es so viel Spaß, im Caravan zu leben und
unterwegs zu sein", erklärt Matt.

Die beiden müssen es wissen. Matt ist
ein erfahrener Surfer, außerdem diplomierter
Fotograf. Steph, ebenfalls begeisterte Surferin, ist Illustratorin. Sie leben schon fast vier
Jahre im Caravan. Ihre ersten Erfahrungen mit
dem Leben auf kleinem Raum sammelten sie,
nachdem sie sich erst drei Monate kannten,
bei einer einjährigen Surfreise nach Australien. Damals wohnten sie in einem kompakten
Ford Econoline. Heute leben sie in einem Iveco
Daily Motorhome, Baujahr 1996, liebevoll Ivy

⌃ WASSERWEGE

Der Caravan hat Frischwassertanks, aber die beiden
Insassen füllen sie nicht immer, da das Gewicht
hinzuaddiert – was sie sehr genau im Auge behalten
müssen, da sie mit mehreren Surfbrettern unterwegs
sind (zuletzt waren es fünf, plus ein Bodyboard) und
außerdem ihrem gesamten Besitz. Das Gewicht
schränkt auch ihre Bewegungsfreiheit auf ungepflasterten Wegen ein. Wenn sie in Stadtnähe kommen,
füllen sie lieber Wasserflaschen aus Kunststoff auf.

⌇ PREISBEWUSST ESSEN

Matt und Steph kochen immer selbst und achten
darauf, in ihrem Budget zu bleiben. Sie kaufen gerne
auf lokalen Märkten ein und nehmen von unterwegs
frische Erzeugnisse mit. Der Caravan hat einen
Kühlschrank, aber sie benutzen ihn nur, wenn sie
sich in der Nähe eines Stromanschlusses befinden.
Während der Fahrt wird die Küchenschublade mit
einem Stück Kordel am Herd fixiert.

Steph benutzt alte Ausgaben von National Geographic, um Collagen herzustellen, die sie über die Plattform Society6.com verkauft. Außerdem arbeitet sie an einem illustrierten Kinderbuch über die Abenteuer in einem Caravan. „Ivy ist unser mobiles Atelier", sagt Steph. „Ich mache gerne Collagen, arbeite in Schichten übereinander und sammle. Herumreisen und dabei immer wieder etwas mitnehmen ist für mich perfekt."

genannt. Ihre Einstellung, sich über ihre selbst entdeckten Lieblingsplätze eher auszuschweigen, wird von vielen Gleichgesinnten geteilt.

Das gilt besonders für die, die schon einige Jahre so leben. Bei den einheimischen Surfern gibt es eine ähnliche Ortsverbundenheit. Sie beanspruchen das Territorium um besonders beliebte Surfspots für sich und hindern Außenstehende sogar daran, überhaupt erst das Wasser zu betreten. Das war eine Lektion, die Matt und Steph am eigenen Leib lernten, als sie aus Australien nach Portugal kamen, um bei einer Geschäftsidee von Freunden von Matt mitzumachen.

Die Idee war, ein paar mobile Surf-Trucks an der Atlantikküste zu betreiben, um Surfwilligen die besten Surfstellen zu zeigen und Unterricht zu geben. Sie versuchten es acht Monate lang, aber es wurde schnell klar, dass die Idee nicht funktionieren würde. „Beim Surfen betritt man automatisch das Territorium anderer. Wenn man dann mit einem Bus voller Fremder anrückt, ist man nicht besonders willkommen", sagt Steph.

Die beiden verabschiedeten sich also von ihren Partnern und kehrten nach England zurück, wo sie sich an der Universität kennengelernt hatten. Wieder in ihrer Heimat zogen sie ins Surfer-freundliche Cornwall und arbeiteten in einer Surferbude am Strand. Matt gab Surfunterricht und Steph arbeitete im Büro.

Als sie permanent in ihren 13 Quadratmeter großen Caravan umzogen, bemühten sie sich, ihn zu einer charmanten Surfer-Hütte auf

Rädern umzufunktionieren. Zunächst senkten sie die Bettplattform ab, die von den Vorbesitzern relativ hoch angebracht worden war. Steph und Matt häuften bunt gemusterte Kissen auf die einfache weiße Bettwäsche und beleuchteten die Schlafkoje mit einer Reihe hübscher, batteriebetriebener Edison-Glühbirnen. Anstatt die in die Jahre gekommenen Holzschränke zu ersetzen, bedeckten sie die Oberflächen mit Lieblingsfotos, Surf-Aufklebern und Stephs eigenen futuristischen Zeichnungen und Collagen, was dem Interieur einen entspannten, freigeistigen Look gibt. Unterhalb des Bettes wurden zwei Bänke mit Stoffen im Boho-Chic bespannt, die sie von ihren Reisen mitgebracht hatten. Dazu kam ein Klapptisch, an dem die beiden essen oder an ihren Computern arbeiten.

In diesem Sommer in England sparten sie so viel Geld wie möglich, und als es Winter wurde, konnten sie sich nach Frankreich, Portugal, Spanien und Marokko aufmachen und sechs Monate lang surfen. Das haben sie jetzt vier Jahre lang so gemacht. „In Cornwall Miete zahlen und reisen wäre zu teuer – aber da wir im Caravan wohnen, können wir das tun, was wir lieben: surfen und reisen", erklärt Matt.

Das Bett mit Memory-Foam-Matratze ist nicht so lang, dass sich Steph und Matt beide komplett ausstrecken können, also schlafen sie meist diagonal. Sie schwören auf Wärmflaschen, die sie ins Bett stecken, bevor sie schlafen gehen. „Das sind unsere Lebensretter", schwärmt Steph.

⌃ CUT AND PASTE

Die Wände im Caravan bieten viel Platz für Fotos, Stephs Collagen, Surfer-Aufkleber und andere Andenken, die das Paar an seine Reisen erinnert.

❯ ESSEN UNTERWEGS

Matt und Steph essen hauptsächlich vegetarisch, weil es praktischer ist. „Steph ist etwas experimenteller, bei mir muss es eher schnell gehen", sagt Matt. „Ich mache meist etwas mit Sauce, Pasta, Reisgerichte und Curry. Steph kocht auch Fleischbällchen oder backt Kuchen. Sie wünscht sich zum Geburtstag einen Wonder Pot, mit dem man auf dem Herd Kuchen backen kann, weil wir keinen Backofen haben."

⌃ VON OBEN BIS UNTEN

Matt und Steph streichen den Caravan alle sechs Monate
mit Tekaloid, einem Lack, der sonst für Busse verwendet
wird. „Der Ozeanwind frisst sich einfach durch die Farbe",
sagt Steph. „Man sieht dem Caravan alle Abenteuer an",
fügt Matt hinzu.

⌐ NAVIGATION GANZ OLD-SCHOOL

Die guten alten Landkarten sind praktisch, wenn man
Handy-Akku sparen möchte.

Phase ist", vermutet Matt, aber sowohl für ihn als auch für Steph war es eine ganz bewusste Entscheidung. „Ich kann mir nicht vorstellen, von neun bis fünf arbeiten zu gehen", sagt Steph. „Ich habe Freunde, die in London als Designer arbeiten. Manchmal habe ich das Gefühl, dass die ihr Leben besser im Griff haben, aber Geld haben sie trotzdem nie, weil London so teuer ist. Sie arbeiten die ganze Zeit, um das alles zu bezahlen." Sie und Matt sind sich aber bewusst, dass ihre Entscheidung, im Hier und Jetzt zu leben, und das zu tun, was sie lieben, auch ihren Preis hat.

„Man muss immer auch Opfer bringen", meint Matt. „Wir haben die Stabilität und Sicherheit, die ein fester Job und ein fester Wohnsitz mit sich bringen, aufgegeben." Den beiden ist klar, dass ihre Art zu leben unkonventionell ist, aber sie glauben, dass die Erfahrungen, die sie unterwegs gesammelt haben, sie gut auf die Zukunft vorbereitet haben. „Risiko ist unser täglich Brot", sagt Matt.

„Wir werden ständig mit dem Unbekannten konfrontiert", fährt Steph fort. „Man wird superflexibel dadurch." Während Matt und Steph sich zur heißen Quelle hindurchschlängeln, bemerkt er: „Wir kommen oft hierher, bevor wir nach Cornwall zurückkehren. Wir wollen uns an diese Hitze erinnern können, wenn wir durchgefroren aus dem Meer steigen. Mein Vater sagt immer: ‚Nimm ein Stück mit und steck es in die Tasche.' Das ist das, was wir hier draußen machen. Wir sammeln Erinnerungen und stecken sie in die Tasche."

Ein paar Kompromisse gibt es natürlich schon. „Wir benutzen den Kühlschrank nicht, wenn wir unterwegs sind", fügt Steph hinzu. „Wir stecken ihn ein, wenn wir irgendwo in Cornwall länger bleiben, aber unterwegs ist es einfach zu kompliziert. Ein kaltes Bier wäre manchmal ganz schön oder kalte Milch, aber ..."

Obwohl keiner aus der Familie oder von ihren Freunden es laut ausspricht, haben die beiden doch das Gefühl, dass die meisten nicht verstehen, warum Steph und Matt gerne im Caravan leben. „Die denken alle, dass es eine

Fahr du

„Wir streiten weniger, wenn ich selbst fahre", sagt Danielle Boucek, während sie das Wohnmobil zurücksetzt, das sie sich mit ihrem Freund Tommy Krawczewicz teilt. Sie befinden sich auf einem Campingplatz knapp unterhalb der Appalachen im nördlichen Georgia. „Ich ermahne Tommy ständig, auf unser Zuhause aufzupassen. Inzwischen fahre lieber ich, denn ich bin ein Kontrollfreak."

Tommy nickt zustimmend, dann muss er lachen. „Komisch eigentlich, da wir ja jetzt kaum noch etwas anderes tun."

Danielle und Tommy sind beide Mitte Zwanzig. Sie kommen gerade von einer dreitägigen Tiny-House-Veranstaltung für Interessenten der Bewegung um den minimalen Wohnraum. Dort haben sie Fragen zu ihrem neu renovierten Toyota-Wohnmobil beantwortet, und wie das Zusammenleben zu zweit mit zwei Hunden auf knapp 14 Quadratmetern wirklich aussieht. Jetzt sind sie erschöpft und froh, einen einsamen Stellplatz gefunden zu haben.

„Wenn uns die Leute fragen, was für ein Fahrzeug sie sich zulegen sollten, empfehle ich ihnen, sehr realistisch zu sein, was ihre Bedürfnisse betrifft", sagt Danielle, eine kalifornische Schönheit mit afroamerikanischen, philippinischen, irischen und tschechischen Wurzeln.

„Tommy wollte ein Sofa, weil er das Gefühl nicht leiden kann, den ganzen Tag nur im Bett rumzuliegen. Außerdem

**DANIELLE BOUCEK &
TOMMY KRAWCZEWICZ**

6,70 m langes Toyota Odyssey
Wohnmobil, Baujahr 1992

Clermont, Georgia

Beim Kauf eines Vintage-Wohnmobils ging es hauptsächlich um Kosten. Als die beiden eines für einen guten Preis fanden, investierten sie das Gesparte in die Renovierung ganz nach ihrem Geschmack.

^ SELBSTGEMACHTE PINNWAND

^ SELBSTGEMACHTE PINNWAND

Anstatt den original eingebauten Kühlschrank zu ersetzen, der zwar gut funktionierte, aber etwas mitgenommen aussah, beklebten die beiden die Türen mit Korkplatten. „Das größte Problem war, Stechnadeln zu finden, die kurz genug sind, denn der Kork ist nicht besonders dick, und sie stehen sonst so weit heraus", erklärt Danielle.

‹ STRANDBUNGALOW AUF RÄDERN

In kleinen Räumen ist die beste Methode für einen einheitlichen Look eine limitierte Farbpalette. Danielle und Tommy entschieden sich für ein Farbschema, in dem Weiß die dominante Farbe ist, mit schwarzen und smaragdgrünen Akzenten, ergänzt mit Naturholz, mit dem Böden, Arbeitsflächen und die Decke verkleidet sind. Die Arbeitsplatten sind aus Ambrosia-Ahorn, der mit mehreren Schichten Lack versiegelt ist. Spüle und Armatur sind von IKEA (Havsen und Glittran). Eine hochklappbare Verlängerung und ein herausziehbares Schneidebrett über der obersten Schublade vergrößern die Arbeitsfläche.

wollten wir ein richtiges Bad (siehe Seite 279), einen Arbeitsplatz, Platz für unsere Hunde und eine Deckenhöhe, bei der auch Tommy mit seinen 1,90 m aufrecht stehen kann", sagt Danielle.

Tommy und Danielle lernten sich in der achten Klasse in Annapolis, Maryland, kennen und sind seit der zwölften Klasse ein Paar. Mit dem Zusammensein auf beengtem Raum kamen sie zum ersten Mal bei einer denkwürdigen siebzehnstündigen Autofahrt in Berührung. Sie übernachteten unterwegs in Las Vegas vor einem Casino, wo sie mit den zwei Hunden auf dem Rücksitz ihres kleinen Autos schliefen. Kurze Zeit später wollte ein Nachbar von Tommys Vater seinen umgebauten Ford Econoline-Transporter loswerden. Tommys Vater kaufte ihn dem Nachbarn ab. Nachdem er die Batterie ersetzt und einen neuen Teppichboden eingezogen hatte, fuhr er den Van nach Denver, Colorado, wo Tommy und Danielle damals lebten.

„Da waren wir im Geschäft", sagt Tommy. Sie hatten beide nach einem Jahr ihr Studium abgebrochen und arbeiteten in der Gastronomie, während sie versuchten, ihre kunsthandwerklichen Geschäftsideen zu verwirklichen (T-Shirt-Design, Marihuana-Rollbrettchen anfertigen und Longboards bauen). Erst verkauften sie ihre Produkte nur im Freundeskreis; später richteten sie einen Online-Shop ein und begannen, ihre Waren bei kleinen Pop-Up-Messen und auf Märkten anzubieten. Der Transporter fungierte dabei als mobiler Verkaufsstand.

Das gesamte Geld, das sie damit einnahmen, wanderte in eine Spardose. „Wenn ich es nicht sehen kann, ist es nicht echt", sagt Danielle. Tommy war ihren bisherigen Lebensstil langsam leid. Immer häufiger fielen ihm in der Stadt Retro-Toyota-Wohnmobile ins Auge, und er dachte darüber nach, ihre Ersparnisse, die sich inzwischen auf etwa 10.000 Dollar beliefen, in ein neues Fahrzeug zu investieren, mit dem sie unabhängiger sein würden.

Danielle ließ sich auf seine Träume ein und fuhr einige Wohnmobile Probe. „Ich glaube, ich habe darauf spekuliert, dass er nie das perfekte Fahrzeug finden würde." Aber nach etwa vier Monaten Suche hatte Tommy ein Toyota-Odyssey-Wohnmobil mit V6-Motor von 1992 im Originalzustand gefunden. Es stand in Seattle und war für 11.500 Dollar inseriert. Er fragte seinen Vater, ob er Lust hätte, mit ihm an die Westküste zu fliegen und es sich anzusehen. „Und bevor ich mich versah, waren Tommy und sein Dad in unserem neuen Wohnmobil unterwegs nach Hause", lacht Danielle.

Tommy und sie parkten das Wohnmobil, für das sie nach geschicktem Handeln nur 7.500 Dollar bezahlt hatten, vier Monate lang vor ihrer Wohnung in Denver. Jeden Abend schauten sie sich die inspirierenden Fotos auf Danielles heimlicher Pinterest-Sammlung an. Als ihr Mietvertrag auslief, verkauften sie ihre meisten Besitztümer, inklusive des Busses, und kehrten in ihre Heimat in Maryland zurück, wo sie mithilfe von Familie und Freunden in Ruhe das Wohnmobil renovierten.

Sie entfernten zunächst das Retro-Styling, einschließlich des blauen Flauschteppichs, der Rüschengardinen und der mit hellem Holzfurnier verkleideten Schränke. Dann zeigte sich dass der Unterboden einige Schwachstellen aufgrund eines alten Wasserschadens hatte – nichts Ungewöhnliches bei den Modellen aus diesem Baujahr. Also verstärkten sie ihn und verbesserten die Isolierung im gesamten Fahrzeug. Dann begannen sie, ihren „Strandbungalow auf vier Rädern" einzurichten. Als erstes bauten sie ein riesiges L-förmiges Sofa, das mit einfach zu reinigendem, marinetauglichen Vinyl bezogen ist (das war erforderlich wegen der beiden Hunde Missy und Trip). Danielle zögerte wegen der Schmutzempfindlichkeit, weiße Küchenschränke einzubauen. Aber nur so konnte sie den „leichten, luftigen, coolen" Look erschaffen, der ihr vorschwebte. Kissen mit Palmenmuster und smaragdgrüne, glänzende Metro-Fliesen tragen zum entspannten, tropischen Stil bei. Anschließend strichen sie das Fahrzeug in der gleichen Farbpalette. Erst wurde es mit der Lackierpistole mit 4,5 Litern weißer Polyurethanfarbe eingesprüht, dann malten sie von Hand die grünen und braunen Streifen.

Um ihre Reisen finanzieren zu können, stellten sie sicher, dass sie ihr Unternehmen auch vom Wohnmobil aus betreiben konnten. Ein Büro mit Stehtisch und Bildschirm, den man so drehen kann, dass man vom Bett aus darauf fernsehen oder Netflix streamen kann, ist gleich hinter der Küche angebracht.

Ein kleiner, tragbarer Drucker ist in einem

⌃ SCHUTZ VOR DEN ELEMENTEN

Die neuste Errungenschaft am Wohnmobil sind strombetriebene, isolierte Verdunkelungs-Rollos. „Wir haben auch noch ein paar selbst genähte Leinenvorhänge", sagt Danielle. „Aber wenn wir unterwegs wild geparkt haben, war nachts von außen alles zu sehen." Die kleinen Pflanzcontainer sind angeschraubt und nachträglich mit Klebeband versehen, damit sie beim Fahren nicht klappern.

Schrank untergebracht – er wird nur herausgeholt, wenn er benötigt wird. Einer der Hängeschränke ist mit Haken versehen, an denen die frisch gestrichenen Longboards trocknen können, und an der Rückseite ist eine rechteckige Kiste angebracht, die Fräsen, Schleifmaschinen und Sprühpistolen enthält.

Acht Monate und 7.000 Dollar Renovierungskosten später waren Danielle und Tommy bereit zum Aufbruch in ihr Nomadenleben. Sie hatten vermutet, dass es ganz entspannt sein würde, denn seit dem Kauf hatten sie sich praktisch täglich im Wohnmobil aufgehalten.

„Die ersten zwei Wochen waren furcht-

⌃ MOBILER ARBEITSPLATZ

Danielle und Tommy stellen all ihre Produkte gemeinsam her – Longboards, Tabletts, Kunst – wobei Tommy meist zuschneidet und Danielle meist lackiert. Sie haben einen Generator, mit dem sie alle strombetriebenen Geräte aufladen können, unabhängig davon, wo sie gerade sind. Zusätzlich haben sie das Wohnmobil mit ausklappbaren Sonnenkollektoren ausgestattet. Die Markise spendet bei Bedarf auf Knopfdruck Schatten.

bar", sagt Danielle. „Die Umstellung war sehr schwierig. Man denkt, dass es so sein wird wie beim Umbauen, wo man auch alles zusammen macht, aber ständig standen wir uns im Weg, stolperten über die Hunde, und dann mussten wir diese ganzen praktischen Dinge austüfteln – wie viel Wasser pro Woche brauchen wir, und ob wir das Klo wirklich auch für große Geschäfte nutzen können."

Um sich auf 2,5 Metern Breite nicht gegenseitig verrückt zu machen, erarbeiteten sie Grundregeln. Danielle ist für das Putzen des Badezimmers zuständig, Tommy kümmert sich um die Entsorgung des Schwarzwassers an den entsprechenden Stationen. Sie kochen beide, aber in der Küche dürfen sich immer nur eine Person und ein Hund gleichzeitig aufhalten. Sie sparen Wasser beim Spülen, um mehr Duschwasser zu haben. Und sie dürfen sich immer nur nacheinander umziehen, denn der Platz vor den Schränken ist eng.

Zu ihrer Überraschung ist es relativ unkompliziert, in Nationalparks und auf Parkplätzen in Amerika ihrer Arbeit nachzugehen. Aus Rücksicht auf die beiden Hunde halten sie sich in den Sommermonaten eher im Norden auf und ziehen im Winter gen Süden, um die Tiere keinen extremen Temperaturen aussetzen zu müssen. Ansonsten lassen sie sich treiben. Sie haben eine begrenzte Menge Vorräte dabei, und wenn sie zur Neige gehen, bestellen sie, was sie brauchen, an eine UPS-Station in der Nähe, die Pakete bis zu einem Monat aufbewahrt, oder zu einem Amazon-Fach, wo die Pakete ein bis zwei Tage liegen. Beide haben Instagram-Accounts für ihr Unternehmen, und es hat sich gezeigt, dass häufigere Posts einen Einfluss auf die Kundenaktivität haben. Wenn weniger zu tun ist, hat es oft damit zu tun, dass sie ihre Accounts vernachlässigt haben. Sie haben ausprobiert, ihr Nomadenleben zu zeigen, tolle Landschaftsaufnahmen oder Bilder von ihrem Wohnmobil einzustreuen, und sie stellten fest, dass die Kunden dann toleranter waren, wenn sich die Lieferzeit etwas verzögerte. „Kürzlich musste ich einer Kundin mitteilen, dass sich ihre Lieferung um etwa eine Woche verschieben wird, weil wir unterwegs sind, und sie hat gesagt: Kein Problem, lasst euch ruhig Zeit", erzählt Danielle. Wenn sie gerade wenig Bestellungen haben, bleiben sie einfach ein paar Tage an einem Ort und arbeiten. So konzentrieren sie sich wieder auf ihre Produkte, außerdem sparen sie dabei Benzin, was die Lebenshaltungskosten erheblich günstiger macht.

Danielle zückt das Handy, um ihre nächste Fahrt zu planen. „Es klingt vielleicht komisch, aber seit wir mobil leben ist es schwer geworden, Zeit für uns zu finden", bemerkt sie. „Wir haben beide große Familien, und jetzt, wo wir mobil sind, gibt es ständig Anfragen wie: Könnt ihr dann und dann zu dem oder jenem Geburtstag nach Virginia kommen? Das hat vorher niemand von uns erwartet."

„Solange Danielle am Steuer sitzt, ist alles cool", scherzt Tommy

Durch die
Welt wandern

„Ich dachte, ich müsste sterben", sagt Kim Finley, während sie Miso und Grünkohl in das siedende Wasser auf dem zweiflammigen Propangasofen rührt. „Die Ärzte in Malaysia hatten mich an einen Tropf gehängt, und ich lag da und dachte: Ich werde es nicht schaffen. Ich habe alles gemacht, was ich wollte, ich habe fast zwei Dutzend fremde Länder bereist, aber meine Beziehung war dabei in den Hintergrund getreten. Damals habe ich zu Nash gesagt, dass ich, wenn ich das überlebe, mit ihm in die Vereinigten Staaten zurückkehren würde, ihn heiraten und mit ihm in einem Campingbus leben wollte."

Nash Finley, ein Mann der leisen Töne aus Arizona, der wie ein entspannter Skateboarder wirkt, errötet bei der Erinnerung an die Zeit in Südostasien, als die mit Dengue-Fieber infizierte Kim dem Leben der beiden eine ganz neue Richtung gab. Sie hatte ihr Diplom als Hospitality Managerin abgeschlossen, und er war gerade erst zu ihr gestoßen, um mit ihr ein paar Wochen durch Thailand, Malaysia und Nepal zu reisen, als das Fieber ausbrach. Glücklicherweise erholte Kim sich wieder, und die beiden setzten ihren Plan auch gleich um – sie flogen nach Hause, kauften einen VW-Bus und heirateten zwei Monate, nachdem sie ihr Leben unterwegs begonnen hatten.

Der etwas in die Jahre gekommene blaue VW-Bus Baujahr 1978 ist am Clark Fork River außerhalb von Mis-

NASH & KIM FINLEY

VW-Bus Modell Type 2
Riviera Top, Baujahr 1978

Bonner, Montana

Rusty, wie Nash und Kim ihren Bus liebevoll nennen, war ursprünglich weiß mit gestreifter Zierleiste und Rostflecken (daher sein Spitzname). Mit einer Sprühpistole haben sie ihn komplett neu lackiert.

▲ REISE-ANDENKEN

REISE-ANDENKEN

Talismane von den Reisen des Paares hängen am Rückspiegel. Der kleine Makramee-Traumfänger stammt aus Thailand, einem ihrer liebsten Reiseziele. Die Perlen sind aus Indien, und die silberne Halskette war ein Geschenk von einem ihrer Geschäftspartner. Die Sonnenblenden sind mit Ikat-gemustertem Stoff bespannt, ein weiteres charmantes Detail im Boho-Chic.

❮ EINFACH VERKLEIDET

Die zweisitzige Rückbank, über die eine Decke aus Alpaka-Wolle aus Peru von Sackcloth & Ashes gebreitet ist, lässt sich zum Bett aufklappen. Kim hat perforierte Messingplatten aus dem Baumarkt zur Verkleidung unter die Sitze getackert. Das Leder-Puff stammt aus Marokko. „Manchmal haben wir Gäste, denen wir einen Sitzplatz anbieten wollen", fügt Nash hinzu.

soula, Montana geparkt. Der Bus ist in New Mexico zugelassen und durchs Fenster sieht man Gebetsperlen.

Die beiden sind es gewohnt, neugierig angeschaut zu werden. Angler, Touristen und Wanderer riskieren oft einen Blick auf die marokkanische Ottomane und den Traumfänger im Bus. Aber trotz dieser heimeligen Details sieht der Bus nicht unbedingt wie ein permanenter Wohnsitz aus. Es ist kein Bett zu sehen, die winzige Küche mit den säuberlich aufgereihten Gewürzen und passenden Vorratsgläsern sieht aus, als würde nur selten darin gekocht, und es fehlt jeglicher Hinweis auf sonstige lebensnotwendige Geräte wie einen Kühlschrank (den es auch gar nicht gibt), oder auch nur einen Wasserkrug. Es könnte sich ohne Weiteres um einen Bus handeln, mit dem man ab und zu am Wochenende verreist. Aber das täuscht.

Das Paar lebt schon seit 2015 immer wieder phasenweise hier. Ihr ursprünglicher Plan war, ein Jahr lang durch die USA zu fahren und nach einem Ort zu suchen, an dem sie sich niederlassen wollten. Aber diese Pläne wurden schon früh gefährdet, als der Motor nach sieben Monaten den Geist aufgab und ein neuer 4.000 Dollar kostete. Sie standen vor der Entscheidung, dieses Geld in eine Miete zu investieren oder es in den Bus zu stecken und weiterzumachen. Da sie beide noch Lust auf Abenteuer hatten, entschieden sie sich für letzteres. Nachdem diese psychologische Hürde genommen war, ließ das Bedürfnis, ihr Leben im Bus zu

⌃ BOHNEN-ABLAGE

Nash und Kim ernähren sich hauptsächlich fleischlos. Ihre Favoriten sind Pasta, Thai-Curry oder Gerichte mit Reis und Bohnen – alles schnell und einfach mit Gewürzmischungen und Fertigsaucen zubereitet. Da sie keinen Kühlschrank haben, verderben Gemüse und Fleisch sehr schnell, besonders, wenn sie in warmen Gefilden unterwegs sind. „Wir haben inzwischen gelernt, was am längsten hält und welche Gerichte am einfachsten zu kochen sind", erklärt Nash. „Zum Beispiel Tofurkey! Der hält sich wirklich gut. Außerdem Grünkohl. Wir essen kaum noch Salat, weil die Salatköpfe zu schnell schlecht werden, aber Grünkohl lässt sich sehr lange aufbewahren."

⌄ NEU ERWACHTES UMWELTBEWUSSTSEIN

Da sie nur knapp vier Liter Wasser an Bord haben, wird jeder Tropfen geschätzt und mit Achtsamkeit verwendet. „Es hat uns wirklich die Augen für unseren üblichen Umgang mit Wasser geöffnet", sagt Nash. Das gelbe Pop-up-Dach gibt den beiden ein paar Zentimeter zusätzliche Höhe, um sich aufzurichten, was es etwas einfacher macht, sich auf der eingeschränkten Fläche zu bewegen. Sie haben zwar die Möglichkeit, im oberen Etagenbett zu schlafen, ziehen aber die untere Matratze vor.

beenden, immer mehr nach, und sie sind seither ununterbrochen unterwegs gewesen.

Aber trotz ihres mobilen Lebens vermissten die beiden das Glück, das ihnen die großen Reisen an entlegene Orte gebracht hatten, bevor sie sich dem Leben im Bus in Amerika verschrieben hatten. Solche Wünsche sind nicht ganz einfach zu erfüllen, wenn man von mageren Freelancer-Aufträgen (Nash hat ein Kunst-Diplom von der Art Academy in San Francisco und designt Markenidentitäten und Websites), oder Saisonarbeit lebt. Also fassten sie den Plan, Hotels und Abenteuer-Reiseveranstaltern gegen freies Logis ihre Dienste als Fotografen anzubieten. Die beiden sind Kinder des digitalen Zeitalters: Sie hatten bereits ein etabliertes Instagram-Profil mit außergewöhnlichen Fotos und Videos in professioneller Qualität – beispielsweise Tausende bunte Heißluftballons, die über Bagan in Myanmar aufsteigen. Zu ihrer eigenen Verwunderung gab es zahlreiche Unternehmen, die sich darauf einließen. Mit zunehmender Bedeutung von sozialen Medien hatten viele Reiseveranstalter den Bedarf, ihre Destinationen über neue Kanäle zu bewerben, um ein jüngeres, technikaffineres Zielpublikum anzusprechen.

Heute setzen die beiden ihren mobilen Lebensstil so um, dass sie immer von Städten aus starten, wo sie Freunde oder Familie haben, bei denen sie Rusty, wie der Bus liebevoll genannt wird, abstellen können. Es macht ihnen nichts aus, wenn jemand den Bus fährt, während sie unterwegs sind – aber die meisten

lassen die Finger davon. „Er hat eine Gangschaltung, und wir lassen durchblicken, dass die etwas gewöhnungsbedürftig ist", lacht Kim.

Weder Nash noch Kim verstehen viel von Autoreparatur, aber mit jeder Panne lernen sie etwas dazu: „Wir haben ein Buch und dann probieren wir alles aus, was wir schon mal gemacht haben, bis der Wagen wieder läuft." Sie haben auch schon festgestellt, dass viele ehemalige Hippies und ehemalige VW-Busbesitzer anhalten und ihre Hilfe anbieten, wenn man liegenbleibt. „Sie sagen dann: Also bei meinem war das immer so und so, dann werkeln sie ein bisschen am Motor herum, und meist reicht das, um den Bus bis zur nächsten Werkstatt zu bringen", sagt Kim. „Sie erzählen gerne Geschichten davon, wie es früher war."

Als Nash und sie sich auf die Reise begaben, hatten sie gar nicht vor, das langfristig zu tun, also haben sie auch nicht allzu viel Mühe auf das Interieur des VW-Busses verwendet. Sie verlegten einen neuen Boden und richteten die Küche neu ein. „Die Einrichtung bestand hauptsächlich aus Dingen, die wir schon hatten, wie unserem Metall-Wassertank oder diesem kleinen grünen Topf. Ich wollte einfach, dass alles zusammenpasst", erinnert er sich. Im Nachhinein wünscht er sich, er hätte alles etwas konkreter durchdacht. „Ich würde darauf achten, dass die Gewürzregale gleich groß sind." Am schwierigsten ist es, all die schönen Dinge unterzubringen, die sie unterwegs aufgabeln – Kissen aus Laos oder ein Puff aus Marokko. „Wir nehmen immer etwas mit, und wenn wir dann wieder in unserem Bus sind, haben wir keinen Platz dafür", klagt Kim.

„Der Stauraum ist ein Problem", stimmt Nash zu. Glücklicherweise macht es seinen Eltern nichts aus, ihre Post anzunehmen, ob es Teppiche aus Marokko oder die neuen Autopapiere sind. „Wir nehmen die Sachen dann beim nächsten Besuch mit." Abgesehen von den hilfsbereiten Eltern ist das Leben, für das Kim und Nash sich entschieden haben, kein einfaches. Sie haben weder eine Toilette noch eine Dusche, sind also diesbezüglich auf Autohöfe, Cafés und Mutter Natur angewiesen.

Mit der Zeit haben sie sich mit den Touristikfotos einen gewissen Ruf erarbeitet und berechnen mittlerweile auch Geld für ihre Dienstleistungen. Nash übernimmt weiterhin freie Grafikdesign-Aufträge und Kim ist mit ihrem Hospitality-Diplom in eine neue Geschäftsidee eingestiegen, die saisonales Luxus-Glamping in Zelten im Safari-Stil anbietet. Die beiden haben die Suche nach ihrem zukünftigen festen Wohnsitz nach wie vor im Hinterkopf, aber für den Augenblick sind sie zufrieden damit, herumzuziehen. „Wir sind jung und nicht wirklich gebunden", sagt Nash. „Das Gefühl, keinen festen Tagesablauf zu haben, ist einfach berauschend."

> VON RECHTS ÜBERHOLT

Mehr als 90 km/h schafft der Bus nicht. Es geht langsam voran in den Gebirgsausläufern und auf den bergigen Straßen von Montana. Das stört die beiden aber nicht. „Die anderen sollen einfach um uns herumfahren", sagt Nash mit einem Lächeln.

2

Die Träumer

MIT LEIDENSCHAFT UNTERWEGS AUF
DEM PFAD DER SELBSTFINDUNG MIT DEM ZIEL,
IHREN PLATZ IN DER WELT ZU FINDEN

Gut
versteckt

Um das Tiny House von Bela Fishbeyn und Spencer Wright zu finden, muss man sich auf seine Intuition verlassen. Es liegt fünf Minuten außerhalb des sonnigen Städtchens Boulder Creek in Kalifornien, das man über Serpentinenstraßen durch einen imposanten Urwald erreicht. Eine Abzweigung führt von der Landstraße auf einen gewundenen Trampelpfad, und nach einer Weile ist man ziemlich sicher, dass man sich verfahren hat. Aber dann kommt plötzlich die an ein Holzbrett genagelte Hausnummer in Sicht, und man atmet auf und denkt an Belas Hinweis zurück, sich an der Weggabelung links zu halten. Sekunden später hängen die Vorderräder über einer so steilen Zufahrt, dass man den Weg unter sich nicht mehr sehen kann. Nachdem man sich Zentimeter für Zentimeter vorgewagt hat, setzen die Reifen wieder auf dem Weg auf, und dann sieht man das auf einem sandigen Plateau sitzende Tiny House vor sich.

„Wir hatten zugestimmt, in einer Episode von Tiny House, Big Living mitzumachen und unser Haus erst bei den Dreharbeiten zum ersten Mal zu sehen", erzählt

❮ VOGELPERSPEKTIVE

Die abgelegene Lage mit Aussicht auf den Big Basin Redwood State Park bringt einige Kompromisse mit sich – aber Bela und Spencer nehmen sie gerne in Kauf. „Man muss etwas länger pendeln, aber mir ist der Fahrweg mit der Aussicht auf die Berge ein paarmal pro Woche lieber als der tägliche Stau, den wir davor hatten, als wir noch in Oakland gewohnt haben", sagt Bela.

**BELA FISHBEYN &
SPENCER WRIGHT**

Spezialanfertigung Tiny House,
28 Quadratmeter

Boulder Creek, Kalifornien

Bela, Spencer und ihre Tochter tanzen
auf der Terrasse ihres Tiny Houses.
Für die Fassade wurden drei Materialien verwendet: Karbonisierte Zeder
(eine japanische Versiegelungstechnik,
genannt *shou sugi ban*), unbehandeltes
Zedernholz und Stahlblech.

⌃ EIN SCHÖNER RÜCKZUGSORT

Der Ingenieur David Latimer, der das Haus der beiden gebaut hat, riet ihnen, einen Fifth-Wheel-Anhänger zu nehmen, ein Modell mit Überbau über der Kupplung, um das Schlafzimmer hinter der Küche platzieren zu können. Ansonsten hätten sie auf einem Hochbett über der Küche schlafen müssen. „Es ist unglaublich", sagt Bela. „Mit den dunklen Wänden und den großen Panoramafenstern ist es, als würde man schweben. Das einzig Mühsame ist, das Bett zu machen."

⌃ VERSCHIEDENE EBENEN

Eine Treppe führt vom kleinen Wohnzimmer in die kombüsenartige Küche, von wo aus es ins höher gelegene Schlafzimmer geht. Die diversen Ebenen erfüllen zwei Zwecke: sie bieten reichlich Stauraum (sowohl unterhalb der Küche als auch unter dem Bett, das hydraulisch angehoben werden kann), und sie teilen das Haus in mehrere Räume auf, was es gefühlt größer macht.

Spencer. „Als der Lieferant aus Nashville hier ankam, war seine Reaktion: ‚Nee. Nie im Leben kriege ich das Ding über diese Hügel. Das Risiko geh' ich nicht ein.' Wir hatten also 24 Stunden Zeit und keinen Plan, wie das Haus die letzten drei Meilen zurücklegen soll."

„Schließlich haben wir vor Ort jemanden gefunden, der eigentlich Autos aus dem Straßengraben holt, und uns aus der Patsche geholfen hat", sagt Bela. „Unser Designer und Bauingenieur stand mit einer Kettensäge auf dem Hausdach und hat rechts und links Äste weggeschnitten. Das Haus kam wirklich erst ganz knapp vor der Enthüllung an. Wir selbst hatten es während dieser stressigen Zeit gar nicht sehen dürfen, also konnten wir nicht viel tun."

Sechs Monate, bevor sie ihr Tiny House zum ersten Mal sehen durften, hatten die beiden ausprobiert, übergangsweise in möblierten untervermieteten Wohnungen zu leben, um die hohen Lebenshaltungskosten der Bay Area zu senken. Bela ist Fulbright-Stipendiatin und Chefredakteurin des an der Universität Stanford herausgegebenen *American Journal of Bioethics*, Spencer ist Koch und noch in Elternzeit, um sich um ihre kleine Tochter Escher kümmern zu können.

Das ständige Umziehen erlaubte den beiden, wochenweise Urlaub zu machen, ohne gleichzeitig in der Stadt Miete zahlen zu müssen. „Damals haben wir fast 30.000 Dollar im Jahr für Miete ausgegeben, wir suchten also nach Möglichkeiten, dieses ganze Geld nicht aus dem Fenster werfen zu müssen", erzählt Spencer.

Zu dieser Zeit beschlossen sie, eine Familie zu gründen, wofür sie ein paar Monate Zeit eingeplant hatten. „Und dann passierte es fast sofort", schmunzelt Spencer. Sie zogen noch ein paarmal um und planten dann, die Schwangerschaftsphase in Mexiko zu verbringen, wo die Mieten nur halb so hoch waren. Während ihrer Auszeit nahmen sich die beiden aber vor, eine permanente Lösung für ihr Wohnproblem zu finden, jetzt, da ein Baby unterwegs war.

Spencer dachte damals darüber nach, einen Wohnwagen an ihren Mazda zu hängen, aber dann stieß er auf die Tiny Houses auf Rädern. Er fragte sich, ob das nicht all ihre Probleme lösen würde. „Schon bald wurde klar, wie

⌃ JEDER QUADRATZENTIMETER WIRD GENUTZT

Backblech, Kuchengitter und Schneidebretter hinter dem Wasserhahn unterzubringen ist eine clevere Methode, Platz zu sparen. Der Spritzschutz aus gehämmertem Kupfer gibt der Küche Charakter und schützt die Wand vor Spritzern vom Abwaschen und Kochen. „Es ist sehr befreiend, so wenig Hausrat zu haben", sagt Spencer. „Wenn man sich einmal daran gewöhnt hat, ist es überraschend einfach." Das Tiny House ist fast komplett mit lackierten ineinandergreifenden Holzplanken verkleidet, einem Qualitätsmerkmal der Hersteller.

wichtig es ist, mit Menschen in der Community Kontakt aufzunehmen, und dass man das Haus mit einem Bauingenieur bauen muss", erklärt er. „Sonst ist man völlig hilflos. Es gibt nicht nur Millionen Möglichkeiten, was das Design betrifft, sondern auch viele juristische Grauzonen. Wie versichert man sich, wo darf man stehen, wie finanziert man das Haus und so weiter."

Das Paar hatte ein Budget von knapp 90.000 Dollar zur Verfügung. Sie erstellten eine Liste der Dinge, die sie gerne haben wollten. „Wir wollten kein typisches Ein-Zimmer-Atelier auf vier Rädern bauen", sagt Bela. Normalerweise bestehen Tiny Houses aus einem großen Raum mit einem oder zwei Hochbetten. „Wir wollten etwas, das besser aufgeteilt ist", fährt Spencer fort. „Damit wir auch größere Gruppen einladen können. Außerdem wollten wir ein Schlafzimmer, ein Kinderzimmer, eine schöne Küche und ein schönes Bad haben." Sie stellten schon bald fest, dass sie kein Darlehen für ihr Tiny House bekommen würden, also liehen sie sich privat Geld. Das bedeutete höhere Zinsen und schlechtere Konditionen als bei einem herkömmlichen Baukredit. Also machten sie bei einem Casting für eine Reality-TV-Show bei HGTV mit, weil die Kandidaten Preisnachlässe für alle möglichen Produkte bekommen, wenn sie während der Sendung den Herstellernamen nennen.

Dann schrieben sie David Latimer, dem Baumeister in Nashville, der ein Modell gebaut hatte, das ihnen zusagte und viele ihrer Wünsche erfüllte, das so genannte Alpha. Er stimmte zu, das Haus innerhalb der nächsten sechs Monate fertigzustellen – das war der Zeitraum, den die Produzenten der Sendung vorgegeben hatten.

Zu dritt einigten sie sich auf einen Grundriss, der das Haus in fünf Bereiche teilte: ein Schlafzimmer mit großen Panoramafenstern für Bela und Spencer, eine hochwertige Küche, einen luftigen Wohnbereich mit einem komplett zu öffnenden Garagenfenster, ein L-förmiges Badezimmer mit großzügiger Dampfdusche und ein Hochbett mit Spielecke für die zweijährige Escher.

Sie gingen das Projekt mit Achtsamkeit und Liebe zum Detail an, denn ihnen war klar, dass jeder Quadratzentimeter zählt. „Wir dachten, da wir für nur 28 Quadratmeter zahlen, können wir großzügig sein, was Details und Ausstattung betrifft", sagt Bela. Alle Wände und die Decken sind unterschiedlich verarbeitet. Poliertes Kupfer, Holzverkleidung, sogar ein verschachteltes Muster aus recycelten Holzstücken. David entwarf und baute multifunktionale Möbel für das Wohnzimmer, die unter die Küchentreppe geschoben werden können, wenn sie nicht benutzt werden. Spencer wollte eine Küche mit zwei Küchenzeilen, damit er sein Handwerk auch zu Hause ausüben konnte. Er hat einen fünfflammigen Gasherd, Arbeitsplatten aus Keramik, offene Regale und ein Hangesystem für die Kochtöpfe. Aber das Glanzstück ist das Schlafzimmer: Freischwebend über der Kupplung erinnert es an

⌃ EIN EIGENES ZIMMER

Der puppenstubengroße Erker, auf dem Eschers Zimmer liegt, ist hellblau gestrichen, um ihr Zimmer optisch vom Rest des Hauses abzuheben. Das Paar hat festgestellt, dass es sie ihrer Tochter näherbringt, dort mit ihr zu spielen – weil es die Erwachsenen auf ihre Größe verkleinert. Es war ihnen sehr wichtig, dass sie ein eigenes Zimmer bekommt. „Wir wollten, dass sie abends in ihrem eigenen Bett liegt, damit wir auch Zeit für uns haben", sagt Spencer augenzwinkernd.

⌐ KEINE KOMPROMISSE

Im geräumigen Badezimmer gibt es eine Kompost-Toilette, eine Duschkabine und einen großzügigen Waschtisch mit aufgesetztem Waschbecken. Ein Wäschekorb mit Deckel hält den Raum in Ordnung, und das in die Wand eingelassene offene Regal bietet ausreichend Platz für alle Kosmetikartikel. Spiegel und Lichtschalter stammen von Restoration Hardware.

⌐ KUNST AM BAU

Das Atelier 1767 Designs in Nashville gestaltete aus recycelten Holzdielen und Kupfer (Materialien, die auch woanders im Haus benutzt werden) diese grafisch gemusterte Wandverkleidung. Der Tisch kann zusammengeklappt werden und verschwindet unter den Treppen zur Küche, solange er nicht benötigt wird. Für acht und mehr Gäste kann ein zweiter Tisch angestückelt werden. Im Hintergrund zu sehen sind Eschers Zimmer und ein weiterer, hochklappbarer Tisch, den Bela als Stehschreibtisch benutzt.

ein Etagenbett für Erwachsene. Geheizt wird mit einer platzsparenden Schiffsheizung, wie man sie sonst auf Segelyachten findet – mehr braucht man in Nordkalifornien nicht.

Das Design lag in kompetenten Händen. Jetzt mussten Bela und Spencer nur noch einen Stellplatz für ihr neues Zuhause finden. Sie hatten nicht genug Geld, um in der Bay Area ein Grundstück zu kaufen, also sprachen sie Eigentümer über Airbnb an, auf deren Grund und Boden bereits Mietobjekte standen.

Sie schrieben allen in der Umgebung und warteten auf Antwort. Es kam zwar nur eine

⌃ VERDOPPELTER WOHNRAUM

Die Terrasse aus Zedernholz, die Spencer selbst gebaut hat,
hat fast nochmal die gleiche Fläche wie das ganze Haus.
Das Paar hat gerne Besuch. Bei Essenseinladungen steht
der ausziehbare Tisch oft hier draußen.

❬ EIN MOBILER TREFFPUNKT

Ein großes Segeltuch-Rundzelt von Stout steht knapp
750 Meter vom Haus entfernt. Es bietet zusätzlichen Platz
zum Zusammensein, zum Spielen mit ihrer Tochter und
für größere Gruppen von Freunden, die manchmal auch
hier übernachten. Bela und Spencer probieren gerade aus,
das Zelt ganzjährig stehen zu lassen. Nach zehn Monaten
hat sich das von außen gewachste Material als robust genug
erwiesen, um dem nordkalifornischen Wetter standzuhalten.

einzige Rückmeldung, aber das erwies sich als
ausreichend. Der Landbesitzer schrieb, dass er
auch gerade ein Tiny House baute, und gerne
bereit war, dem Paar einen Teil seines Grundstücks zu vermieten.

„Ich schickte ihm ein Foto von unserem
Haus, das gerade in Nashville entstand, um
ihm eine Vorstellung davon zu geben, was ihn
erwartet", sagt Spencer. „Im Hintergrund des
Fotos war genau das Haus zu sehen, das er
selbst in Auftrag gegeben hatte. Ein kompletter
Zufall." Dieser besiegelte den Mietvertrag.

Sechs kurze Monate, nachdem sie sich auf
dieses Abenteuer eingelassen hatten, waren
Bela und Spencer stolze Besitzer eines eigens
für sie angefertigten Tiny Houses. Nachdem der
Stress, ihr neues Heim auf den Berg hochzu-
bekommen, hinter ihnen lag und die Kameras
wieder abgeschaltet waren, gewöhnten sie sich
an ihr neues Leben oben in den Bergen über
Santa Cruz. Um ihren Lebensraum noch etwas
zu erweitern, haben sie eine großzügige Terrasse aus Zedernholz angebaut und ein Rund-
zelt aus Segeltuch aufgestellt, das ganzjährig
stehen bleiben soll. Diesen Sommer wird das
Paar sein Zuhause erstmalig vermieten, denn
sie planen eine dreimonatige Reise. Sie sind
jetzt endlich nicht mehr finanziell an einen
Ort gebunden. „Wir wollten herausholen, was
möglich war, ohne Kompromisse machen zu
müssen", sagt Spencer. „Ich denke, das ist uns
gelungen. Ich glaube, dass jeder, der hier hereinkommt, erkennen wird, dass wir nichts verloren haben, indem wir uns verkleinert haben."

Dem mobilen Leben verfallen

Laura Preston und John Ellis könnten kaum unterschiedlicher aussehen, wie sie da nebeneinander in ihrem frisch renovierten Airstream sitzen. Laura trägt ein einfaches, weißes T-Shirt und senffarbene Hosen mit hohem Bund. Sie stellt gerade den Rand an einem ihrer Quilts in Naturtönen fertig. Ihr Mann John trägt Schwarz und programmiert, während er gleichzeitig auf dem anderen Bildschirm einen Blick in seine Emails wirft. Aber die Kombination scheint zu funktionieren. Schon seit 2013 leben John und Laura auf knapp 19 Quadratmetern – und das werden sie so schnell nicht ändern.

„Unser erster Airstream hatte eine Menge traditioneller Eichenschränke, die Wände waren in warmen Farben gehalten und das Sofa hatte ein Leopardenmuster. Es war gemütlich, aber sehr dunkel da drin", erzählt Laura und lächelt, wobei eine an Lauren Hutton erinnernde Lücke zwischen ihren Schneidezähnen aufblitzt.

„Wir sind immer noch nicht ganz fertig", sagt Laura mit einem Blick auf die kahlen weißen Wände in dem blitzblanken Airstream. „Wir dachten, wir machen das nach der Hochzeit, aber bisher haben wir keinen Finger gerührt."

„Jetzt, wo wir die Abende wieder für uns haben, trinken wir einfach lieber ein paar Cocktails", sagt John schmunzelnd.

Wer kann es ihnen verdenken? Die letzte Renovierung hat 18 Monate gedauert und wurde gerade rechtzeitig für

JOHN ELLIS &
LAURA PRESTON

10,5 Meter langer Airstream
Excella, Baujahr 1990

Long Beach, Kalifornien

Als es Zeit für einen neuen Airstream
wurde, kauften John und Laura einfach wieder das gleiche Modell wie
zuvor. Darin ist reichlich Platz für die
beiden Hunde und ihre Katze.

die Jungfernfahrt nach Joshua Tree zu ihrer Hochzeit fertig.

Nun gewöhnen sie sich wieder an einen normalen Tagesablauf und an geregelte Arbeitszeiten – etwas, das die anderen Camper auf ihrem Stellplatz in Long Beach nur schwer zu begreifen finden. „Das hier ist kein Urlaub für uns", sagt Laura. „Es ist unser Leben."

Wie es dazu kam, dass Laura und John unterwegs zu Hause sind, versteht man am besten, wenn man zu den Anfängen ihrer Beziehung zurückblickt. 2011, als John 26 Jahre alt war, verstarb ganz plötzlich sein Vater. „Im Laufe des Trauerprozesses wünschte ich mir, etwas Besonderes aus meinem Leben zu machen. Meine Mutter hatte einen Airstream, den sie nie benutzte, und ich dachte, ich borge ihn mir für ein Jahr aus und probiere das ganze „Selbstfindungsding" aus", erinnert sich John. Laura und er waren damals erst vier Monate zusammen, und John fragte sie, ob sie ihn begleiten wollte. Sie sagte ja. Die beiden fuhren nach Florida, um Laura Johns Mutter vorzustellen, und, noch wichtiger, um zu fragen, ob sie den Airstream ausleihen durften.

Es dauerte eine Weile, bis John und Laura den Airstream soweit hatten und bis ihre Mietverträge in New York ausliefen. Im Februar 2013 brachen sie dann auf. Als sie begannen, mit ihren Freunden über ihre Pläne zu sprechen, kamen von allen Seiten Vorschläge, wo sie hinfahren sollten, und was sie sich alles ansehen sollten. Das brachte John auf eine Idee.

˄ ALLES HAT SEINEN PLATZ

Laura und John haben sämtliche Schränke im Airstream mit Roteiche furniert und von Hand umkantet. Den Schreibtisch hat Laura gebaut. „Er besteht aus einem Stück Walnussfurnier, das ich geölt habe, um die Struktur des Holzes besser zur Geltung zu bringen", sagt sie.

⌃ UM DEN TISCH

Mit zwei Hunden und einer Katze kann es manchmal ein bisschen eng werden am Tisch. Zuerst dachten John und Laura an ein vernünftiges Dunkelgrau für die Sitzpolster, aber im letzten Moment nahmen sie dann doch das gleiche erdige Terrakotta-Rot, das Laura oft für ihre Quilts und Kissen verwendet (siehe Foto). Der Tisch lässt sich so absenken, dass der gesamte vordere Bereich zu einem großen Gästebett umfunktioniert werden kann. Die schwarz-messingfarbenen Leuchten sind von AllModern.

❯ HANDGEMACHT

Im alten Airstream musste Laura ihre Quilts am kleinen Tisch der Essecke nähen – auf einer Fläche von 76 x 91 cm. Es war auch ihr Essplatz. „Ich musste die Stoffe zuschneiden, danach alles wegräumen, dann die Nähmaschine daraufstellen und anschließend die Maschine wieder wegstellen, um bügeln zu können. Es ist sehr schön, jetzt einen richtigen Arbeitsplatz zu haben", sagt Laura.

Wie wäre es, eine Website zu bauen, wo die Leser/-innen Reisetipps hinterlassen konnten? Daraus wurde die Plattform Democratic Traveler geboren. Es dauerte nicht lange, bis Laura und John sich durch 518 schwarmbasierte Empfehlungen arbeiten mussten. Diese reichten von „Esst Sonoran Hot Dogs bei El Guero Canelo in Tucson, Arizona" (erledigt) bis zu „Besucht den Lumberjack Saloon mit abschüssigem Fußboden im Kettle Falls Hotel in Kabetogama, Minnesota" (noch nicht abgearbeitet). Die Website weckte das Interesse der Redaktion von National Geographic, von der Laura und John gemeinsam mit zehn anderen für die Auszeichnung Traveler of the Year 2013 nominiert wurden. (Sie wurden schlussendlich doch von Benny Lewis übertrumpft, einem Iren, der auf seiner Weltreise von seinen Reisebekanntschaften sieben Sprachen erlernt hatte.)

Die nächsten beiden Jahre zogen sie weiter umher, kehrten nach New York zurück, um Lauras Kater Papa abzuholen, und adoptierten unterwegs aus dem Tierheim noch zwei Hunde, Bulleit und Marlow. Sie finanzierten sich durch Jobs als Online-Assistentin und Programmierer. Laura begann, ihre kreative Ader auszuleben und Quilts herzustellen. Schließlich nahm das Leben unterwegs nicht nur ihre Brieftaschen, sondern auch den Airstream so sehr mit, dass sie beschlossen, ein paar Monate an einem Ort zu bleiben, um etwas Geld zu verdienen. John fand in San Francisco Arbeit als Software-Ingenieur im Management eines Startups, und Laura widmete sich Voll-

zeit der Herstellung ihrer Quilts. Sie stellten den Airstream auf einem Campingplatz ab und gewöhnten sich wieder an das Leben in der Stadt – aber sie träumten schon von dem Tag, an dem sie wieder losziehen können würden.

Aus ein paar Monaten wurde ein Jahr. Bei seinem Evaluationsgespräch fragte John, ob er auch von unterwegs arbeiten könne, und seine Arbeitgeber stimmten zu. Sie fuhren über Weihnachten zu Lauras Familie nach Dallas, Texas. „Auf dieser Fahrt stellten wir fest, dass der Rahmen vollkommen durchgerostet war, dass wir Schimmel in den Wänden hatten und dass unser Boden verrottet war", sagt John.

„Damals hatten wir drei Möglichkeiten: uns einen permanenten Wohnsitz zu suchen, einen bereits startbereiten Anhänger zu kaufen oder uns einen neuen Airstream zurechtzuzimmern", erzählt Laura. „Natürlich haben wir die anstrengendste Option gewählt."

Im Januar 2017 suchte John auf der Craigslist, und schon nach vier Tagen hatte er einen entkernten 10,5 Meter langen, dreiachsigen Airstream Excella gefunden, fast genau das gleiche Modell wie zuvor. Laura und er arbeiteten in ihrer Freizeit an dem neuen Airstream, den sie auf einem Grundstück außerhalb der Stadtgrenze von Dallas abgestellt hatten. Sie begannen mit der Karosserie, die sie glänzend aufpolierten – ein langwieriges Unterfangen unter der heißen texanischen Sonne. (Airstreams haben eine Hülle aus Aluminium und mit der Zeit oxidieren sie und werden stumpf. In der Airstream-Community ist es eine Frage der

Ehre, sie glänzend zu erhalten, aber es ist mühsame Arbeit und kann Wochen dauern.) Dann kam das Innenleben an die Reihe. Sie modernisierten die Tanks, versetzten Lüftungsschächte, ersetzten Ventile, verbesserten die Sensoren und verschlossen eine Toilettenöffnung. Dann sprühten sie das gesamte Gerüst mit langsam quellendem Isolationsschaum aus, der sich mit den Wänden verband und jede Ritze abdichtete. Anschließend verschalten sie die Wände. Nach zehn Monaten, in denen alle Wochenenden der Arbeit am Airstream gewidmet waren, war das Rohbauskelett fertiggestellt. Die Hülle glänzte von außen, innen lag ein Linoleumfußboden und die Wände waren lackiert und verkleidet. Jetzt blieb noch die Einrichtung.

Um diesen letzten Schritt zu beschleunigen, zogen Laura und John aus ihrer Mietwohnung wieder in ihren alten Airstream zurück, der neben dem neuen geparkt war. Sie bauten Schränke, eine Küche und ein Badezimmer und installierten Solarpanels. Im Gegensatz zu dem alten, eher dunklen Airstream gestalteten sie den neuen komplett offen. Innen strichen sie alles weiß, bauten Schränke aus Roteichenfurnier ein und brachten formschöne schwarz-messingfarbene Leuchten an. Anstatt Hängeschränke anzubringen, entschieden sie sich für eine moderne Speisekammer, die bis zur Decke reicht und den Bereich zwischen Wohn- und Schlafzimmer verbindet. Sie enthält Schubladen für Lebensmittel, eine Kühl-Gefrierkombination und das Tierfutter. In einem wahren Geniestreich fand das Paar eine Lösung für die im Airstream notorisch zu kleinen Badezimmer: Sie platzierten Toilette und Waschbecken in einem Raum und die Dusche auf der gegenüberliegenden Seite. Wenn zu beiden Räumen die Türen offenstehen, blockieren sie den Flur, sodass ein großes, langes Badezimmer entsteht.

Was den Airstream aber besonders einzigartig macht, sind die selbst genähten Kissen und Quilts. Sie sind von den Landschaften inspiriert, die Laura auf ihren Reisen sieht; die gedeckten Wüstenfarben ihrer Designs erwecken den Raum zum Leben.

„Wir haben unser Budget weit überschritten und viel Geld in teures Holz und gute Geräte gesteckt, damit alles länger hält", erklärt John.

Das sollte es dann auch tun. John und Laura sehen sich noch viele Jahre in ihrem Airstream wohnen. Sie sind seit ihrer letzten Reise begeistert vom Leben unterwegs, und sie haben nicht vor, wieder sesshaft zu werden.

Laura und John räumen für heute ihre Arbeit weg. Laura spricht über den Firmennamen Vacilando, den sie ihren Quilt-Designs im Februar 2015 gegeben hat. „Es ist Spanisch und kommt aus einem Buch von John Steinbeck, *Travels with Charley*, in dem er eine Autoreise quer durch Amerika in den 1960er Jahren beschreibt. Es bedeutet, dass der Weg besser ist als das Ziel", sagt Laura. Es passt in vielerlei Hinsicht perfekt zu einem Paar, dem es nicht darum geht, anzukommen, sondern mit drei Haustieren immer weiterzuziehen.

∧ WO DAS LEBEN ENTSPANNT IST

Bulleit, der nach der Whiskymarke benannt ist, hat einen kühlen Fleck unter dem Tisch der Essecke gefunden. Die drei Haustiere verstehen sich auch auf dem engen Raum sehr gut.

‹ ENDLICH

Einer von Lauras Quilts liegt zusammengefaltet am Fußende des Doppelbettes. „Es ist das erste Mal, dass ich eine meiner Arbeiten auch bei uns zu Hause habe", schwärmt Laura. „John hat schon die ganze Zeit gefragt, wann ich auch mal einen Quilt für uns mache, also habe ich endlich nachgegeben. Die Einbauregale am Bettrand haben hochklappbare Deckel und bieten zusätzlichen Stauraum. Eines davon enthält schmutzige Wäsche.

Sammeln, was die Jahreszeiten bieten

Am Stadtrand von Squamish, Canada, einer kleinen Stadt am Sea-to-Sky-Highway zwischen Vancouver und Whistler, öffnet Marc Coelho die Doppeltüren eines weißen Containers, wie sie sonst für den Transport von Geländefahrzeugen oder Baustellen-Werkzeug benutzt werden. Er schaltet das Licht an und zum Vorschein kommt ein vollständig eingerichteter Arbeitsplatz, mit achteckigen Bodenfliesen, zwei Arbeitsflächen, einer Spüle mit Frontschürze und an einer Wand ordentlich in einem Regal aufgereihten Holzkisten mit dem Markennamen Boreal Folk.

„Ich hatte schon von Raph gehört, bevor wir uns kennengelernt haben", sagt Mark mit Blick auf seine Partnerin Raphaëlle Gagnon. „Sie war eine Lagerfeuer-Legende – man munkelte von einer geheimnisvollen Frau, die durch die Baumpflanzungs-Camps sauste und alle mit ihren Fähigkeiten verblüffte." Raph erzählt die Geschichte weiter: „Ich war als Baumpflanzerin immer besonders schnell. Baumpflanzer schaffen im Durchschnitt 2.500 bis 3.000 Bäume pro Tag, ich habe 7.000 geschafft. Mir war von Anfang

RAPHAËLLE GAGNON
& MARK COELHO

MCI Challenger Bus,
Baujahr 1967, mit Anhänger

Squamish, British Columbia

Mark und Raph stehen vor ihrem
Reisebus, der für Greyhound
Passagiere durch British Columbia
fuhr, bis er 1996 zum Wohnmobil
umgebaut wurde. Der Anhänger der
beiden, der das Apothekenlabor
enthält, ist im Hintergrund zu sehen.

an klar, dass ich, wenn ich jetzt härter arbeite, mehr Geld verdiene und damit meine Träume verfolgen kann."

Bäume pflanzen ist für viele kanadische Studenten, die ihre Studentendarlehen damit abarbeiten, ein knochenharter Sommerjob und Initiationsritus zugleich. Dabei pflanzt man winzige Setzlinge in den groben, felsigen Waldboden der nördlichen Wildnis von Kanada. Die Unterkunft besteht aus auf der nackten Erde aufgeschlagenen Zelten, der ständige Kampf mit Stechmücken und Pferdebremsen ist an der Tagesordnung und die Klamotten stehen vor Dreck und sind vom Vortag noch feucht. Manche finanzieren sich damit einen Traum,

in Raphs Fall die Herstellung von Biokosmetik. „Dieses Unternehmen wurde durch Baumpflanzen für zehn Cent pro Stück finanziert", sagt Mark mit einer Geste auf das Apothekerzubehör im Anhänger.

Alles begann am 1. September 2015, als Mark fragte, ob Raph zu ihm in seinen Lieferwagen, einen Ford E350, Baujahr 1999, ziehen wollte. Mark war früher Innenarchitekt für Büroräume, außerdem hat er eine Mechaniker-Ausbildung. Er hatte sich den Lieferwagen so umgebaut, dass es einen Schlafplatz und eine mobile Werkstatt gab, damit er sich im Sommer damit in den Busch aufmachen konnte, wo er teils als Baumpflanzer und teils als Mechani-

⌃ EINE SEITE NACH DER ANDEREN

„Das Buch wurde zwar in den 1940er Jahren geschrieben, aber es ist trotzdem unglaublich nützlich", sagt Mark über den *Audels New Automobile Guide*, den er bei einem Buchverkauf einer Veteranenorganisation aufgegabelt hat, „Es ist ganz witzig, dass die Leute immer denken, es ist Dekoration. Ich lese tatsächlich darin."

⌐ TRAUTES HEIM

Der Holzofen, der in kanadischen Wintern überlebenswichtig ist, und ein an der Wand befestigter Computerbildschirm sind die einzigen Veränderungen, die Mark und Raph bisher am Bus vorgenommen haben. Sie haben vor, die Toilette mit Schwarzwasser-Tank gegen eine Kompost-Toilette auszutauschen, und statt der Wanne eine Dusche einzubauen.

⌃ AUF RÄDERN UNTERWEGS

Der blaue Roller fährt im Labor-Anhänger mit. „Wir benutzen ihn bei unseren Streifzügen zum Pflanzensammeln", sagt Mark. „Wir sind schon auf Ziegen-Trampelpfaden damit den Berg hochgefahren, aber wir nutzen ihn auch manchmal zum Einkaufen, Bestellungen zur Post bringen oder Besorgungen machen, wenn wir uns in einer Stadt aufhalten."

⌃ AUS VINTAGE-FUNDEN ZUSAMMENGEZIMMERT

Mark und Raph lieben das Stöbern in Antiquitätenläden und auf Flohmärkten. Die Spüle ist ein einzigartiges Fundstück, genauso wie der kupferne Feuchtigkeitsmesser. Man kann damit den Prozentsatz an Wasser in einem bestimmten Stoff und die Temperatur messen.

❮ APOTHEKERLABOR AUF RÄDERN

Es gibt drei Bereiche im Labor. Die linke Seite ist der Produktion vorbehalten mit einem Regal zum Aushärten von Seife, das 1.200 Seifenstücke fasst. Rechts ist die Packstation. Im hinteren Teil befinden sich in Kisten und Jutesäcken die Rohstoffe wie Kokosnussöl, Mineralsalze, Tonerde und Lauge.

⌃ EIN PAAR PFLANZEN DAZU

Das achteckige Fliesenmuster, das den Fußboden ziert, findet sich auch als schmaler Spritzschutz hinter dem Spülbecken wieder. Klemmleuchten bieten zusätzliches Licht. Sie sind im ganzen Anhänger verteilt. Raph liebt Pflanzen und hat sogar im Anhänger ein paar, obwohl sie dort wenig Tageslicht bekommen. „Ich bringe sie ab und zu hinaus in die Sonne", lacht sie. Den Rentier-Stoff haben sie bei einer Kunsthandwerksmesse von einer Freundin gegen Boreal-Produkte eingetauscht.

ker tätig war. Ein gemeinsamer Freund hatte die beiden miteinander bekanntgemacht, und Raph war schon diverse Male an den Wochenenden mit Mark in den nördlichen Wäldern von British Columbia, Alberta, und den Northwest Territories unterwegs gewesen auf der Suche nach wilden botanischen Funden: Schafgarbe, Schachtelhalm, Minze, Wüstensalbei / Wermut, Vogelmiere und Wegerich. Daraus stellt sie Naturkosmetik her. Nach ihrem neunten Sommer als Baumpflanzerin (die Wintermonate verbrachte sie als wahre Nomadin, als Rucksacktouristin auf Reisen um die Welt) beschloss sie, Ja zu sagen. Mark schlug vor, den Lieferwagen so umzubauen, dass man ganzjährig darin wohnen konnte, und zusätzlich eine Werkstatt für ihr expandierendes Unternehmen einzurichten.

So lebten sie etwa ein Jahr lang. Dann hat Mark vorgeschlagen, einen 30 Meter langen Container zum Seifenlabor umzufunktionieren", erzählt Raph. Inzwischen war den beiden klar, dass sie ein wunderbares Paar waren, und dass ihnen das Leben unterwegs mit dem in der Wildnis betriebenen Labor sehr entgegen kam. Es war klar, dass sie langfristig ein Upgrade brauchten. „Wir mussten nicht lange überlegen. Wir sind beide keine umständlichen Planer, die Pro- und Kontra-Listen anfertigen müssen. Wir haben es einfach umgesetzt."

Mark griff auf seine Erfahrung als Büro-Ausstatter und sein Geschick beim Schweißen, Schmieden und Formen von Stahlblech oder Rohren zurück und baute Raph das Labor ihrer Träume. Dabei ließ er sich von alten Apothekerschränken inspirieren: ordentlich aneinandergereihte Schubladen und Behälter, kein Zentimeter Platz verschwendet. Sein erster Entwurf auf einer Papierserviette war die Grundlage für die aus dem Seitenteil eines Industriekühlschranks geschmiedete Arbeitsfläche, und er baute einen abschließbaren Schrank aus Metallblech. Das alte Spülbecken fand er auf dem Flohmarkt, versah es mit Beinen und schloss ein graues Aluminium-Auffangbecken für das Abwasser darunter an. Die Holzkisten stammen aus dem Baumarkt. Sie wurden von Hand gebeizt und mit einer rostfarbenen Mixtur, die Mark mit in drei verschiedenen Essigsorten eingeweichter Stahlwolle hergestellt hatte, abgerieben. Dann wurde das Markenlogo mit einer Schablone aufgebracht. Die Holzplatte des Tresens wurde, von Martha Stewart inspiriert, mit den Abdrücken von Spitzendeckchen und weißer Farbe verziert. Dahinter befindet sich das Herzstück: eine Solaranlage, die den Durchlauferhitzer, die Leitungen, die Klimaanlage und die Luftentfeuchtungsanlage für die Seifentrocknung betreibt. Das Labor ist komplett isoliert, beheizt (mit einem Schiffs-Ofen) und wetterfest abgedichtet – eine Notwendigkeit, wenn man in Kanada lebt.

‹ FELDFORSCHUNG

Raph interessiert sich seit ihrer Zeit als Baumpflanzerin für Pflanzen. Schon damals experimentierte sie mit der Herstellung von Naturkosmetik. Heute streift sie ein oder zwei Tage pro Woche durch die Wälder, um Pflanzen zu sammeln, je nachdem, wie ihre Verkaufstermine es erlauben.

Als der Anhänger fertiggestellt war, tauschten Mark und Raph ihren Lieferwagen gegen einen 20 Quadratmeter großen kanadischen MCI Challenger-Reisebus Baujahr 1967 ein.

„Unser Bus gilt als der heiße Ofen unter den Bussen – Autofanatikern läuft immer das Wasser im Mund zusammen, wenn sie davon hören. Er hat einen sehr starken Motor, der auch in den Panzern im Zweiten Weltkrieg verbaut und damals mit Erdnussöl betankt wurde. Wir verwenden heute Diesel", sagt Mark. Den meisten Leuten wäre das Fahrzeug wahrscheinlich unheimlich. Aber Mark geht das nicht so. „Ein gebrauchtes Fahrzeug zu kaufen, ist für mich kein so großes Risiko wie vielleicht für andere. Ich bin sehr zuversichtlich, dass ich ihn immer wieder zum Laufen bekommen würde."

Vorläufig ist er der einzige, der den Bus fahren darf. Raph hat schon auf Feldwegen geübt, aber geschaltet oder überholt hat sie noch nie. „Er hat eine Gangschaltung mit vier Gängen. Ich habe zugesehen und weiß, was man machen muss. Man muss sich definitiv ein bisschen auskennen, um ihn fahren zu können", sagt sie.

Mit der neuen Ausstattung sind sie erst seit einem Jahr in den Wäldern des westlichen Kanada unterwegs, und sie sind noch dabei, die Grenzen und Möglichkeiten ihres mobilen Unternehmens auszutesten. Im vergangenen Sommer fuhren sie von Festival zu Kunsthandwerksmesse und zu Großveranstaltungen und legten dabei viele Meilen zurück. Zwischendurch fanden sie immer wieder Zeit zum Pflanzensammeln, und die Abende verbrachten sie damit, ihre Produkte zu perfektionieren. Es erfordert einige Kreativität, ein Unternehmen ohne feste Adresse zu betreiben: zum Beispiel haben sie schon Lieferungen auf Walmart-Parkplätzen entgegengenommen.

Das Lebensmodell, das Mark und Raph sich aufgebaut haben, hat sich als erfolgreich erwiesen. „Wir haben keine Schulden", sagt Mark. „Wir haben einfach gelebt, aber dabei ein Unternehmen aufgebaut, das sich schon ziemlich bald selbst getragen hat." Wenn man sich im Bus umschaut, ist es klar zu erkennen, dass die beiden keine Reichtümer besitzen. Dekoration oder feine Kissen gibt es kaum. „Wir haben nichts, und das fühlt sich gut an", sagt Raph. Mark als talentierter Mechaniker und Tüftler und Raph als geborene Nomadin, die mit den Geschichten ihres Vaters aufwuchs, der in den 1970er Jahren durch Amerika getrampt war, sind ein gutes Paar. „Wir lieben es, hier draußen zu sein. Das hier ist unser Abenteuer-Mobil. Uns geht es darum, dass dieser Bus uns hinaus in die Wildnis bringen kann und dass wir uns über längere Zeiträume dort draußen wohlfühlen können", sagt Raph.

❯ KUPFER-DESTILLE

Raph und Mark haben sich in letzter Zeit vermehrt mit Destillieren beschäftigt, dem Prozess, aus den von ihnen gesammelten Wildpflanzen ätherische Öle zu gewinnen. „Im Sommer waren wir draußen in der Prärie", erklärt Ralph. "Neben einem Teich wuchsen wilde Minze und Salbei, die wir gesammelt und destilliert haben."

Den Bisons auf der Spur

Sunny Cooper schlendert durch ihren Airstream. Auf dem Herd steht eine kupferne Kaffeekanne, darüber ist eine kupferne Dunstabzugshaube angebracht. Im Schlafzimmer legt sie ihren Hut auf ihr Kopfkissen und streicht dann mit einem erleichterten Seufzer schnell die Leinenbettwäsche auf dem Bett gegenüber glatt, dem Schlafplatz ihres 13 Jahre alten Sohnes Cole. Sie hat heute zum ersten Mal wieder ihren durch einen schrecklichen Brand beschädigten und jetzt frisch renovierten Anhänger betreten. Der vordere Bereich und die Frontfenster waren komplett zerstört worden und durch den ganzen Airstream hatte sich eine Spur der Verwüstung gezogen. Zufrieden geht sie zurück und setzt sich erschöpft auf der Eckbank nieder.

„Die Sitzpolster lassen noch auf sich warten, aber sonst ist wieder alles hergestellt", sagt sie.

Sunny ist eine Person, die an Zeichen glaubt. Sie sieht sie überall, und sie bestimmen ihren Alltag. Wenn man sie fragt, welche Bedeutung die die Einrichtung dominierende Farbe Blau für sie hat, erinnert sie sich an unzählige Momente, bei denen Blau eine entscheidende Rolle in ihrem Leben gespielt hat: die Farbe der Tür in dem Hotel, in dem sie mit Cole nach dem Feuer gewohnt hat oder das

SUNNY COOPER

Airstream Argosy,
Baujahr 1976, 8 Meter Länge

Tahlequah, Oklahoma

Die auffällige Lackierung des Argosy war eine kostensparende Maßnahme von Airstream, um die beim Transport entstandenen Dellen im billigeren Aluminium zu kaschieren.

^ LEUCHTENDES VORBILD

„Ich habe bisher nur von einer einzigen alleinerziehenden Mutter gehört, die auch nur ansatzweise etwas Ähnliches macht wie ich. Das finde ich etwas beunruhigend, denn ich kann mich eigentlich mit niemandem austauschen. Andererseits beschreite ich einen neuen Weg. Ich kann mit meinem Sohn zusammen sein, und ich leiste wertvolle Arbeit, die uns und anderen Wohlstand bringt. Vielleicht ermutigt es andere Frauen, das gleiche zu tun, wenn sie sehen, dass es schon mal jemand gewagt hat", sagt Sunny.

‹ KUPFER-AKZENTE

In dieser Ecke der Küche befinden sich eine Reihe von Sunnys Lieblingsgegenständen: die Dunstabzugshaube ist eine Sonderanfertigung ihres Konstrukteurs, die kupferne Kaffeekanne hat sie in Tahlequah gefunden und das Ölgemälde, das den Ozean zeigt, stammt aus Kalifornien. „Ich brauche meinen Ozean", lacht Sunny. „Es war ein Trödelfund, aber die Lichtstimmung hat mir immer gut gefallen." Der Herd ist von Magic Chef.

Stück Glas, das sie aus dem Mund einer Klapperschlange geholt hat, nachdem sie sie getötet hatte.

Es ist also nicht überraschend zu hören, dass sie von einem Foto dazu inspiriert wurde, das normale, sesshafte Leben als alleinerziehende Mutter gegen das Neuland des Nomadenlebens im Airstream einzutauschen. Sunny lebte als Autorin und Schreibcoach in Lahlequah, Oklahoma, als das passierte. Sie nennt es eine „Nacht der dunklen Seele", in der sie bis spät in die Nacht hinein schrieb.

„Mein kleiner Sohn schlief neben mir, ich hatte damals Sorgen und wusste nicht, wie ich den nächsten Tag, geschweige denn das nächste Jahr, überstehen sollte. Da sah ich ein Foto von erleuchteten Tipis unter den tanzenden Nordlichtern. In dem Augenblick wusste ich, dass es das war, was ich fühlen und meinem Sohn vermitteln wollte. Ich wollte das Leben nicht verpassen", sagt Sunny, die Mitglied der Cherokee Nation ist. „Ich wollte an einem Ort leben, wo vor meiner Tür das Leben zu spüren ist."

Als Sunny und Cole später nach Kalifornien umzogen, nahm die Idee Gestalt an. Ihr fielen überall die Airstreams auf, und plötzlich wusste sie, wie sie es bewerkstelligen konnte. Sie würde mit ihrem Sohn im Wohnwagen leben und zu ihrer Vision von den Polarlichtern fahren.

Die nächsten zehn Jahre lebte Sunny teils in Tahlequah und teils in Kalifornien. Sie arbeitete stetig auf ihr Ziel hin, ständig beschäftigt mit praktischen Fragen: Was würde es kosten?

Wie würde ihr Sohn seine Schulbildung bekommen? Wie konnte sie sich und ihr Kind schützen? Würde sie in der Lage sein, sie beide zu ernähren? Wie konnte sie ihnen beiden eine gewisse Stabilität und ein Zuhause zu geben?

Sunny hatte bisher wenig Erfahrung mit dem Leben im Freien, also bat sie eine Freundin, Cole und sie mit zum Zelten zu nehmen. Die Freundin brachte ihnen bei, am Lagerfeuer zu kochen, sich mit den örtlichen Rangern abzustimmen und die richtigen Stellen zum Übernachten auszuwählen. Dann fuhren sie auch mal alleine los, übernachteten im Auto und benutzten nur mitgebrachtes Wasser und ihre Taschenlampen. Als alleinstehende Frau mit kleinem Kind gewöhnte Sunny sich ein paar praktische Tricks an: Sie befestigte ihre Autoschlüssel mit einer Sicherheitsnadel an ihrer Tasche und sie ließ ihre Familie oder Freunde immer genau wissen, wo sie sich aufhielt. In ihrer Freizeit suchten Cole und sie gemeinsam die Inserate auf der Craigslist und in den Airstream-Foren im Internet ab.

Sunny schöpfte Kraft aus der Literatur alleinstehender Frauen wie Cheryl Strayed, die über ihre Solo-Expedition auf dem Pacific Crest Trail schrieb. Die letzte Inspiration kam durch das Cherokee Village Museum in Tahlequah, wo Sunny eine Rekonstruktion der Hütte von Samantha Bain Lucas sah, einer Cherokee, die als alleinstehende Mutter 1889 am ‚Land Run on the Unassigned Lands' in Oklahoma teilnahm. Die damals 23-jährige junge Frau nahm wildes Land in Besitz, zog ihre beiden

⌃ WIE MAN SICH BETTET

Die Überdecken an den Fußenden sind ein Geschenk von Sunnys Mutter und Tante. „Abgesehen davon, wie praktisch diese Wolldecken sind, liebe ich die Geschichte des indianischen Handels mit Decken", sagt Sunny. Das Badezimmer ist durch den Türrahmen hinter den Betten zu erkennen. Den Schwarm auffliegender Amseln hat Sunnys Schwester an die Rückwand gemalt.

Kinder groß und lebte mit ihnen von ihrer Ranch. „Das war für mich das letzte Puzzlestückchen", berichtet Sunny. „Ich erkannte, wie anpassungsfähig sie gewesen war. Sie hat sich einfach durchgebissen."

Kurz nach ihrem Besuch im Oktober 2015 fand Sunny auf der Craigslist genau den Airstream, nach dem sie gesucht hatte: das 8 Meter lange Modell Argosy mit zwei Einzelbetten und einem Bad im Heck – perfekt für eine Mutter und einen 10-Jährigen. Sunny kaufte den Anhänger ungesehen und ließ ihn von Ohio nach Tahlequah transportieren.

An dem in die Jahre gekommenen Airstream war eine ganze Menge zu machen, außerdem brauchte man Werkzeug und Material, um ihn so umzubauen, dass man damit wirklich unabhängig war. Sunny hatte weder Erfahrung mit Wohnwagen noch kannte sie sich mit den nötigen Arbeiten aus, also brauchte sie einen Experten, der ihre Ansprüche an Umweltfreundlichkeit und Ästhetik umsetzen konnte.

„Es war ein langer, anstrengender Prozess der Suche für mich, und dass ich eine alleinstehende Frau bin, hat es nicht gerade einfacher gemacht", erinnert sich Sunny. Schließlich fiel ihrer Mutter ein, dass ein Nachbar gerade ein umweltfreundliches Haus gebaut hatte. Sunny traf sich mit ihm und es war klar, dass die beiden auf einer Wellenlänge waren. Nun konnte Sunny sich der Umsetzung ihrer Idee widmen.

„Ich wollte etwas haben, das an die Ghost Ranch von Georgia O'Keefe erinnert, mit ein paar Elementen aus meinen Cherokee-Wurzeln

⌃ DIE WUNSCH-TOILETTE

Sunny verbrachte zwei Monate damit, Kompost-Toiletten zu recherchieren, bis sie das passende Modell für sich und ihren Sohn gefunden hatte. Die Nature's Head Loo ist autark, leicht, kompakt und geruchlos. „Ich möchte viel campen und dabei unabhängig von Anschlüssen sein, solange wir das wollen", sagt Sunny. „Außerdem habe ich ein Problem mit den Abwasserentsorgungs-Stationen. Ich möchte nichts mit Schwarzwasser zu tun haben, nicht mit meinem eigenen und nicht mit dem Tausender Fremder. Diese Toilette ist unser Ticket in die Freiheit." (Weitere Informationen über sanitäre Einrichtungen siehe Seite 272.) Am Fenster steht Sunnys Sandrosen-Sammlung (ein rotbraunes Mineral, das hauptsächlich in Oklahoma vorkommt), neben einigen Falkenfedern und einem Geweih.

und meinen französischen Vorfahren", sagt Sunny. „Es sollte die Wärme einer alten Holzhütte haben und gleichzeitig die Einfachheit eines frischen, modernen Hotelzimmers." Für diesen Look musste der Anhänger zunächst zu einem unbeschriebenen Blatt gemacht werden. Die billigen Schränke, der Bodenbelag und die Polsterung wurden herausgerissen. Nachdem die fleckigen Wände leuchtend weiß gestrichen und ein dunkler Laminatboden verlegt waren, bekam der Airstream allmählich den Charakter, der ihr vorschwebte.

Die Sitzecke wurde mit blau-weiß-gestreiftem Drillich bezogen, was Sunny an Landhäuser und den französischen Teil ihres Stammbaums erinnert. Im Badezimmer wurde der Schwarzwassertank entfernt und durch eine Kompost-Toilette ersetzt. Auf dem Dach wurden Solar-Panels installiert, die Laptop, Telefon und Lampen mit Strom versorgen. Schließlich bat Sunny ihre Schwester, einen Schwarm Amseln an die Badezimmerwand zu malen.

Nach fast einem Jahr Renovierungsarbeit und 12.500 Dollar Budget war der Argosy, den Sunny als ihr struppiges weißes Pony bezeichnet, bereit für die erste Fahrt. Zuerst steuerten sie nur Parkplätze in der Umgebung an, bis Sunny sich zutraute, sicher mit dem Wohnwagen im Schlepptau zu fahren. „Ich suchte mir ein Stück Landstraße aus und übte so lange, bis ich mich sicher fühlte", erzählt sie. Dann übte sie mit ihrem Sohn Handzeichen, um einparken zu lernen. Anschließend fuhren sie mit dem Airstream nach Tahlequah und parkten ihn vor dem örtlichen Kino (das Dream Theater, wieder ein Zeichen für Sunny). Allmählich nahm auch die Länge ihrer Fahrten zu. Es gab immer wieder Herausforderungen unterwegs - kaputte Anhängerkupplung, platte Reifen, durchgebrannte Sicherungen, und nach dem Befüllen falsch installierte Propangasbehälter - aber nach und nach wurden Mutter und Sohn flügge und waren bereit, loszufliegen.

Aber als sie gerade in Kalifornien Urlaub machten, schlug das Schicksal zu. Der Airstream, der bei Sunnys Eltern in Tahlequah abgestellt war, wurde das Opfer eines Kabelbrandes. Er hatte im Haus begonnen, und es gab eine Explosion, bei der das Garagentor weggeschleudert wurde. Ein geliebtes Haustier starb, und zwei Autos wurden zerstört. Und Sunny und Coles hart erkämpftes Zuhause, der Argosy, wurde schwer in Mitleidenschaft gezogen.

In den Augen der Gutachter sind Anhänger Baujahr 1976 nicht besonders viel wert. Die meisten hätten den Schaden als Totalschaden abgeschrieben. Aber für Sunny und Cole war das Fahrzeug natürlich weit mehr als ein altes Freizeitmobil. Es war ihr Zuhause und ihr Weg in die Zukunft. Viele Briefe, Anrufe und Gespräche später kam das Geld von der Versicherung, das ihnen erlaubte, den Anhänger nach Paradise, Texas zu bringen, wo er fachgerecht repariert werden sollte.

In den Monaten, die während der Reparaturen verstrichen, sprachen Cole und seine Mutter sich gründlich aus. „Warum kein fester

Wohnsitz? Warum machen wir das eigentlich? Und während ich ihn daran erinnerte, erinnerte ich mich selbst", erzählt Sunny. „Das ist nicht unser Zuhause. Wir sind gegenseitig unser Zuhause. Das hier ist nicht der Traum. Es ist der Weg zu unserem Traum. Es mag uns zusetzen, aber es schweißt uns auch wieder zusammen, auf eine ganz neue Art."

Mit dem reanimierten Argosy und dem Mini-Australian-Shepherd Pax an ihrer Seite werden sie sich auf den Weg machen. „Wir werden uns bis nach Kalifornien vorarbeiten und dabei den alten Pfaden der Native Americans folgen. Ich will noch ganz viel wildes Land 'sehen, Reservate und Ranches in Native Americans-Besitz, außerdem die Landstriche, in denen Wildpferde leben", sagt sie. „Dann fahren wir nach Whitehorse im Yukon weiter,

um das Polarlicht zu sehen. Da sollen wir hin, das wird mein Prüfstein. Nach allem, was wir durchgemacht haben, rechne ich mit einem Wunder!"

---

^ DEN BISONS AUF DER SPUR

Die Bisons sind wichtiger Bestandteil von Sunnys Herkunft als Cherokee und ihrer persönlichen Mythologie, also bat sie ihre Schwester, ihr welche auf den Anhänger zu malen. Tausende von Jahren folgten die Naturvölker den Büffeln über die riesigen Ebenen von Nordamerika. Sie führten ein Nomadenleben, lebten in tragbaren Unterkünften und nahmen nur mit, was sie tragen konnten. Sunny hat diese Bison-Kultur als Lebensphilosophie und für ihre Arbeit angenommen. „Den Büffeln zu folgen bedeutet, unsere Vision umzusetzen. Wir haben nicht viel Ballast und sind bereit, aufzubrechen, sobald wir unsere Bisons sehen", sagt Sunny.

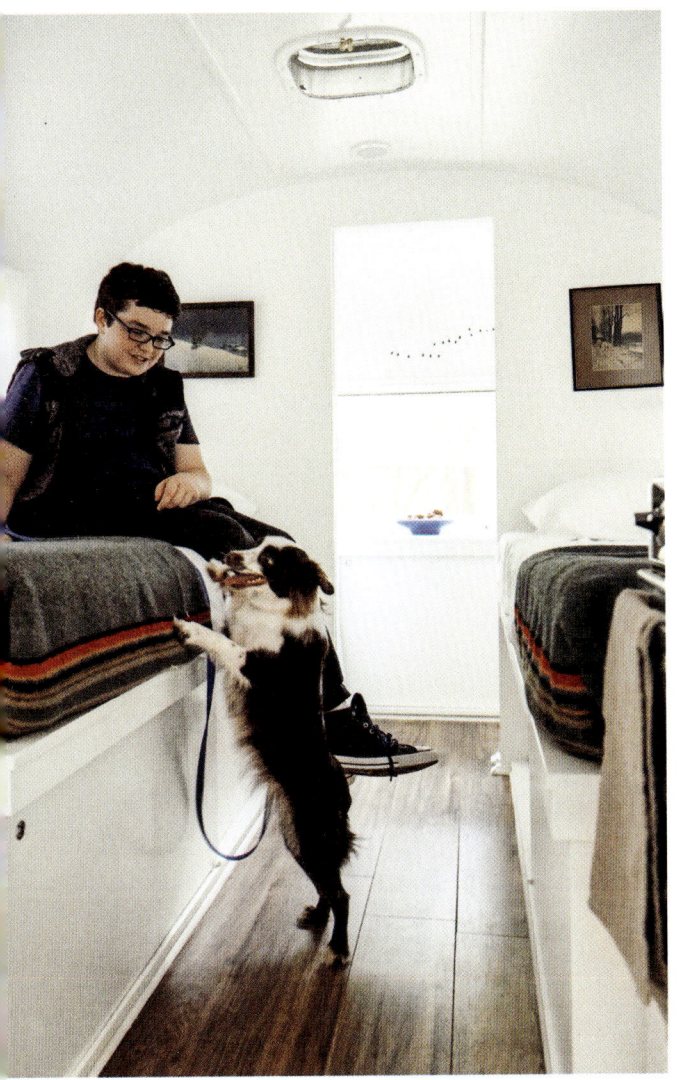

∧ INS UNBEKANNTE

„Mit Kindern zu reisen ist nicht einfach. Ich fühle mich oft genug wie Gandalf, als er mit Bilbo unterwegs war. „Du *wirst* auf diese Abenteuerreise gehen, und es *wird* dir gefallen!" nimmt Sunny lachend Bezug auf eines ihrer Lieblingsbücher, Der kleine Hobbit. „Ich bin die erste, die zugeben würde, dass das Unbekannte angsteinflößend ist", erklärt Sunny. „Aber ich wollte nicht, dass mein Sohn von Komfortzonen geprägt wird. Er ist sehr widerstandsfähig, abenteuerlustig und mutig. Wenn ich aber zulasse, dass er es die ganze Zeit nur bequem hat, werden diese Eigenschaften nicht blühen und gedeihen", sagt sie.

≪ LIEBESBRIEFE

Diese beiden kostbaren Stücke haben das Feuer überlebt: Eine bei Melanie Knox bestellte Zeichnung von einer Ghigau, einer Cherokee-Kriegerin, und ein von Cole gebasteltes Herz.

∧ KLEINE GEDÄCHTNISSTÜTZEN

An der Innenseite der Tür zum Anhänger befinden sich zwei Kunstwerke, die für Sunny eine besondere Bedeutung haben. Das obere ist ein Stück Aluminium, welches durch das Feuer zu einer Flügelform eingeschmolzen wurde. Das Bild darunter hat sie von ihrer Mutter geerbt.

Gewagt, Getan

Genau wie Wim Robbertsen vorausgesagt hat, teilen sich um Punkt 14 Uhr die Wolken und über dem üppigen, flachen Land, von dem das kleine Dorf Baarn in den Niederlanden umgeben ist, erstreckt sich endloser blauer Himmel. Wim öffnet seine favorisierte Wetter-App, Windfinder, um die Vorhersage noch nochmals prüfen, dann dreht er sich zu seiner Frau Anneke und sagt: „Siehst du, es stimmt immer."

Wim ist im Einklang mit dem Wetter – man könnte sagen, berufsmäßig. Er ist Direktor der Abteilung für Projekte und Dienstleistungen bei Hollands größtem Windturbinenhersteller, und sein Team ist weltweit rund um die Uhr abrufbereit. Seit er mit 19 das niederländisch-reformierte Dorf, aus dem er stammt, verließ, ist er selbstgewählter Nomade und Workaholic. Zunächst war er Fernfahrer. Seine Touren führten ihn bis in die Sahara, und als sein Arbeitgeber Freiwillige suchte, die bis nach Hammerfest in Norwegen fahren würden, wo noch nicht mal mehr Bäume die Straßen säumen, war er der erste, der die Hand hob.

Damals lernte er Anneke aus dem gleichen Dorf kennen. Sie feierten ihre zwanzigsten Geburtstage zusammen, heirateten und bekamen zwei Kinder. Schließlich gab Wim das Fernfahren auf und begann, als Berater für Windturbinen an so entlegenen Orten wie Russland, China und Alaska zu arbeiten. Anneke blieb zu Hause und kümmerte sich um den Haushalt.

Amersfoort ist die Geburtsstadt des Künstlers Piet Mondrian, dessen typische geometrische Muster in Primärfarben die Seite des Schiffs von Wim und Anneke zieren.

⌃ SCHIFFSTAUFE

Wim hatte die Idee, das Schiff *Robbedoe* zu nennen, wie die Comicfigur Spirou auf Holländisch heißt. „Er ist ein Abenteurer und ein bisschen unartig", sagt Anneke. „Es passt also gut zu dem, was wir tun." Im Wohnzimmer des Schiffes liegen die alten Comics aus.

❮ LINIENTREU

Wim und Anneke waren sehr bemüht, den originalen Charakter des Schiffes zu erhalten. Dafür suchten sie Handwerker, die ihnen runde Fenster anfertigten und hochwertige Holzarbeiten ausführten.

„Wir waren damals nicht so glücklich wie heute", sagt Anneke. „Das viele Reisen und Arbeiten haben uns eine Menge Kummer gemacht."

„Ich habe unsere Kinder kaum gesehen, bis sie zehn Jahre alt waren", sagt Wim bedauernd.

Die Geschichte von Wim und Anneke und ihre Entwicklung von der etwas entfremdeten, nicht sonderlich stabilen Partnerschaft zu den eng verbundenen Abenteuersuchenden, die zu zweit auf einem Schiff leben, beginnt eine Woche vor ihrem 25. Hochzeitstag auf einer Bank am Kanal von Amersfoort, einer kleinen Bilderbuch-Stadt etwa 40 Minuten südöstlich von Amsterdam. Sie hatten sich gerade einen Veranstaltungsort für ihre Feier angesehen und beobachteten die Schiffe auf dem Kanal. Ein Jahr davor waren beide Kinder ausgezogen, um zur Universität zu gehen, und dann war auch noch Annekes kleiner Hund und ständiger Begleiter, Snoopy, gestorben. „Das Nest war auf einmal sehr leer", erinnert sich Anneke. Sie waren an einem Wendepunkt, einer Art Midlife-Crisis, und fragten sich, was im zweiten Akt ihres Lebens kommen sollte.

Der kleinen 12.000-Einwohner-Stadt ihrer Jugend waren sie längst entwachsen. Jetzt überlegten sie, wie sie ihr Leben neu gestalten konnten. Sie beschlossen, ihr Haus zu verkaufen und eine neue Bleibe zu suchen, am liebsten mit Blick aufs Wasser. Wim fand ein paar Häuser, die sie besichtigten, aber sie gefielen Anneke nicht. Der Umzug beschäftigte sie Tag und Nacht und plötzlich hatte sie die Idee, auf dem Wasser zu leben. Da sie Wims Neigung zum Abenteuer und seine unersättliche Wanderlust kannte, behielt sie den Gedanken erstmal für sich, denn sie war sicher, dass es kein Zurück mehr geben würde, sobald sie es einmal ausgesprochen hatte. „Etwa zwei Wochen später habe ich es ihm erzählt – und das war's dann", erinnert sie sich.

Sie erzählten den Kindern noch am gleichen Abend von ihren Plänen, aber hielten es vor allen anderen in der engen Gemeinschaft geheim, da sie die Befürchtung hatten, dass man versuchen würde, es ihnen auszureden. Die nächsten beiden Jahre planten sie ihren Übergang von fünfzigjährigen Empty-Nestern zu seetüchtigen Kanalschiff-Besitzern.

„Es ist schwer, Liegeplätze für Kanalschiffe zu finden", sagt Wim. Aber nach einigem Suchen kam ein 16-Meter-Liegeplatz an der Stadtgrenze von Amersfoort auf den Markt – der Stadt, wo alles begonnen hatte. Leider lag er im Industriegebiet, umgeben von Lagerhallen und leeren Straßen. Anneke wäre aber lieber im Stadtzentrum gewesen. Nach einigem Zureden gab sie aber nach. Das Besondere an dem Grundstück war ein recht großes Stück, auf dem sich Container, ein Schuppen und ein kleiner Garten befanden. Außerdem gehörte ein mit Krimskrams angefüllter Schlepper Baujahr 1929 dazu, der seit zwölf Jahren nicht mehr gefahren war.

„Es hieß damals, Sie müssen das gesamte Paket nehmen", erinnert sich Wim. „Nachdem der Platz ihnen gehörte, machten sie sich auf

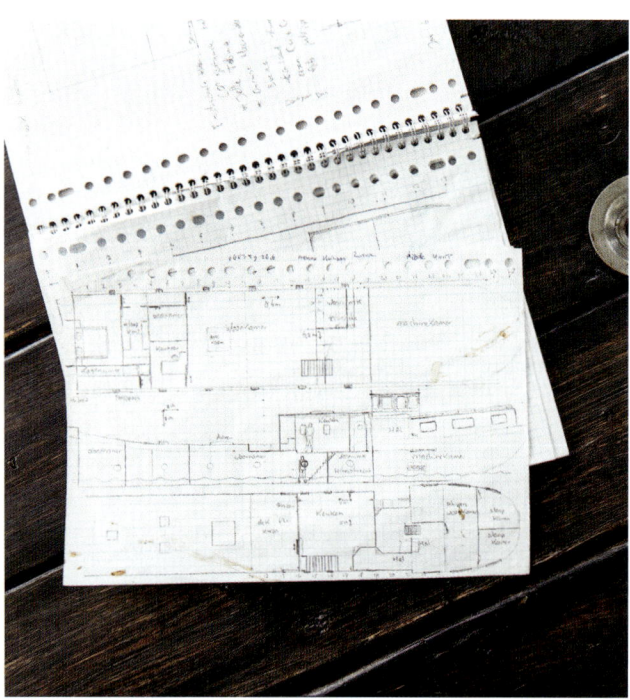

die Suche nach einem Schiff. Ein Schiffsmakler zeigte ihnen diverse Boote rund um die Randstad. „Anhand unseres Liegeplatzes wussten wir, welche Größe wir suchten, und wir hatten schon Vorstellungen davon, wie das Schiff aussehen sollte", sagt Anneke. Eines der Boote, die ihnen der Makler zeigte, war ein funktionierendes Handelsschiff, das Sojabohnen für Tierfutter transportiert hatte. „Es war Liebe auf den ersten Blick", schwärmt Wim. „Das Boot hatte runde Ecken und gebogene Fenster, die man sonst nicht so häufig an Schiffen sieht." Es gab nur ein Problem: Das Schiff war über 20 Meter zu lang.

Aber Wim ist ein Problemlöser. Er fand eine Werkstatt, die bereit war, ein Stück aus dem Mittelteil des Rumpfes herauszuschneiden und das Schiff anschließend wieder

⌐ DIE ERSTEN ENTWÜRFE

Wim, der sich noch nie vorher mit Architektur beschäftigt hatte, designte das gesamte Schiff neu. Dies sind seine ersten Skizzen auf Millimeterpapier.

⌃ PRÄSENZ ZEIGEN

An dem Tor zu dem Grundstück mit ihrem Liegeplatz haben Wim und Anneke ein Namensschild und einige der Gegenstände, die sie auf dem alten Schiff vorfanden, angebracht. „Wir haben eine feste Adresse, also ist es ganz einfach, hier Post zugestellt zu bekommen", sagt Anneke.

❭ IM KREIS

Im sonnendurchfluteten Esszimmer umrundet eine Sitzbank zur Hälfte den Tisch, den Anneke aus dem Fuß eines Reißbretts gebaut hat. Für mehr Tageslicht haben die beiden die Bullaugen am gesamten Schiff vergrößern lassen.

⌃ DIE GROSSE TEILUNG

Der Holzofen ist praktisch für unterwegs, wenn die beiden
von der Erdgasversorgung abgeschnitten sind. Als Brennholz
nutzen sie Holz von aussortierten Handelspaletten, die in
ihrer Wohngegend reichlich zu finden sind. Der Raumteiler
ist ein Stück Schiffsrumpf, der beim Verkleinern des Bootes
entfernt wurde. Die teerbasierte Farbe diente dazu, das Schiff
vor Wasserorganismen und Rost zu schützen und wurde
einfach überstrichen.

⌐ DIE VERGANGENHEIT NICHT VERGESSEN

In der Küche haben Anneke und Wim sich für klares,
modernes Design entschieden, dem sie ihre eigenen
rustikalen Elemente hinzufügten, beispielsweise das
Wandregal und die blaue Schublade aus dem alten Schiff,
die jetzt ihre Lakritz-Vorräte enthält. „Wir haben Respekt
vor der Geschichte des Schiffes, und wir verwenden gerne
auch Gegenstände, die seine Geschichte erzählen", erläutert
Anneke.

zusammenzuschweißen. Ihr Haus war verkauft, also zogen die beiden vorübergehend in einen der Baucontainer auf ihrem Grundstück. Dann machten sie sich daran, den alten Schlepper zu entrümpeln und ihr neues, geschrumpftes Zuhause zu renovieren.

Zunächst auf Millimeterpapier, später mit AutoCAD (einer computergestützten Design-Software) entwarf Wim den neuen Wohnbereich des Schiffes. Aus einem Handelsschiff wurde eine Behausung für zwei. Die ehemaligen Kajüten des Maats und des Kapitäns blieben erhalten. Wim konzentrierte sich auf den

geräumigen Frachtraum unter Deck und ein kleines Stück auf dem Oberdeck, in das er die Küche bauen wollte. Das Aussehen des Schiffs blieb erhalten, und es wurde viel Mühe darauf verwandt, sicherzugehen, dass es nicht zu viel von seinem ursprünglichen Charakter verlor.

Da sie Sorge hatten, dass es auf dem Schiff zu dunkel und zu eng werden könnte, entschieden sich Wim und Anneke für einen klaren, modernen Look mit Betonfußböden, weißen Wänden und einer von Mondrian beeinflussten Farbpalette, in der Rot, Blau und Gelb dominieren. Sie bauten Deckenluken ein, wo immer es

^ ALTERNATIV GENUTZTER RAUM

Dieses Badezimmer, das Originalelemente aus Teak enthält,
war ursprünglich die Kajüte des Kapitäns. „Das Bett war
nur 1,20m breit", erzählt Wim ungläubig. „Aber hier wurden
Kinder gezeugt und geboren."

↘ WETTERGESCHÜTZT ÜBERS DECK LAUFEN

Dieser Korridor war früher den Elementen ausgesetzt, aber
Wim beschloss, ihn zu schließen, sodass Anneke und er
von ihrem Wohnzimmer zur Kajüte gehen können, ohne ins
Freie zu müssen. Die Luke führt zum Maschinenraum unter
Deck. Es ist praktisch, sich etwas zurufen zu können, wenn
einer der beiden unten zu tun hat.

ging, und schnitten Streifen ins Schiffsdeck,
um das Unterdeck heller zu machen.

Inspiriert vom antiken Look des Schiffes bastelte Anneke alles, was sie brauchten,
aus Schiffsteilen. Aus alten Maschinenteilen
wurde eine Hängeleuchte, und die alte Gang-
way wurde zum niedrigen Konsolentisch.

Die Ausstattung ist mehr oder weniger die
gleiche wie in ihrem früheren Haus. Sie haben
Toiletten mit Wasserspülung, Waschmaschine
und Trockner und eine Spülmaschine – all das
funktioniert problemlos, weil sie an die Was-
ser- und Abwasserversorgung sowie die Erd-
gasleitungen von Amersfoort angeschlossen
sind. Wenn sie mit dem Schiff fahren, was sie
etwa alle fünf Wochen tun, schalten sie auf
Dieselbetrieb um, was fast genauso gut funktioniert. Sie wollen zukünftig noch Solarpanels
installieren, um unabhängiger zu sein, was den
Strombedarf betrifft.

Für das Paar, das so lange in unterschiedliche Richtungen orientiert gelebt hat, hat sich
alles verändert. „Letzte Woche sprachen wir
darüber, dass wir beide ohne einander nicht
auf diese Weise leben wollen würden. Wir stär-
ken uns gegenseitig. Ich kann mir nicht vorstellen, wieder zum Leben in einem Haus aus
Ziegelsteinen zurückzukehren", sagt Anneke.
„Wir brauchen das Gefühl, immer frei zu sein."
Anneke hat ihre Lebensumstellung auf ihrer
Facebookseite dokumentiert. Dabei hat sie
ihre Liebe zum Schreiben und Fotografieren
entdeckt, und es gefällt ihr, das Leben der beiden einer ganz neuen Community zugänglich

zu machen. Viele von ihnen interessieren sich dafür, sich selbst in lebensverändernde Abenteuer zu stürzen. „Ich habe mich selbst neu gefunden, dank des Schiffes. ‚Gewagt, getan‘ ist mein neues Lebensmotto geworden", sagt Anneke mit einem breiten Lächeln. „Wim und

ich haben jetzt das gleiche Hobby, die gleiche Leidenschaft – und alles nur wegen meiner verrückten Idee. Jetzt sehen wir uns, wie wir wirklich sind, und das ist schon. Wir sind glücklich. Wir sind Seelenverwandte. Und wir tun endlich etwas gemeinsam."

❮ GASTQUARTIER

Dies ist eines der schuh-
kartongroßen Schlafzimmer
im noch unrenovierten Teil
des Schiffes. Beide haben
eine Einzelmatratze, einen
Schrank und ein großes
Fenster. Die alten Postkarten
an der Wand wurden in
einem Koffer unter dem Bett
gefunden.

❯ EINE ZEITREISE

Die Kapitänskajüte ist so
geblieben, wie sie in den
1960er Jahren designt
wurde. Die spiegelsym-
metrische Furniermaserung
wurde erzielt, indem die
furnierten Platten gewendet
wurden, sodass sie sich spie-
gelverkehrt gegenüberhän-
gen. Die Fotos an der Wand
zeigen drei Umbauten an
dem Schiff, die der ehemalige Besitzer vorgenommen
hat. Diesen Teil des Schiffes,
der ein eigenes Bad und
zwei Schlafzimmer enthält,
wollen Anneke und Wim
an Gäste vermieten, die
neugierig auf das Leben auf
dem Kanal sind.

Die Gelegenheit beim Schopf ergriffen

Wenn man durch die Hügel des Santa Rosa Valley südlich von Ventura, Kalifornien, fährt, ist die Abzweigung zu Ashleys und Dinos Baugrundstück leicht zu übersehen. Umgeben von gepflegten Häusern im spanischen Stil und weitläufigen kalifornischen Ranches mit perfektem Rasen fällt ihr Keystone Cougar-Anhänger Baujahr 2003, der auf einer ungepflasterten Fläche abgestellt ist, kaum auf.

„Hat meine Mutter dir schon erzählt, wie Dino und ich uns kennengelernt haben?" fragt Ashley, die einen luftigen gestreiften Jumpsuit trägt, der ihren entspannten California-Girl-Stil perfekt symbolisiert. „Unsere Mütter lieben es, diese Geschichte zu erzählen."

Die Geschichte beginnt mit einer Kuh. Als Ashley in der vierten Klasse war, fuhr sie mit ihrer Familie, gebürtigen Kaliforniern, Freunde in Lynden, Washington, besuchen, einer ländlichen Kleinstadt an der kanadischen Grenze. Dort fand gerade ein Volksfest statt, bei dem Ashleys Familie sich Hals über Kopf in eine Kuh verliebte, die sie auch kaufte. Danach kauften sie 20 Morgen Farmland

ASHLEY & DINO PETRONE

Wohnwagen
Modell Keystone Cougar

Baujahr 2003

Ashley und Dino, deren Wohnwagen
an einer festen Stelle geparkt ist,
haben eine große Fläche vor dem
Anhänger wohnlich eingerichtet, mit
Lichterkette, Sesseln und Feuerschale.

mit einem kleinen Häuschen und einige Hühner – und zogen in die kleine Stadt Lynden um, wo sie die nächsten vier Jahre lebten. In dieser Zeit freundeten sich Ashleys Eltern mit den Petrones an. Später zog Ashleys Familie zurück nach Kalifornien, Dinos Familie ging wieder nach Nevada – aber die Mütter blieben immer in Verbindung. Jahre später, als Ashley mit der Schule fertig und seit langem unglücklich in ihrer Beziehung war, willigte sie ein, mit ihrer Mutter zusammen die Petrones in Las Vegas zu besuchen.

Ashley hatte gar nicht gewusst, dass die Mütter auch Dino eingeladen hatten. Der Rest ist, wie es so schön heißt, Geschichte. Die beiden verstanden sich auf Anhieb und waren bereits drei Wochen später verlobt.

Was dann folgte, war eine Romanze, wie sie im Buche steht. Es wurden drei Kinder geboren, die Familie lebte in einem geräumigen, 260 Quadratmeter großen Haus mit fünf Zimmern, einer großzügigen Wendeltreppe im Foyer und einer weißen Küche mit Schränken im Shaker-Stil. Es war ein atemberaubendes erstes Zuhause, aber Ashley wünschte sich nach einer Weile etwas, das sie selbst gestalten konnte. Sie suchte ständig nach dem „häss-

❭ STRAHLEND HELL

Abgesehen vom Anstrich der Wände und dem Verlegen des Laminats renovierten Ashley und Dino alles selbst. „Ich glaube, das kann jeder Durchschnittsmensch selber machen. Ein Wohnwagen ist einem normalen Haus ziemlich ähnlich – es gibt nur gerade Linien."

❯ KAMPF DER UN-ORDNUNG

Ein Schneidebrett auf dem Spülbecken bietet zusätzliche Arbeitsfläche, und die Tassen werden an Haken unter den Schränken aufbewahrt. „Ich fülle meine Schränke nie ganz", sagt Ashley. „Wenn ich auch nur ansatzweise zu viele Haushaltsgegenstände habe, sortiere ich sie aus." Abgesehen von der Geschirrspülmaschine hat die Familie alle Elektrogeräte, die es auch in ihrem Haus schon gab, einschließlich einer Mikrowelle.

❮ CAFÉ AN DER ECKE

Um die Ablagefläche in der Küche freizumachen, hat Ashley diese Kaffee-Ecke auf einer Kommode eingerichtet. Das Poster von der lokalen Künstlerin Daniella Manini erinnert sie an glückliche Sommer am Meer.

lichsten Haus in der schönsten Straße, das für einen Apfel und ein Ei zu haben war." Zu ihrer Überraschung kam eines Morgens in einer begehrten südkalifornischen Kleinstadt ein günstiges, 2,2 Morgen großes Grundstück auf den Markt. Nachdem sie abends einmal vorbeigefahren waren, war es beschlossene Sache. Das war das Grundstück, auf dem Dino und sie sich ihr eigenes Haus bauen würden. Sie kauf-

ten das Land, bereiteten ihr Haus zum Verkauf vor und inserierten es; es war schon nach ein paar Wochen weg.

Da sie jetzt kein Zuhause mehr hatten, in dem sie während des Hausbaus bleiben konnten, erwogen die beiden, vorübergehend eine Wohnung oder ein kleines Haus zu mieten – aber das schien ihnen dann doch dumm. Schließlich hatten sie jetzt ihr eigenes Grund-

⌃ ALT UND NEU KOMBINIERT

Das Esszimmer liegt im Ausziehbereich und ist ein gutes Beispiel für Ashleys entspannten
kalifornischen Stil. Der Rattansessel stammt noch aus dem alten Haus. Ashley wollte zumindest
einen davon behalten, „weil sie einfach perfekt sind". Alle Lampen sind aus der speziell für Wohnwagen und Wohnmobile konzipierten Gleichstrom-Serie von Lucent Lightshop.

stück. Was wäre, wenn sie einen Wohnwagen kauften und ihn auf ihr Land stellten?

So konnten sie die Bauarbeiten beaufsichtigen und gleichzeitig Geld sparen. Sie fanden einen mitgenommenen Wohnwagen von 9,50 Meter Länge für 8.000 Dollar, und Ashley, die ein besonderes Händchen für Inneneinrichtung für wenig Geld hat, machte sich gleich ans Werk, um ihn für ein paar Monate bewohnbar zu machen.

Sie und Dino entfernten alles, was ihnen nicht gefiel – den rauchblauen Teppich, mit dem der ganze Wohnwagen ausgelegt war, die altertümlichen Messingleuchten, die mit Chintz bezogenen Einbau-Sitzmöbel und die schweren, viel zu großen Hängeschränke. Ashley verlieh dem ganzen Anhänger eine Westküsten-Atmosphäre mit auffälligem Schwarz-Weiß-Dekor und eingestreuten Elementen im bunten Boho-Chic: Drucke, Strand-Accessoires wie Webteppiche und Sukkulenten im Topf. Sie bestellte neue Fronten für die Küchenschränke und richtete den Wohnwagen so weit her, dass er gestrichen werden konnte.

Von Freunden bekam sie ein paar Kisten übriggebliebene Zementfliesen mit grafischen Mustern, die Ashley und ihre Mutter in Küche und Bad anbrachten. Nachdem die neuen weißen Küchenschrankfronten montiert und die schwarzen Griffe verschraubt waren, wirkte es so, als seien die ursprünglichen schwarzen Armaturen mit Absicht ausgewählt worden.

Drei Etagenbetten wurden in den schuhkartongroßen Raum neben dem Bad eingepasst, um übergangsweise Kinderschlafzimmer einzurichten. Ein separater, lichtdurchfluteter Raum am anderen Ende des Wohnwagens wurde zum Zimmer von Ashley und Dino. Preisbewusstes Einkaufen online und im Großhandel brachte Dutzende schicke Funde: schwarz-weiße Hängeleuchten, geflochtene Vorratskörbe und platzsparende Haken. Da sie im neuen Haus alles neu haben wollten, hatte sich das Paar in drei großen Garagen-Verkäufen vom Großteil ihrer Besitztümer getrennt. Vier Wagenladungen gingen zu wohltätigen Organisationen und alles andere, das sie nicht unterbringen konnten, lagerten sie ein. Sechs Monate später sind das nur noch fünf große Kisten. Jedes Kind bekam eine einkaufstaschengroße Kiste für seine Kleider zugeteilt, und es wurde nur sehr wenig Spielzeug mitgenommen. „Jeder hat ein Kuscheltier, ein paar Bücher und sie teilen sich eine große Bastelkiste – das war's", beschreibt Ashley. „Zu Weihnachten verschenken wir Erlebnisse und keine Gegenstände."

Von außen war der Wohnwagen aus dem Baujahr 2003 mit Puma-Aufklebern und bunten Streifen dekoriert. Ashley war es nicht recht, dass er von außen so altmodisch aussehen sollte, nachdem innen alles so hübsch geworden war.

Nachdem sie die Zierleisten abgeschmirgelt hatte, grundierte sie den Wohnwagen, dann strich sie mit Rust-Oleum High Performance Enamel im Farbton White Gloss darüber. Zum Schluss fügte sie noch schwarze Details hinzu. Das Ganze dauerte etwa vier Tage. „Aufkleber

⌃ SPIEL MIT MUSTERN

Das bescheidene Bad mag zwar klein sein, aber dafür ist es stylish. Schwarz-weiße Zementfliesen passen toll zu den übergroßen Blumen des Duschvorhangs von Anthropologie. Der Wasserdruck ist unzuverlässig (am einen Tag kräftig, am nächsten tröpfelt es nur). Ashley wäscht ihre Haare lieber nach dem Besuch im Fitnessstudio.

❯ SCHLAFEN WIE IM SCHUHKARTON

Eins, zwei, drei! Übereinandergestapelte Etagenbetten sind eine effiziente Nutzung des Platzes in der Schlafkoje der Kinder. Als sie einzogen, befürchteten die Eltern, dass die Kinder sich gegenseitig wachhalten würden – aber erstaunlicherweise schlafen sie meist einfach ein. Die Klebetapete mit Ananasmuster ist mittlerweile schon die zweite, denn die Kinder hinterlassen oft schmutzige Fußabdrücke an der Wand. Die erste Tapete war schwarz-weiß kariert, was dem Raum eine völlig andere Atmosphäre gab.

braucht kein Mensch", sagt Ashley. „Die Hersteller von Wohnmobilen denken immer noch, dass Rentner ihre Zielgruppe sind. Aber das ändert sich gerade."

Drei Wochen und knapp 3.000 Dollar später konnte die Familie den Wohnwagen beziehen. Es war eine große Umstellung. Jetzt gab es keine Waschmaschine und keine Spülmaschine mehr, keine Müllabfuhr, nur eine winzige Dusche und insgesamt knapp 17 Quadratmeter Wohnfläche. Aber es war nur übergangsweise, und sie konnten sich schon auf das neue Haus freuen. „Wir dachten: ‚Es wird ein großer Spaß, wir wohnen ein paar Monate im Wohnwagen, und dann ziehen wir in unser neues Haus ein.' Das war vor über einem Jahr, und wir sind immer noch nicht fertig!" sagt Ashley.

Was geschah, nachdem sie in den Wohn-wagen eingezogen waren, überraschte sie alle. Ashley hat einen Blog und einen Instagram-Feed, Arrows and Bow, wo sie eine für sie typische Mischung postet: authentische, ehrliche

---

⌃ DIE NEBENSACHE ZUR HAUPTSACHE GEMACHT

Der Schlüssel zu Ashleys Lösungen für die Herausforderungen des kleinen Raums ist Kreativität – ob in Bezug auf Kleider oder Einrichtung. Ihre gesamte Garderobe passt in den Schrank neben ihrem Bett. „Ich trage abwechselnd immer wieder die gleichen Sachen, mit verschiedenen Gürteln, Schals und Hüten", sagt sie. Sie ist außerdem eine Meisterin darin, Kissen und Überwürfe auszutauschen, um den Charakter der Räume zu verändern. Dass die Einrichtung so luftig und offen wirkt, liegt an den weißen Schränken und der weißen Bettwäsche.

❯ UMS LAGERFEUER

Die Feuerschale und die Lichterketten geben dem Platz vor dem Wohnwagen ein warmes Ambiente. Hier sitzen die Eltern oft, während die Kinder einschlafen.

⌃ LUFT NACH OBEN

Im ausziehbaren Bereich, mit dem man den Anhänger im geparkten Zustand vergrößern kann, ist diese luftige Erweiterung des Wohnzimmers eingerichtet. Der Stauraum unter dem Sofa wird für Mineralwasserflaschen und andere Vorräte genutzt.

Statements, inspirierende Bibelzitate und ausgelassene Tanznummern mit Lippen-Synchronisierung. Sie hatte schon eine Gruppe loyaler Follower gesammelt, die sie nach Modetipps und Ratschlägen für günstige Inneneinrichtung fragten. Erst war sie zögerlich, die Einrichtung des Wohnwagens mit ihren Fans zu teilen, denn sie nahm an, dass viele ihr dann nicht mehr folgen würden. Andererseits war sie stolz auf das, was sie aus dem Wohnwagen gemacht hatte, und so beschloss sie, doch ein paar Fotos zu veröffentlichen.

„Ich dachte, jetzt verliere ich alle Follower", erinnert sich Ashley. Stattdessen teilten die Leute die Fotos von ihrem luftigen Boho-Wohnwagen. Sie waren begeistert davon, wie hip etwas, das sie mit trostlosem Design und gelangweilten Pensionären assoziierten, aussehen konnte.

Schon bald klopften die großen Design-Blogs bei ihr an und wollten mehrseitige Artikel mit Fotostrecken veröffentlichen. Mit ihrer Popularität wuchs auch die Zahl der Angebote; Urlaube, Schuhwerbung und es ist sogar im Gespräch, dass die Familie ihre eigene Sendung auf HGTV bekommen soll.

„Das hat uns alle total überrascht und wir sind so dankbar dafür. Wir hatten gar nicht daran gedacht, das alles zu monetarisieren. Wir haben es nicht darauf angelegt, also nehmen wir es einfach als Erfahrung und Abenteuer", erzählt Ashley.

Da sich jeden Tag so viele neue Möglichkeiten ergeben und sie überraschend Gefallen daran finden, auf kleinem Fuß zu leben, sind Ashley und Dino zögerlich, überhaupt schon mit dem Hausbau zu beginnen.

„Unsere neue Lebensweise hat auch den Anspruch an unseren Hausbau verändert, bis hin zu dem Punkt, dass wir ihn ganz in Frage stellen", sagt Ashley. „Uns ist definitiv klar geworden, dass wir nicht viel brauchen, und das finden wir wirklich cool. Wir wissen aber auch, dass wir nicht in unser neues Haus ziehen wollen, wenn wir uns dafür ruinieren müssen. Wir genießen es gerade sehr, frei zu sein. Es ist unglaublich. Mal sehen, was noch kommt!"

Tiny-House-Unternehmer

Wenn man durch den Hollywood RV Park (Camping-platz für Wohnmobile) in Van Nuys, Kalifornien, läuft, wo Wandgemälde von Marilyn Monroe und dem Sternen-banner neben den Stellplätzen aufragen, stellt man sofort fest, dass es bei Devin Groody und Catrin Skaperdas ganz anders aussieht als bei allen anderen. Sie sind umgeben von Wohnwagen mit Zelt, Airstreams und gigantischen Wohnmobilen. Es ist aber ihr Tiny House auf Rädern, das ständig die Aufmerksamkeit der anderen Camper erregt.

„Wir wollten diesen Wow-Faktor", erklärt Devin, ein schlanker, muskulöser, Yoga praktizierender 27-Jähriger. „Man kommt gleich ins Gespräch, und es ist sehr gut fürs Geschäft." Zu sagen, dass er ein Selfmademan ist, wäre weit untertrieben. Mit 15 pflückte er in seiner Heimat Con-necticut Äpfel, und lernte dabei, dass er keine Lust hatte, gegen Stundenlohn zu arbeiten. In seinem zweiten Jahr an der University of Connecticut, wo er Finanzen studierte, gründete er mit seinem Zimmergenossen eine Firma, die Straßenmarkierungen ausführte, nachdem er im *Forbes-Magazin* von solch einem Unternehmen „mit Zukunft" gelesen hatte. „Tagsüber waren wir an der Uni. Da man Parkplätze nur nachts markieren kann, haben wir einfach gearbeitet, während die anderen ausgegangen sind", sagt er.

In seiner Freizeit betrieb er ein weiteres Unternehmen, das Waren aus China en gros bestellte und dann einzeln

DEVIN GROODY &
CATRIN SKAPERDAS

**Speziell angefertigtes
Tiny House auf Rädern,
18 Quadratmeter**

Joshua Tree, Kalifornien

Devin und Catrins Tiny House kann man wie einen seitlich liegenden Karton aufklappen, wobei eine große Fensterwand und Glastür zum Vorschein kommen. Ist das Haus ‚eingeklappt', kann man es durch eine zweite Tür an der anderen Seite betreten.

gewinnbringend auf Ebay weiterverkaufte. Nach seinem Abschluss als Diplomkaufmann arbeitete Devin für eine Finanzberatung. Es machte ihm überhaupt keinen Spaß, und er gab den Job bald wieder auf. Danach wechselte er häufig, akquirierte Neugeschäft bei einem Technologie-Unternehmen und später als Remote-Support-Spezialist bei Apple. In dieser Zeit brauchte die Mutter eines Freundes, die Maklerin war, Fotos von einem Haus, das sie anbieten wollte. Da sie wusste, dass Devin ein talentierter Hobbyfotograf war, bat sie ihn, das für sie zu erledigen.

„Ich nahm zehn Tage Urlaub und probierte aus, wie es ist, Immobilien-Fotos zu schießen. Dann gestaltete ich ein paar Broschüren und nahm an fast allen Versteigerungen im ganzen Bundesstaat teil. Dort versuchte ich, so viel wichtigen Leuten wie möglich die Hand zu schütteln. Ich sagte zu ihnen: ‚Das ist mein Preis, aber ich mache Ihnen das erste Shooting für die Hälfte.' Damit hatte ich einen Riesenerfolg", erinnert sich Devin begeistert. „Und wie fleißig man bei den anderen Jobs auch war – es gab immer einen Zeitplan. 18 Monate Betriebszugehörigkeit, dann wird man befördert. Das war einfach nichts für mich. Ich habe immer

⌐ HOCHBETT UND FITNESSRAUM

Das Schlafzimmer ist mit einer stabilen Metallkonstruktion über Küche und Badezimmer angebracht, die gleichzeitig als Klimmzug-Stange für Devin dient. „Ich rolle die Yogamatte aus und mache Übungen, dann mache ich Klimmzüge und zum Schluss mache ich noch Liegestütze auf der Terrasse."

bei allem glänzen wollen. Es war immer mein Ziel, aus verschiedenen Quellen Einkommen zu generieren, sodass ich auch Geld verdiene, während ich schlafe. Ich habe immer gesagt, wenn ich siebenstellig verdiene, ohne etwas tun zu müssen, höre ich auf."

Devins Geschäftssitz für die Immobilienfotos war Greenwich, Connecticut, wo er an den Wochenenden noch Hochzeits- und Verlobungsfeiern fotografieren konnte. Es war auf dem Rückweg von einer Hochzeit im Sommer 2017, als Devin, der es leid war, in Long Island eine viel zu hohe Miete zu zahlen und ständig im Berufsverkehr zu stecken, seiner Freundin Catrin, einer Social-Media-Managerin, vorschlug, ein Tiny House zu kaufen. „Wir hatten schon mehrmals darüber gesprochen. Ich hatte immer wieder bei Tiny-House-Gewinnspielen mitgemacht, und Devin sah sich ständig Websites von umweltfreundlichen Tiny Houses an. Damals beschlossen wir aber, uns jetzt ernsthaft damit zu beschäftigen." Über das kommende Jahr baute Devin sein Fotografenteam so aus, dass er nicht mehr vor Ort sein musste. Er wollte das florierende Unternehmen nicht aufgeben. Catrin begann, sich als Reisebloggerin und Strategin für Social Media zu etablieren.

Devin entschuldigt sich für die momentane Lebenssituation der beiden, während er kalt gebrühten Kaffee in seine Thermotasse gießt. Derzeit stecken sie mitten in einer Großstadt fest, fern von jeglicher schönen Aussicht. „Wir waren vor ein paar Wochen oben in Jos-hua Tree, vielleicht eine Stunde von hier. Es ist wunderschön, aber wir hatten Null Empfang. Da wir beide Online-Unternehmer sind, mussten wir wieder hinunter ins Gewühle."

Wenn man das knapp 2,5 Meter breite Tiny House betritt, fällt als erstes die massive Rundum-Holztäfelung auf, die sich neben Boden, Decken und Wänden auch auf den Arbeitsflächen und Küchenschränken wiederfindet. Es ist ein sauberer, minimalistischer Look, und da wenig persönliche Dinge außer einer akustischen Gitarre zu sehen sind, ist der Eindruck warm und beruhigend. Umso mehr fallen die großen, schwarz umrahmten Fenster und Schiebetüren ins Auge, die bis unter die Decke von knapp 4 Meter Höhe reichen und eine komplette Wand ausmachen.

„Wir wollten etwas Fertiges kaufen, da wir nicht den nötigen Platz zur Verfügung hatten, um etwas um- oder neu zu bauen. Wir brauchten also etwas, in das man einfach einziehen konnte. Und dann ist erst einmal alles kaputtgegangen."

Die Geschichte ihres Hauskaufs sollte man sich zur Warnung dienen lassen. Devin fiel ein kompaktes Haus ins Auge, das von einer Firma in Colorado angeboten wurde. Er rechnete mit 100.000 Dollar und war mehr als überrascht, dass es für nur 50.000 Dollar angeboten wurde. Die Verkäufer kamen ihm auf 43.000 Dollar entgegen und es kam zum Vertrag. Es folgte ein Hin und Her. Dann wurde dem Verkäufer der volle Preis geboten, und er wollte den Kauf rückgängig machen.

∧ UNTERHALTUNGSELEKTRONIK IM FREIEN

Klapptische vor den Fenstern, die an Imbissstände erinnern,
bieten bei gutem Wetter zusätzlichen Platz zum Kaffeetrinken
oder Essen. Devin nutzt einen davon auch als Stehpult. Ein
batteriebetriebenes Radio sorgt für stilechte musikalische
Untermalung.

⌐ KOCHKURS

Catrin und Devin hörten ein Hörbuch, das ihren Umgang
mit dem Leben im Tiny House in neue Bahnen gelenkt hat.
„In dem Buch beschreibt ein Küchenchef den Umgang mit
der ‚mise en place' vor dem Kochen. Das hat meinen eigenen
Umgang mit dem Aufräumen nach dem Benutzen von Gegenständen verändert. Jetzt hat jedes Ding seinen Platz, und
alles wird so effizient wie möglich erledigt. Dieses Hörbuch
hat mein Leben stärker verändert als alles, was ich je gelesen
habe", sagt Devin. Da sie keinen Herd haben, kochen sie auf
einem Campingkocher von Camp Chef.

⟩ AUFGEHÄNGT

Besteck und Utensilien hängen an Haken an einer Stange oder
einem magnetischen Messerhalter.

Letztendlich bekamen Devin und Catrin ihr Haus, aber es ging alles sehr oberflächlich vonstatten. „Sie haben uns buchstäblich nur die Schlüssel in die Hand gedrückt. Sie haben uns nichts erklärt, was Abwasser, Elektrizität oder Solar betrifft", erinnert sich Devin.

Die Architekten hatten das Haus als Prototyp für eine Fernsehsendung gebaut. Es war gar nicht dazu gedacht, dass man es bewegt, geschweige denn Hunderte Meilen über unebenes Terrain. „Sie hatten Rohre aus festem PVC verlegt. Als wir zu unserem ersten Ziel gefahren waren, war schon alles zerbrochen. Der Schwarzwassertank hatte ein Leck – es war eine einzige Schweinerei", sagt Devin. Die nächsten vier Wochen nisteten sie sich auf der Pferderanch eines Freundes ein und bauten die komplette Installation neu ein. Dann rissen sie die undichte Stahlduschkabine heraus und fliesten das Bad. „Wir wollen noch ganz viele andere Reparaturen machen, aber wir haben jetzt so viel Zeit investiert, dass wir erst einmal eine Pause einlegen müssen."

Sobald alles transportfähig war, brachen die beiden wieder auf. Sie gehören zu den wenigen, die ihr Tiny House tatsächlich bewegen. Die meisten Tiny-House-Besitzer leben nur halb nomadisch oder haben einen permanenten Stellplatz. Devin betreibt immer noch sein Fotostudio in Greenwich, hat sich inzwischen als Outdoor- und Lifestyle-Fotograf einen Namen gemacht, und Catrin baut weiter das Markenimage ihres Reiseblogs auf. Sie leben so, wie es sie glücklich macht, nach ihren eigenen Regeln. „Viel zu viele Menschen behalten ihre Jobs bei, auch wenn sie unzufrieden sind, oder träumen davon, woanders zu leben, und bleiben doch da, wo sie sind", sagt Catrin. „Ich fordere die Menschen dazu auf, so zu leben, wie sie wollen, und nicht nach den Regeln, die ihr Umfeld für sie aufstellt."

Was den Plan mit der im Schlaf verdienten Million Dollar betrifft, hat Devin schon einen Businessplan für seine neueste Geschäftsidee: „Wir werden Vollzeit reisen und alle zwei Jahre ein neues Objekt kaufen", sagt er. „Wir parken dieses Tiny House an einem festen Ort, vermieten es, um passives Einkommen zu generieren, und kaufen dann ein zweites dazu. Ich bin sicher, dass dieses Haus mit der Zeit im Wert steigen wird, genau wie ein normales Wohnhaus. Wohnmobile verlieren mit dem Gebrauch an Wert. Das Tiny House wird das nicht tun. Als nächstes würde ich gerne einen Airstream oder einen Schulbus entkernen und zu etwas ganz Besonderem umbauen. Das gewölbte Dach würde mit Holz verkleidet super aussehen."

❮ LIEBE ZUM DETAIL

Die fugenlos verlegten Dielen aus Massivholz, die vom Fußboden auch in die Treppe übergehen, zeugen von solider Handwerkskunst. Alle Treppenstufen, auch die kleinsten, haben Schubladen – weitere Details siehe Seite 290. Durch das Massivholz wiegt das leere Haus schon fast 5.000 Kilo, was sich beim Benzinverbrauch bemerkbar macht. „Wir verbrauchen wahnsinnig viel Sprit – knapp vier Liter bringen uns gerade mal zehn Meilen weit. Ohne das Haus sind es achtzehn Meilen", sagt Devin, der einen robusten Pickup-Truck fährt.

Von Reno-vierung zu Renovierung

Kate Oliver klettert durch einen entkernten Airstream, gefolgt von ihrer Tochter Adelaide. Es ist ein heller Tag im späten Frühling, und der Anhänger steht auf einem ländlichen Zufahrtsweg, der von überwucherten texanischen Roteichen gesäumt wird. Kates Frau Ellen wischt sich den Schweiß von der Stirn und bittet sie, ihr beim Entfernen der letzten Unterbodenplatte zu helfen. Sie reichen sich den Handbohrer hin und her und lösen die letzten Schrauben, die das von einem Wasserschaden angegriffene Teil noch halten. Dann ziehen sie gemeinsam aus Leibeskräften, endlich löst sich die Platte, und Kate zerrt sie durch den leeren Airstream zur Vordertür hinaus.

Kate und Ellen sind beide Mitte Dreißig. Sie machen professionelle Renovierungen von Airstream-Wohnwagen, unterrichten die gemeinsame Tochter und führen ein mobiles Leben. „Für diesen Auftrag haben wir noch viereinhalb Monate Zeit", sagt Kate und öffnet mit Schwung die Tür zu ihrem eigenen umgebauten Airstream, der knapp 500 Meter weit entfernt geparkt ist. „Unser nächster Job in Arizona ist schon bestätigt. Die Arbeit hört nie auf, wenn man mobil ist, und wenn jemand denkt, es wäre so, dann wissen sie nicht, wovon sie reden."

KATE OLIVER & ELLEN PRASSE

Airstream Overlander,
Baujahr 1977, 8,20 Meter Länge

Kyle, Texas

Ellen (links) und Kate (rechts) sitzen mit ihrer Tochter beim Abendessen am Tisch, den Kate aus einem alten Ausziehtisch aus einem Antiquitätenladen gebaut hat.

Bei der warmen, gemütlichen Einrichtung ihres Wohnwagens dominieren satte Holz-Farbtöne, Naturtextilien, Flechtkörbe und hübsche Fliesen vor einem weißen Hintergrund. Kate arbeitet am liebsten mit zwei Farbtönen: Simply White (ein kühles, strahlendes Weiß) und Dune White (ein wärmeres Weiß in Richtung Cremefarben).

Sie verwenden bei allen Renovierungsarbeiten Farbe von Benjamin Moore. Ihr eigener Airstream ist die beste Referenz für ihre Arbeit, denn er zeigt eine der vielen Möglichkeiten, diese „Silberkugeln" neu zu erfinden: weg vom altertümlichen Interieur der herkömmlichen Airstreams und hin zu „lichtdurchfluteten Orten für neuartige Lebensentwürfe", die ihnen die Interessenten buchstäblich aus der Hand reißen. Sie sind das gesamte laufende Jahr und die beiden Jahre danach bereits komplett ausgebucht. Die dreiköpfige Familie zieht von Renovierungsort zu Renovierungsort, lässt sich auf dem Grundstück der Kunden nieder und wohnt nur ein paar Schritte entfernt in ihrem eigenen Zuhause auf Rädern, solange die Arbeiten andauern.

Kate und Ellen haben sich an der University of Evansville in Indiana kennengelernt. Sie waren eng befreundet, geradezu unzertrennlich, verloren sich aber aus den Augen, als Kate an eine andere Universität wechselte. Dann heiratete Kate und bekam Adelaide, aber schon kurze Zeit später fand sie sich als alleinerziehende Mutter wieder, nachdem die Ehe gescheitert war. Die Magie von Facebook brachte die beiden wieder zusammen, und Kate begann, Ellens Fotos zu „stalken", auch wenn sie es nicht gerne zugibt. „Ich habe gar nicht so richtig mitbekommen, dass ich sie attraktiv fand. Also, ich wusste es, aber ich wusste es nicht wirklich", erinnert sich Kate. Sie begannen, sich öfter zu unterhalten, und schon bald sprachen sie spät nachts auf Skype. Nach diversen solcher Gespräche verabredeten sie sich für einen ganzen Tag, auf halbem Weg zwischen ihren beiden Wohnorten. „Und dann wussten wir es. Sie hat mich gleich auf dem Parkplatz geküsst", erzählt Kate. „Wir haben neun Monate lang eine Fernbeziehung geführt, und als das zu stressig wurde, haben wir zusammen in Kentucky ein Haus gekauft."

Das Ehepaar ließ sich nieder und richtete sich auf 150 Quadratmetern häuslich ein.

❮ FRAUEN BEI DER ARBEIT

Ellens Mutter ist Elektroingenieurin. In der Familie wurde sie ‚Mrs. Fixit' genannt. Ihr Vater baute Häuser. Daher stammt ein Großteil ihres Fachwissens. „Und eine Menge Google-Suchen und das gute alte Trial-and-Error-Prinzip", lacht sie. Kates kreatives Auge und ihre Liebe zum Detail kommen dann später ins Spiel. Aber sie ist genauso mit verantwortlich für die schweren Arbeiten, die in den frühen Stadien der Renovierungen anstehen.

Beide gingen weiter ihren Berufen nach, Ellen als Kunstlehrerin und Kate als Hochzeitsfotografin und Teilzeit-Kindermädchen. Von außen sah ihr Leben vielleicht perfekt aus, aber das war es nicht. „Ellen musste fast drei Stunden pro Tag pendeln, der Garten machte uns mehr Arbeit als Spaß und unsere Mitmenschen waren nicht besonders freundlich. Unser Haus war wie eine Insel, von der wir nicht mehr wegkonnten", sagt Kate. Zudem war auch das Geld knapp.

„Ich glaube, wir fingen damals beide an, alles in Frage zu stellen. Ist das wirklich das Leben, das wir uns vorgestellt hatten? Was tun wir hier eigentlich? Das wollten wir doch alles gar nicht", erzählt Ellen.

Eines Morgens, nachdem Ellen zur Arbeit gefahren war, sah Kate eine Fotostrecke von einem Musiker, der sein Leben im Tourneebus dokumentierte. „Es war ein Kind mit dabei, und plötzlich dachte ich: Das könnten wir auch machen. Das da könnten wir sein", sagt Kate. „Ich fragte Ellen per SMS: Was wäre, wenn wir alles verkaufen, uns einen Bus holen und darin wohnen?" Die Antwort bestand aus einem Wort: „Ja."

Es folgten viele Abende, die mit Recherchen vergingen. Nach langem Abwägen der Sicherheitsaspekte von Bussen und Wohnmobilen entschieden sie sich für einen Airstream-Anhänger, in dem man Adelaide im Kindersitz anschnallen konnte. Ein neues Modell war zu kostspielig, also suchten sie nach einem Vintage-Modell. Schließlich fanden sie einen

⌃ UM DIE KURVE GEARBEITET

Das elegante Ceranfeld funktioniert elektromagnetisch, was bedeutet, dass sie keine Gasflaschen an Bord haben müssen. Die gewölbten Wände im Airstream sind nicht ganz einfach zu nutzen. Der Magnethalter für die Messer funktioniert gut, wenn die Messer genau in der richtigen Reihenfolge sortiert sind. Die Kaffeemaschine ist von Chemex.

⌉ WELCHES HOLZ IST GEEIGNET?

Alle Schränke in den von ihnen renovierten Airstreams werden eigens angefertigt. Kate entwirft sie, Ellen findet eine Möglichkeit, das Design umzusetzen, dann bauen sie sie gemeinsam. „Airstreams und andere Wohnmobile haben die Tendenz, Feuchtigkeit zu speichern, also müssen wir vorsichtig sein bei der Materialauswahl", sagt Kate. In ihrer eigenen Küche haben sie weiches Kiefernholz für die Fronten, Pressspan für die Schränke und Laminat für die Böden verwendet. Der Fliesenspiegel hinter der Spüle ist von Fireclay Tile, der Granitkomposit-Spülstein von Alfi.

∧ DIE RICHTIGEN PROPORTIONEN

In der 1 Quadratmeter großen Nasszelle befinden sich eine Kompost-Toilette, eine Dusche mit Sitzbank und ein kupfernes Waschbecken mit einer einhändigen Mischbatterie. Kate ist der Meinung, dass Schwanenhals-Armaturen im Gästetoilettenformat am besten für die Bäder im Airstream geeignet sind, weil die Proportionen gut in die kleinen Badezimmer passen, man sich aber an den hohen Wasserhähnen trotzdem gut das Gesicht waschen kann. Der Fliesenkleber, den die beiden benutzen, heißt Musselbound und wurde speziell für die Verwendung in Wohnmobilen entwickelt.

❮ LEBEN MIT ACHTSAMKEIT

Ein einfaches Ritual wie Abendessen zuzubereiten ist eine bewusste Handlung. „Jedes Mal, wenn ich den Wasserhahn anmache, denke ich daran, dass ich das Wasser, das in den Ausguss läuft, später entsorgen muss", sagt Ellen.

Overlander Baujahr 1957. Sie nannten ihn Louise. Eineinhalb Jahre lang renovierten sie, tauschten alte, rostige und verschimmelte Teile gegen einfache Pressspan-Schränke aus und strichen die Wände weiß.

Sie verwendeten Textilien mit Struktur und Messingleuchten. Um Geld in den Wohnwagen zu stecken, ohne ihre Ersparnisse für die Reise anzugreifen, lebten sie damals von 25 Dollar pro Woche und nahmen immer, wenn es ging, zusätzlich Nebenjobs an. „Wir haben wirklich Herzblut hineingesteckt", sagt Kate. 2014 waren sie dann soweit, in ihr Leben auf der Wanderschaft starten zu können.

Sie fuhren innerhalb von sechs Monaten bis nach Alaska, dann wieder nach Süden durch die „unteren 48". Sie fühlten sich befreit von all den Dingen, die sie davor belastet hatten. Es war genau die Pause, die sie brauchten, um zu erkennen, was ihnen wichtig war.

Dann, als sie gerade unterwegs zu Ellens Eltern nach Kentucky waren, kam ein Anruf, der ihrer Reise ein abruptes Ende setzte. Eine Familienangelegenheit machte es erforderlich, dass sie auf unbestimmte Zeit nach Indiana zurückkehrten. Sie verkauften Louise und ließen sich zähneknirschend in einer Doppelhaushälfte nieder. „Ich habe oft aus dem Fenster auf die baufällige Garage gestarrt, an der die Farbe abblätterte, und gedacht: Ein Nationalpark ist das nicht gerade", erinnert sich Ellen. Sie fühlten sich gefangen. Sie waren wütend aufeinander, wütend auf die Umstände und wütend auf ihr Umfeld.

⌃ SCHLAFZIMMER IM HECK

Adelaide hat sich ins Elternschlafzimmer zurückgezogen.
Hier sind auf den mit Walnussholz furnierten Regalen einige
Lieblingsdinge zu sehen. „Alles, was wir hier drin haben, hat
seine Geschichte", sagt Kate. „Und Platz für mehr haben wir
nicht."

❯ MASSGESCHNEIDERT

Kate und Ellen haben gelernt, einfach zu leben, nachdem
sie einige Male ihr Leben reduziert haben. „Am Anfang
war das ein schwieriger Prozess. Inzwischen gibt es hier
drin nicht mehr viel, an dem ich wirklich hänge", sagt Ellen.
„Materielle Dinge sind nicht so wichtig. Wenn man sich das
einmal klargemacht hat, ist alles gut." Mit einer einfachen
Klemme sind Fotos über der von Kate und ihr passgenau
angefertigten Kommode befestigt.

„Eines Abends hatte Ellen einen Zusammenbruch. Mir wurde klar, dass wir etwas ändern mussten. Wir hatten uns unsere Freiheit so hart erarbeitet, und dann wurde sie uns im Sekundenbruchteil wieder weggenommen. Wir hatten unseren Traum verloren", sagt Kate. Die beiden suchten wieder nach einem Airstream. Vier Monate später hatten sie ihn gefunden: Ein Overlander Baujahr 1977, den sie June nannten.

Man sollte nicht unterschätzen, wie viele Stunden die Renovierung eines fast vierzig Jahre alten Airstreams wirklich dauert. Der Raum ist zwar klein, aber die Rundungen des Fahrzeugs bringen es mit sich, dass alles maßangefertigt werden muss, und es kann schwierig werden, originale Vintage-Ersatzteile aufzutreiben. Kate und Ellen entkernten ihren neuen Airstream komplett, bei Regen, Schnee und Sommerhitze. Anschließend setzten sie ihn akribisch Stück für Stück wieder zusammen.

Eine To-Do-Liste für das Wochenende hätte zum Beispiel so aussehen können: den Unterboden zu Ende entfernen, Vakuumspeicher und Klimaanlage herausholen, Treppe reparieren, blaue Streifen von der Karosserie entfernen, Rost vom Chassis abschmirgeln, kaputte Propanleitungen entsorgen, die Unterbodenkonstruktion herausholen. Abends fielen die beiden verdreckt, müde und mit Blasen an den Händen ins Bett und träumten von dem Augenblick, an dem sie die Alu-Wände wieder einbauen und den Airstream einrichten können würden. Als

dieser Moment dann gekommen war, spielten sie mit ihrem modernen Stil in erdigen Naturtönen.

In der Küche wurden die Schubladenschränke mit glatten Fronten und ausgesparten Griffen mit einer Arbeitsplatte aus Walnussholz versehen, die Kate mit einer Tischsäge zurechtschnitt, verleimte und anbrachte. Hinzu kamen eine schwarze Spüle mit passender Schwanenhals-Armatur, ein schmaler Unterbau-Kühlschrank und ein Induktions-Kochfeld.

Das im vorderen Bereich liegende Wohnzimmer, das gleichzeitig auch als Esszimmer und Adelaides Zimmer fungiert, ist mit großzügigen marineblauen Leinenkissen und kleineren, grafisch gemusterten Kissen ein gemütlicher Aufenthaltsort. Dahinter hat Kate eine schöne Nasszelle geschaffen. Die kleinen, runden Fliesen in milchigem Weiß ziehen sich über die gesamten gerundeten Wände hoch. Im ebenfalls abgerundeten Heck befindet sich das mit neutraler Leinenbettwäsche bezogene Hochbett. Die selbst gebaute Kommode passend zu den Küchenschränken bietet reichlich Stauraum für Kleidung. Das Fahrzeug ist mit gleichstrombetriebenen Deckenleuchten von Acegoo ausgeleuchtet, die auch funktionieren, wenn der Overlander still steht.

Genau wie schon beim ersten Mal dokumentierte Kate die Renovierung auf Ellens und ihrem persönlichen Instagram-Account. Schon nachdem sie mit Louise fertig geworden waren, hatten die beiden darüber nach-

gedacht, ein auf Airstream-Renovierungen spezialisiertes Unternehmen zu gründen. Sie fanden aber damals, dass ihre Erfahrung mit nur einer einzigen abgeschlossenen Renovierung nicht ausreichte. Nachdem Airstream Nummer zwei fertig war (auf den Tag genau ein Jahr, nachdem sie begonnen hatten), schlug Kate vor, dass sie als ersten vorsichtigen Schritt erst einmal eine Website bauen sollten. Die Idee war, aus *The Modern Caravan*, dem Account, der beschrieb, was hinter den Kulissen passierte, ein kleines Unternehmen zu machen.

Kate machte sich sofort an die Arbeit: Sie stellte Fotos von ihren Projekten mit kurzen Beschreibungen der Geschichte der beiden Frauen online. In letzter Minute entschloss sie sich, den Menüpunkt ‚Dienstleistungen‘ hinzuzufügen, in der Hoffnung, diese Rubrik eines Tages auszuweiten. „Zwei Wochen später hatte ich unseren ersten unterschriebenen Vertrag vorliegen und drei weitere Kunden auf der Warteliste.“

Da sie kein Grundstück besaßen, auf dem sie arbeiten konnten und kein Kapital, um eines

⌃ IM FUSSRAUM

Sophie (links) und Memphis (rechts) haben sich in ihre üblichen Ecken zurückgezogen. „Als wir einmal in einer Tierhandlung Hundefutter kaufen waren, sind wir mit Memphis wieder rausgekommen“, erinnert sich Ellen.

❯ GESTOHLENE MOMENTE

Die derzeitige Renovierung der beiden findet auf einer Farm am Stadtrand von Austin, Texas, statt. Abends spaziert die Familie oft zu dem kleinen Teich am Ende des ländlichen Grundstücks.

zu erwerben, schlug Kate vor, bei den Kunden vor Ort zu arbeiten. So konnten sie wieder unterwegs sein und die Arbeit ausführen, die ihnen am meisten Spaß machte.

„Ich würde sagen, es waren 97 % harte, eklige, schwere Drecksarbeit und drei Prozent waren ein Traum. Nicht nur, bis hierher zu kommen, sondern auch, hier zu bleiben", sagt Kate. „Und sehr wenig davon ist einfach nur sitzen und im Hier und Jetzt sein."

Der Tag beginnt normalerweise damit, dass eine von ihnen Adelaide bei ihren Schularbeiten hilft und die andere schon am laufenden Projekt weiterarbeitet. Kate hat richtige Schreibtischzeiten, während derer sie sich um Buchhaltung, Marketing, Kundenverträge, Design und Materialbestellung kümmert. Nachmittags schreibt und malt Adelaide, spielt draußen oder hilft ihren Eltern.

Ihr Auftragsbuch ist voll, denn Kate und Ellen haben sich inzwischen einen Namen auf dem Markt gemacht – wie Kate es beschreibt: „Zwei coole Frauen, die den Job erledigen". Um ihr Unternehmen zu expandieren, müssten sie zumindest einen Teil des Jahres an einem festen Ort leben, das ist beiden klar. Adelaides Bedürfnisse werden sich auch ändern, wenn sie älter wird. Sie hoffen, dass mit dem wachsenden Erfolg genug Profit abfallen wird, um ein Grundstück zu kaufen und ein paar Hilfskräfte einzustellen.

„Wir haben uns dieses Leben nicht ausgesucht, weil wir gedacht haben, dass es einfach wird", fügt Ellen hinzu. „Es bedeutet uns sehr viel, hier draußen zu leben, kreativ zu sein und selbständig arbeiten zu können", sagt Kate abschließend. „Wir haben dem Unmöglichen die Stirn geboten, und wir haben es überwunden, weil wir hart gearbeitet haben und weil wir nicht aufgegeben haben."

> ❯ SCHNELL WIEDER WEG

Kate und Ellen lieben die Flexibilität, die der Airstream ihnen bietet. Wenn sie den Wohnwagen auf dem Campingplatz oder an ihrem derzeitigen Wohnort abstellen, nehmen sie einfach das Auto, um Besorgungen zu machen.

3
Die
Minimalisten

DAS EINFACHE LEBEN SUCHEN, BEI DEM ERFAHRUNGEN
WICHTIGER SIND ALS DAS MATERIELLE

Leben von den Früchten des Landes

„Es ist schon komisch, wo man manchmal landet – man weiß einfach nie", sagt Brooke Budner nachdenklich, während sie aus dem Fenster ihres mit Zedernholz verkleideten Tiny Houses schaut. Es steht auf der hufeisenförmigen Orcas Island, nur wenige Kilometer von der kanadischen Grenze entfernt. „Ich wusste früher gar nicht, dass dieser Ort überhaupt existiert", sagt sie, während sie auf den idyllischen Teich im alten Primärwald blickt, den sie ihr Zuhause nennt. Dann geht sie hinaus zu dem kleinen Kühlschrank, der neben dem Haus auf einem Baumstumpf steht, um sich frische Kuhmilch für ihren Kaffee zu holen.

Keine fünfzehn Minuten später beginnt Brooke ihren Tag. Mit einem Korb in der Hand läuft sie den kurzen, gemähten Weg zu ihrem mit Wildzaun eingefassten Garten hinunter, den sie gemeinsam mit ihrem Partner, Emmett Adam, bestellt. Er ist gerade für ein paar Monate

‹ AUF DER LICHTUNG

Das Haus ist auf einem 2,50 m breiten Anhänger gebaut und hat eine Höhe von 4,20 m – das ist das größte zulässige Format, wenn man das Haus bewegen will. Wenn das Haus still steht, montieren Brooke und Emmett die Reifen ab, da die Sonne ihnen sonst zu sehr zusetzt. Das Tiny House wurde kürzlich auf diese Lichtung neben einem kleinen Teich versetzt.

BROOKE BUDNER

Tiny House auf Rädern,
13,4 Quadratmeter

Orcas Island, Washington

„Im Sommer, wenn Fenster und Türen
weit offen stehen, wenn man die ganze
Welt bewohnt, ist es gar kein Problem,
in einem Tiny House zu leben. Frag
mich am besten nochmal, wenn Winter
ist", sagt Brooke mit einem Grinsen.

in Alaska, um als Fischer etwas dazuzuverdienen. Sie geht an summenden Bienenstöcken vorbei, zupft hier Blätter von den Tomatenpflanzen, pflückt dort vertrocknete Blüten ab und entfernt die Blütenstände von ihren Knoblauchpflanzen. Zwischen großen Maispflanzen, aus denen später Polenta und Tortillas werden sollen, wachsen Auberginen, Kartoffeln, Favabohnen, Erbsen, Zwiebeln, Lauch, Pastinaken, Karotten und Kürbis, außerdem Grundnahrungsmittel wie Weizen, Hirse und Quinoa. Süße Beeren, Feigen und neu gepflanzte Obstbäume sorgen für frisches Obst. Brooke kann nicht widerstehen und nascht sich wie eine Ziege einmal quer durch den Garten. Dieses Stück Land, ein paar dazugekaufte Milchprodukte und Eier sowie das Fleisch von selbst erlegten Rehen wird Brooke und Emmett ein Jahr lang ernähren.

Um zu verstehen, wie Brooke zu diesem autarken Lebensstil gekommen ist, sollte man ihren Werdegang betrachten. Sie ist Malerin und Medienkünstlerin. Schon als sie noch Studentin an der Rhode Island School of Design war, arbeitete sie in den Semesterferien auf Bauernhöfen. All das war Lichtjahre entfernt davon, wie sie aufgewachsen war, in einem Vorort der Großstadt Dallas, Texas. „Als ich ins College kam, begann ich, Dinge auszuprobieren und eine politische Meinung zu entwickeln. Ich wollte Fähigkeiten erwerben, die mir erlaubten, mich selbst zu versorgen", erzählt Brooke. Nach ihrem Abschluss zog sie nach Kalifornien, wo sie am Occidental Arts and Ecology Center arbeitete. Dort erlernte sie die Grundlagen der Permakultur-Landwirtschaft. Dieses Wissen befähigte sie, gemeinsam mit ihrer Freundin Caitlyn Galloway ein brach liegendes Stück Land mitten in San Francisco in eine CSA-geprüfte Farm zu verwandeln, die Restaurants und Endverbraucher mit frischen Erzeugnissen belieferte.

Über sieben Jahre florierte die kleine Farm namens Little City Gardens, auch wenn die beiden Eigentümerinnen sich immer wieder juristischen und wirtschaftlichen Herausforderungen stellen mussten. „Wir mussten mit der Stadt zusammenarbeiten, um zu erreichen, dass die Bezirkseinteilung so abgeändert wurde, dass unsere Farm legal war." Der Verkauf des vorher im Privatbesitz befindlichen Grundstücks an einen Entwickler erschwerte die Angelegenheit noch zusätzlich. Die neuen Eigentümer waren entschlossen, Profit zu machen, und das innerstädtische Gärtchen passte nicht zu ihren Plänen. „Wenn man plötzlich so solvente Menschen vor sich hat, ist es schwer, wenn man in einem Bereich arbeitet, der zwar wichtig, aber nicht besonders lukrativ ist", klagt Brooke. „Ich war am Ende fix und fertig."

Während sie einen pfeffrigen Salat aus Asia-Salatblättern mit den schönen Namen

---

› BLICK ÜBER DEN TEICH

„Vor meinem Fenster passiert immer etwas", sagt Brooke. „Alle Jahreszeiten haben ihren eigenen Zauber. Zuerst kommen die Wildrosen, dann die Schwertlilien. Es geht einfach immer weiter. Ständig blüht etwas Neues auf oder verwelkt wieder."

⌃ HAKEN FÜR ALLES MÖGLICHE

Neben der Eingangstür sind Einkaufstaschen und andere
Gegenstände an Haken und auf Regalen verstaut. Eine Rolle
Toilettenpapier wartet griffbereit für den, der die Außentoi-
lette (siehe Seite 280) besuchen muss.

❮ IN VERBINDUNG BLEIBEN

Brooke teilt ihre Zeit auf drei Passionen auf: Grafikdesign, Permakultur-Anbau und ihr neues Geschäftsfeld,
die Produktion und den Vertrieb einer Gewürzmischung,
die gomasio heißt. „Obwohl Grafikdesign definitiv der
lukrativste Geschäftszweig ist, kann ich es nicht den ganzen
Tag am Computer aushalten. Ich versuche also, die Zeit in
gesunde Drittel aufzuteilen." Das Haus ist ans Stromnetz
angeschlossen und hat sogar WLAN. „Früher dachte ich,
dass das Leben in einer ländlichen Gegend automatisch
bedeutet, dass man von der Urbanität abgetrennt ist. Heute
ist es möglich, ein bisschen von beidem zu vereinbaren."

Orientalischer Blattsenf und Golden Frills (goldene Rüschen) vorbereitet, spricht sie darüber,
wie erleichtert sie ist, dass sie jetzt ihre eigenen Nahrungsmittel anbauen kann. Wenn eine
Sorte nicht aufgeht, probiert sie einfach eine
andere aus. „Es ist nicht schwer, so viel anzu-
bauen, dass man genug zu essen hat. Etwas
damit zu verdienen ist deutlich schwerer."

In San Francisco lernte Brooke Emmett
kennen, der mit Freunden auf einem Segelboot
in der Marina von Berkeley lebte.

Im Winter 2012 sehnten sich Brooke und
Emmett nach einer Veränderung. Da kam
das Angebot, zwei Monate Housesitting auf
Orcas Island zu übernehmen, gerade richtig.
Während dieser Zeit wurde Brooke klar, dass
sie sich vorstellen konnte, sich dauerhaft hier
niederzulassen. Damals war sie noch in das
Little-City-Gardens-Projekt involviert, aber
bei ihrer Rückkehr übergab sie es. Den Sommer verbrachte sie wieder auf Orcas und lebte
mit Emmett mietfrei in einer Jurte, lernte die
Einheimischen kennen und schmiedete Pläne,
wovon sie in Zukunft leben sollten.

Sie übernahm einige Grafikdesign-Aufträge, was sich auch auf die Distanz erledigen
lässt. Dadurch, dass sie stärker am örtlichen
Gemeindeleben teilnahm, hörte sie von einer
älteren Dame, die jemanden suchte, der ihr
beim Aufbau einer Farm auf ihrem Grundstück
behilflich sein würde. Brooke und Emmett hatten beide reichlich Erfahrung mit dem Permakultur-Anbau und halfen ihr.

Inspiriert von einem Tiny House, das

Brooke bei Freunden gesehen hatte, begannen sie, selbst einen Entwurf zu machen. Bei einer Sägemühle fragten sie nach Holzabschnitten und -abfällen. Mit einem frei zugänglichen 3-D-Programm arbeiteten sie das Design so weit aus, dass sie sich ein klares Bild machen konnten. Dann legten sie einfach los. „Wir sind keine Experten. Eigentlich zimmert man ein Gebäude so, dass man zuerst alle Holzzuschnitte perfekt ausgemessen bereitlegt und sie dann in einem Arbeitsgang zusammensetzt", sagt Brooke. „Leider waren unsere Maße nicht einwandfrei, und wir haben ein Stück nach dem anderen angebaut." Dafür hat das ganze Haus nur 2.000 Dollar gekostet. Es dauerte allerdings etwa ein Jahr, es fertigzustellen. „Wir haben viel dabei gelernt", seufzt Brooke.

Den meisten Platz nehmen in ihrem 13,4 Quadratmeter großen Haus die Vorräte ein, die sie benötigen, um durch das Jahr zu kommen. Weckgläser reihen sich an allen Wänden, im Büro hängt ein Schinken von einem Balken und neben dem gusseisernen Herd hängen getrocknete Chilischoten an einer Schnur.

Die Mitte des Hauses ist durch den Radkasten um 25 cm erhöht, was den Raum in drei Bereiche aufteilt: Den tiefer liegenden Eingangsbereich mit dem Büro, den erhöhten Küchen- und Essbereich und das tief liegende Wohnzimmer. Durch diese Anordnung

⌐ GUT GEFÜLLTE SPEISEKAMMER

Die vielen Reihen Vorratsgläser zeugen von der harten
körperlichen Arbeit, die es mit sich bringt, von eigenen
Erzeugnissen zu leben. Zur Erntezeit wird der Ertrag aus
dem Garten getrocknet, gemahlen, eingelegt, in Dosen
versiegelt und fermentiert, damit die Vorräte über den
Winter reichen. Das Schlafzimmer des Paares liegt über
der U-förmigen Sitzecke, die mit Schafsfellen und Musik-
instrumenten dekoriert ist.

∧ ZU FUSS ZUR ARBEIT

Brookes Arbeitsweg dauert weniger als eine Minute.
Mit Wildzäunen und Netzen ist der Garten vor hungrigen
wilden Tieren geschützt. Ein Bienenstock versorgt das
Paar mit Honig.

⌃ SCHÖNE EINBLICKE

Brooke entschied sich für offene Regale im ganzen Haus –
dadurch werden die Vorratsgläser und Tassen zu Dekorationselementen. „In einem anderen Universum hätte ich wahrscheinlich nur Bücher an den Wänden", sagt sie.

∧ EIN MINIKELLER

Auch die nur 15 Zentimeter breite Lücke zwischen den
Bodendielen und dem Unterboden von Brookes winzigem
Haus bleibt nicht ungenutzt. Eine in den Boden eingearbeitete
Falltür erlaubt den schnellen Zugang zu Vorräten.

der Bereiche bekommt man das Gefühl, dass es sich um mehrere Zimmer handelt. An beiden Seiten des Hauses gibt es je eine über eine Leiter zugängliche Hochebene, die gerade hoch genug ist, um sich darin aufsetzen zu können.

Großzügige Fenster lassen das Haus geräumiger und luftiger erscheinen, und die holzgetäfelten Wände machen es gemütlich. Wenn Brooke und Emmett zur Toilette oder ins Bad wollen, müssen sie das Haus verlassen. Ein Plumpsklo (eine leicht erhöhte Toilette, siehe Seite 280) steht an einer zugewachsenen Stelle hinter dem Haus. Ein paarmal im Jahr heben die beiden eine neue Grube aus. Baden können sie entweder in der Freiluft-Badewanne oder sie duschen mit der propangasbeheizten Außendusche hinter dem Haus (siehe Seite 274 und 275). An heißen Tagen nutzen sie auch den Teich.

Brooke ist jetzt 36 Jahre alt und denkt über die Familienplanung nach. Es ist nicht einfach, den richtigen Zeitpunkt zwischen all ihren Aktivitäten zu finden – Grafikdesign, Gartenarbeit und ihrem Neugeschäft mit der Würzmischung gomasio, die sie aus Sesam, Seetang und Nesseln herstellt und selbst vertreibt. Außerdem ist da die Platzfrage. „Ich würde gerne irgendwann ein größeres Haus bauen", sagt Brooke. Sie kann sich nicht vorstellen, je wieder ein richtig großes Haus zu bewohnen, aber sie freut sich darauf, etwas zu bauen, in dem genug Platz für Kinder ist. „Dieses Haus, das ich mit eigenen Händen gebaut habe, ist das, worauf ich am meisten stolz bin", sagt Brooke. „Ich würde es gerne wieder selbst machen."

⌃ ABENDPROGRAMM

„Emmett spielt so gut wie alles – Akkordeon, Gitarre, Ukulele", erzählt Brooke mit Blick auf die vielen Instrumente an den Wänden. Sie selbst hat inzwischen Banjo spielen gelernt. Das Fenster hat nur eine Scheibe, was so weit oben im Norden im Winter ganz schön kalt werden kann. Der Ofen bleibt dann den ganzen Tag an, damit es gemütlich ist. In ihrem neuen Haus würden sie auf jeden Fall Doppelfenster einbauen.

Das Einfache wählen

Wenn man die von Bäumen überschattete Straße im Stadtinneren von Austin, Texas, entlangfährt, kann es ohne Weiteres passieren, dass man am leuchtend silbernen Airstream der gebürtigen Texanerin Ashlee Newman vorbeifährt. Dottie, wie Ashlee ihren Wohnwagen liebevoll nennt, steht gut versteckt zwischen Kakteen, Zypressen und Pekannussbäumen, zwischen dem einstöckigen Haus von Freunden und einem Wellblechzaun.

„Ich finde es nicht schwierig, ihn hier einzuparken. Es ist keine große Sache", sagt die 34-jährige Lifestyle-Fotografin Ashlee im typischen texanischen Singsang ihres Heimatstaates über den schmalen betonierten Streifen, auf dem der Airstream geparkt ist. „Ich bin auf einer Ranch aufgewachsen und habe oft Pferdeanhänger für meine Brüder und meine Schwester zum Rodeo gefahren."

Ashlees Haare sind noch nass, und in ihrem korallenrosa Sommerkleid mit Spaghettiträgern und den lehmverschmierten Cowboyboots wirkt sie feminin und abgebrüht zugleich. Wenn sie sagt, dass es ihr ein Leichtes ist, Dottie an ihren Toyota 4Runner zu hängen und alleine campen zu gehen, glaube ich ihr aufs Wort.

Es ist Ashlees drittes Zuhause im Kleinformat, abgesehen von den Wochen, die sie in ihrem Auto gewohnt hat. Damals hatte sie ihren Corporate-Job als Marketingmanagerin an den Nagel gehängt, sich von ihrem Freund

ASHLEE NEWMAN

Airstream Overlander,
7,5 Meter, Baujahr 1955

Austin, Texas

Hinter dem Originalsofa, das genau
ins Heck des Overlander passt, befindet sich ein praktisches Holzregal,
auf dem Ashlee einige ihrer liebsten
Dinge stehen hat.

KEEP

WILLIE NELSON

WILLIE
NELSON

❮ FREI, LOSZUZIEHEN

Der Wohnwagen wiegt nur knapp 1.600 kg und lässt sich mit einem kleinen SUV ziehen. Ashlee unternimmt mehrmals im Jahr Touren, aber meist steht der Airstream auf dem Grundstück von Freunden. „Ich habe schon acht, vielleicht neun Jahre lang keine Miete mehr gezahlt, und schon allein beim Gedanken, etwas unterschreiben zu müssen, fange ich an, zu hyperventilieren", sagt Ashlee. „Auch wenn ich gar nicht so häufig unterwegs bin, ist es schön zu wissen, dass ich es könnte."

getrennt und die schöne Eigentumswohnung mit den Ledersofas und dem großen Fernseher in Houston, Texas aufgegeben. Das ist jetzt zehn Jahre her.

„Ich hatte keinen Grund zu klagen", erinnert sich Ashlee. Und trotzdem schloss sie sich Abend für Abend in ihrem Kleiderschrank ein, um heimlich zu weinen. „Ich war unglaublich unglücklich, als würde mir etwas Riesengroßes fehlen. Ich habe versucht, diese Leere mit Arbeit und Konsum zu füllen. Und eines Nachts bin ich dann einfach gegangen", sagt sie.

Nach einem kurzen Aufenthalt bei ihren Eltern folgte sie der Einladung von Freunden und lebte eine Weile im atemberaubend schönen Moab, Utah, einem Mekka der Outdoor-Begeisterten – damals in ihrem Auto. Sie fand einen Job auf einer Öko-Farm, für den keine Erfahrung nötig war. „In diesem Sommer habe ich für zehn Dollar pro Stunde Unkraut gejätet, und mir wurde klar, wie wenig ich wirklich brauchte, um glücklich zu sein", erzählt Ashlee. „Ich war zum ersten Mal wirklich ausgeglichen

⌐ HERZCHEN-FLICKEN

„Ich glaube, der Exmann der Frau, die mir Dottie verkauft hat, hat dieses Herz angebracht", sagt Ashlee. „Es ist süß." Wenn Ashlee Dottie bewegt, fährt sie nie schneller als 55 Meilen pro Stunde. „Ich habe am meisten Angst davor, dass mir jemand reinfährt. Dottie ist mein Baby und ich möchte nicht, dass sie verletzt wird. Der Gedanke, ins Schleudern zu kommen oder vom Wind weggeweht zu werden, ist aber auch unheimlich", sagt sie.

⌃ BEWUSSTER KONSUM

An der kleinen Wand links von der Eingangstür bewahrt Ashlee einige ihrer wertvollsten Schätze auf – Mützen, Taschen und Sonnenbrillen. „Alles, was ich mit nach Hause bringe, ist mit Bedacht ausgesucht", sagt Ashlee. „Da ich keinen Stauraum habe, überlege ich mir jeden Kauf sehr genau."

und zufrieden, trug jeden Tag die gleichen Klamotten und arbeitete einfach mit den Händen."

Sie verliebte sich in einen gleichgesinnten Zugezogenen, der in einem Airstream lebte. Die beiden zogen zusammen und heirateten.

Nach einer Weile hatten sie das Bedürfnis nach mehr Platz und tauschten den Airstream gegen einen Schulbus aus. Die Ehe scheiterte eineinhalb Jahre später, und sie verkauften den umgebauten Bus, weil sie nicht darum streiten wollten. „Oh Mann, hätte ich ihn gerne behalten", sagt Ashlee. „Aber es hat einfach nicht geklappt. Es war besser so, für uns beide."

Ashlees Wandlung von der bleistifttrocktragenden Managerin zur frei arbeitenden Airstreambewohnerin, die das einfache Leben sucht, war eine sehr bewusste Entscheidung. Sie ist das älteste von fünf Kindern; ihre drei Eltern (Mutter, Stiefvater und leiblicher Vater) waren alle selbstständig. Sie waren immer hinter dem American Dream her, ständig auf der Suche nach neuen, besseren Jobs, besseren Schulen für die Kinder. „Alle drei oder vier Jahre zogen wir um, und ich denke, dass das meine Wanderlust geweckt hat. Ich habe schon sehr früh gelernt, mich nicht zu sehr an Wohnungen und Orte zu binden", sagt Ashlee. „Ich bin in einem Haushalt aufgewachsen, wo immer viel Geld ausgegeben wurde. Ich wusste, dass ich diese automatische Neigung zum Konsum übernommen hatte und in den Griff bekommen musste. Das hier", sagt sie, während sie auf das Innere ihres Wohnwagens zeigt, „ist die bewusst herbeigeführte Veränderung eines Verhaltensmusters."

Als 2015 die Scheidung rechtskräftig war und Ashlee eine genaue Vorstellung davon hatte, wie sie leben wollte, beschloss sie, einen Airstream zu kaufen. Sie wünschte sich einen Overlander Baujahr 1955 im Originalzustand, das gleiche Modell, in dem sie bereits gelebt hatte. Drei Jahre Suche und eine schicksalhafte Begegnung mit der Besitzerin eines solchen Overlanders zahlten sich aus. „Sie wusste, dass ich einen Airstream suchte, und als sie schließlich bereit war, sich von ihrem zu trennen, suchte sie mich über Facebook", erklärt Ashlee.

Das Innere von Dottie ist so gut wie im Originalzustand, bis hin zum breiten Propangasherd, den zwei Einzelbetten und dem gepolsterten Sofa mit der Stoffhusse. Solche Wohnwagen gibt es nicht mehr viele auf der Welt, und Ashlee empfindet eine gewisse historische Verantwortung, ihn pfleglich zu behandeln. Aber natürlich ist es auch ihr Zuhause, und es gibt Veränderungen, die ihr Alltag, ebenso wie ihr Liebesleben, einfach erfordern. „Diese Einzelbetten sind etwas gewöhnungsbedürftig", lacht sie. Aber alles, was Ashlee verändert, lässt sich auch sehr einfach wieder zurückbauen. Die größten Veränderungen bisher waren der aufgeklebte Vinylboden, der Einbau eines Kühlschrankes und die Kompost-Toilette.

Dafür sieht man Ashleys Stempel umso mehr in den kleinen Dekorationselementen. Sie hat inspirierende Weisheiten aufgehängt, (Keep it simple – Mach's nicht so kompliziert, oder Verschwende keine Lebensmittel), außerdem friedliche Landschaftsaufnahmen.

⌃ VORLÄUFIG AUSGEPACKT

Es ist ein Teil von Ashlees Morgenritual, täglich eine Tarot-karte aus ihrem Animal-Spirit-Set zu ziehen. Die Delfinkarte bedeutet zum Beispiel, dass etwas Gutes bevorsteht, der Pfau symbolisiert innere Schönheit und das Akzeptieren der eige-nen Person. Für Ashlee ist das Auflösen und neu Einrichten bei jeder Reise die größte Herausforderung. „Ich bin jetzt schon ein paar Monate hier und finde es einfach schön, dass alles seinen Platz hat und auch da bleibt."

⌐ WECHSELNDE SCHLAFPLÄTZE

„Ich wechsele zwischen den beiden Betten hin und her – eine Woche hier und eine Woche da. Dann verkrampft sich mein Rücken nicht", erklärt Ashlee. Nachttisch und -lampe sind Bestandteil der ursprünglichen Einrichtung. Ashlee hat ein paar Möbelstücke und Bilder im Haus von Freunden ein-gelagert. „Aber ich vermisse sie nicht."

❯ FLEXIBLES REGAL

Ein Regalbrett zum Herunterklappen, das auch zur Original-ausstattung gehört, wird zum kleinen Schreibtisch. Ashlee dreht einfach den Sessel aus dem Wohnzimmer um. „Es ist gerade groß genug für meinen Laptop und bietet ein bisschen Platz zum Tagebuchschreiben", sagt Ashlee. „Warum man je offene Regale in einen Wohnwagen eingebaut hat, ist mir ein Rätsel. Es macht mich verrückt!"

Der Stoff des Überwurfes auf der Couch im 50er-Jahre-Design und die von Haken an der Wand hängenden gewebten Taschen haben verschiedene Ethnomuster und Strukturen. Die Sammlung von Hüten und Sonnenbrillen (eine kleine Schwäche, zu der sie steht) ist auf alle möglichen Haken, Vorhangstangen und sogar auf Lampen verteilt.

Mit ihrem Rettungshund Lucy setzt sie sich auf ihren Lieblingsplatz auf dem Sofa und beginnt ihren Tag, wie sie es schon seit drei Jahren macht. „Ich stehe auf, koche mir einen Kaffee, zünde eine Kerze an, ziehe eine Animal-Spirit-Karte und schreibe etwas in mein Dankbarkeits-Tagebuch", erzählt sie. „Das ist mein Ritual." So etwas hätte früher in ihrem hektischen Neun-bis-fünf-Leben in Houston keinen Raum gehabt. Das heißt aber nicht, dass sie heute immer nur entspannt. „Ich bin ziemlich gut beschäftigt", sagt Ashlee. Im Frühjahr und Herbst fotografiert sie bei Hochzeiten und Events in ganz Texas. Wenn die Saison vorbei ist, arbeitet sie mit Outdoor-Unternehmen wie Yeti zusammen. „Wenn ich an mein Leben in Houston zurückdenke, bin ich ganz beschämt – damals hätte ich nie gedacht, dass ich je so etwas machen würde wie heute. Ich habe angefangen, auf meine Intuition und auf Zeichen zu achten und ja zu Dingen zu sagen, anstatt mich in eine Form pressen zu lassen, in der ich mich gar nicht wirklich wohlfühle. Ich bin dem gefolgt, was aufregend war, und es hat mich sehr glücklich gemacht."

⌃ AN DIE LUFT KOMMEN

Ashlee besitzt seit acht Jahren keinen Fernseher mehr. „Ich vermisse ihn nicht. Fernsehen erfüllt mich nicht", sagt sie. Stattdessen verbringt sie mehr Zeit an der frischen Luft mit Aktivitäten wie Skateboard fahren, Fliegenfischen, Wakeboarden, Campen oder Wandern. „Den Fernseher abzuschaffen hat mein Leben abwechslungsreicher gemacht."

❯ DEUTLICHE KURVEN

Diese genieteten Endplatten werden Whale Tail (Walflosse), genannt. Sie sind ein Merkmal einiger weniger Airstreams, die allesamt in Kalifornien hergestellt wurden. „Irgendwann hatte ich den Wunsch, selbst einen solchen Wohnwagen zu besitzen. Wahrscheinlich weil ich damit Teil einer winzigen Gruppe von Leuten bin, die auch einen haben", vermutet Ashley. Aus dem Aluminium, aus dem die Airstreams damals hergestellt wurden, wurden auch Flugzeuge gebaut, was die stark reflektierende, spiegelglatte Oberfläche erklärt.

Mini-Minimalismus

Robert Garlow lacht kopfschüttelnd, wenn er an den Moment denkt, der ihn und seine Frau dazu brachte, ihr Leben in Buffalo, New York, zusammenzupacken, um einmal quer durchs Land in die wenig bekannte Stadt Yakima, Washington zu ziehen, wegen eines Pflegejobs, den Samantha damals in Erwägung zog.

„Wir hatten uns damals zwei Stunden lang mit einem Fremden unterhalten, den wir über couchsurfing.com kennengelernt hatten", erinnert sich Robert. „Wir waren nicht auf der Suche nach einer Unterkunft, wir wollten nur mit einem Einheimischen sprechen, der uns erzählt, wie es dort wirklich ist." Brian, der seinerseits nach Yakima zugezogen war, lud sie zu sich ein, und erzählte ihnen von Bierbrau-Abenden am Donnerstag, monatlichen „Ideen-Jams" in einer örtlichen Lagerhalle, Kletterpartys und Campingwochenenden in den nahegelegenen Bergen. Das alles klang in den Ohren des abenteuerlustigen, Frischluft liebenden jungen Paares ziemlich gut, also gingen sie das Risiko ein.

Robert und Samantha kamen mit dem Ziel nach Yakima, ins Berufsleben zu starten. Beide hatten gerade in New York ihre Master-Abschlüsse gemacht (Robert ist Architekt und Samantha hat ein abgeschlossenes Pflegestudium). Nach einigen großartigen Reisen (mit dem Rucksack durch Patagonien, mit dem Zug durch Europa

ROBERT & SAMANTHA GARLOW

Tiny House auf Rädern,
19 Quadratmeter

Yakima, Washington

Samantha füttert die Hühner der
Nachbarn, während Robert die neu-
geborene Tochter der beiden schaukelt.
Sie bezahlen keine Miete für das
Grundstück und erledigen dafür solche
Gefälligkeiten für die Eigentümer.

⌃ DIE GROSSE KLEINE KÜCHE

In puncto Küche wollten Robert und Samantha keine Kompromisse machen. Sie schafften Platz für ihren Standmixer und bauten einen 50 Zentimeter breiten, mit Propangas betriebenen Gasherd ein. Der Summit Professional ist breit genug für ein Backblech. Sie legten auch besonders viel Wert auf eine gute Dunstabzugshaube. „Wenn man in einem Tiny House Zwiebeln anbrät, riecht man das sonst wochenlang in den Polstern und der Bettwäsche", klagt Robert. Der Kühlschrank hat ebenfalls ein Standardformat. Spüle und Armaturen sind von IKEA.

❮ ARBEITEN AUF ALLEN EBENEN

In Robert und Samanthas Haus ist jeder Quadratzentimeter sorgfältig verplant. Sie haben günstige Baumaterialien wie Birkenspanplatten und Schränke von IKEA benutzt. Die Schlafebene ist über eine tiefe Holztreppe zugänglich, deren Stufen auch Stauraum bieten (siehe Seite 290). Oben gibt es zwei Fenster, die sich öffnen lassen, um warme Luft entweichen zu lassen, was eine ständige Luftzirkulation ermöglicht. Tobermory, die Katze, findet immer ein sonniges Plätzchen.

und mit ihrem Honda Civic, in dem sie auch wohnten, durch die Vereinigten Staaten) waren sie bereit, sich niederzulassen.

Die beiden hatten immer den Plan, eines Tages eine Familie zu gründen und ein Haus zu bauen, aber da sie beide erhebliche Studentendarlehen abzuzahlen hatten, wussten sie nicht, wie sie das jemals bewerkstelligen sollten.

„Eines Abends habe ich dann gefragt: Was ist eigentlich mit diesen Tiny-House-Dingern? Dass wir auch auf kleinem Raum leben können, wusste ich, und es war auch klar, dass es günstiger sein würde", sagt Robert. Je mehr die beiden sich damit befassten, desto vernünftiger schien ihnen die Idee. „Wir könnten es selber bauen, dabei etwas lernen, eine Menge Geld sparen und unseren ökologischen Fuß-

abdruck verkleinern", erklärt er. „Außerdem wäre es ein tolles Abenteuer, und cool wäre es auch."

Das erste, was sie brauchten, war ein Fundament, das bei Tiny Houses auf Rädern aus einem Flachbettauflieger besteht. Sechs Monate suchten sie auf der Craigslist nach einem gebrauchten Anhänger für um die 1.000 Dollar. Als das nicht klappte, änderten sie ihre Suchparameter. Sie fanden eine Firma in Portland, Iron Eagle Trailers, die schon seit fast zehn Jahren Trailer für Tiny Houses produ-

⌃ LICHTDURCHFLUTETES WOHNZIMMER

Die begeisterten Snowboarder gewannen dieses maß-angefertigte Board bei einer Schatzsuche auf ihrem örtlichen Skihügel in Buffalo, New York. Es ist einer der wenigen Gegenstände, den sie bisher in all ihren Wohnungen aufgehängt haben. In den Einbauregalen gibt es einen Fernseher, ein paar Bücher (hauptsächlich Berg- und Wander-Ratgeber, örtliche Reiseführer und Architekturbücher), sowie eine Pflanze. Die über dem Türrahmen angebrachte kombinierte Heiz- und Klimaanlage hält das Haus in den sehr heißen Sommern schön kühl und in den sehr kalten Wintern angenehm warm.

ziert. „Das bedeutete Kosten von 3.500 Dollar – eine Menge Geld für ein Unterfangen, von dem wir noch nicht hundertprozentig überzeugt waren", sagt Samantha.

Bevor sie das Geld investierten, fragten die beiden eine der Pionierinnen der Tiny-House-Bewegung, Macy Miller, um Rat. Sie schlug ihnen vor, ein Tiny-House-Treffen in Boise, Idaho zu besuchen, wo sie Gelegenheit haben würden, Dutzende von Eigentümern zu befragen. Nach diesem Wochenende war das Paar überzeugt. Keine 24 Stunden nach ihrer Rückkehr hatten sie ihren brandneuen 7,30 Meter langen, 2,60 Meter breiten Anhänger bestellt.

Während Robert sich im Wohnzimmer das Stop-Motion-Video vom Bau ihres Hauses ansieht, schüttelt er den Kopf über ihre Naivität. „Als wir anfingen, hatten wir keinen Platz, an dem wir bauen konnten. Wir hatten kein Fahrzeug, mit dem wir das Haus bewegen konnten. Wir hatten noch nicht mal ein Grundstück zum Abstellen", lacht Robert.

Zuversichtlich, dass ihre Freunde ihnen unter die Arme greifen würden, begannen sie verlauten zu lassen, was sie vorhatten. Ein Freund, der ein paar alte Scheunen besaß, bot ihnen einen riesigen Schuppen für den Hausbau an. Einem anderen Freund, der kurz zuvor ein 7 Morgen großes Grundstück am Stadtrand von Yakima erworben hatte, gefiel die Vorstellung, sein Land mit ihnen zu teilen, wenn sie sich im Gegenzug um seine Hunde und Hühner kümmern würden, während er auf Geschäftsreise ging.

Jetzt kam Robert sein im Architekturstudium erworbenes Know-how zugute. Er hielt zunächst Samanthas und seine Wünsche und Bedürfnisse fest. Dann beschloss er, dass das Haus zwei unterschiedliche Hälften haben sollte. Die Seite zur Straße sollte geschlossener sein und Privatsphäre bieten. Die Rückseite mit den großen beweglichen Fensterfronten sollte das Haus optisch größer machen und ihnen eine schöne Aussicht bieten. Die großen Fenster würden zwar den Stauraum einschränken, aber die beiden waren es gewohnt, mit dem Nötigsten auszukommen. Er verlegte Bad und Küche an die gegenüberliegenden Enden und den Wohnzimmerbereich dazwischen. Robert gab sich besondere Mühe bei der Planung des Badezimmers. „Es war sehr wichtig, die Mitte des Badezimmers schön zu gestalten, damit es gut aussehen würde, wenn die Tür offensteht. „Das würde oft der Fall sein, damit das Haus größer aussieht", sagt er. Daher steht der Waschtisch in der Mitte des Raumes, und die Wand hinter dem Spiegelschrank ist bis zur Decke mit Walnussholz getäfelt.

Robert entschied sich, in der Küche, auf der Hochebene und im Wohnzimmer dimmbare LED-Leuchten anzubringen, um damit die Räume gut zur Geltung zu bringen. Der mittlere Bereich des Hauses ist von einem Kabelsystem durchzogen. An den Kabeln sind mehrere verstellbare Leuchten angebracht, die direktes und indirektes Licht erzeugen. „Mein allerwichtigster Rat zur Einrichtung von Tiny Houses ist, immer die Decke anzuleuchten und nie den Fußboden", sagt Robert. „Das macht den Raum optisch größer und heller."

Eine tiefe Treppe, die aus Schränken besteht, führt zum Schlafbereich der beiden, der gerade so hoch ist, dass sie sich bequem aufsetzen können.

„Unser Haus ist nicht für Leute über 1,90 m geeignet", lacht Robert. „Wir haben es nach unseren Maßen gestaltet." Was die Einrichtung betrifft, entschieden sie sich, alles bis auf ein multifunktionales Tischmöbel (siehe Seite 285) einbauen zu lassen.

Von außen ist der Blickfang des Hauses die kirschrote Glastür mit eingedrücktem Rahmen. Die Räder sind mit Wellblech verkleidet, damit es mehr nach permanentem Wohnsitz aussieht. Über ein Verlängerungskabel, das zu einem Schuppen auf dem Gelände führt, wird das Tiny House mit Strom für die Beleuchtung, den Kühlschrank, den Abluftventilator, die Klimakombination und den Föhn versorgt.

Vierzehn Monate vergingen mit ständigen Internetsuchen nach schwer zu findenden Materialien, mehreren eisigen Fahrten nach Portland zum Abholen der flachen Ikea-Pakete mit den Küchenschränken, vielen Fahrten in den Baumarkt, um zusätzliches Holz zu holen. Dann war es endlich soweit: Ihr Tiny House, das sie liebevoll Schuppen nennen (mit Anspielung auf die Doppelbedeutung eines Holzverschlages und dem Erneuern unserer Haut), war bezugsfertig. Es hatte insgesamt 30.000 Dollar gekostet. Roberts sorgfältige Kalkulationen hatten gestimmt, bis auf ein kleines Versehen:

Das fertige Haus war zu hoch, um durch das Scheunentor zu passen. Zum Glück reichten die wenigen Zentimeter, die sie durch das Ablassen der Luft aus den Reifen gewannen, und bald zogen sie ihr selbst gebautes Zuhause über Feldwege an ihren zukünftigen Wohnort.

Inzwischen haben sie sich eingelebt, und angefangen, es minimalistisch einzurichten. Zwei Snowboards schmücken die Wand und sie haben ihre Besitztümer auf das Wesentliche reduziert. Es gibt zwei Kaffeetassen, vier Weingläser und vier Teller. Jeder einzelne Gegenstand hat seinen festen Platz – es sieht ordentlich und aufgeräumt aus bei ihnen. Für die wenigen Dinge, die herumstehen, wie zum Beispiel Schuhe, gibt es ganz strikte Regeln: „Nur ein Paar Schuhe wird an der Tür gelassen, alles andere wird weggeräumt", sagt Samantha. Eine Ausnahme bildet der 2,2 Quadratmeter große Geräteraum, der durch eine separate Tür von außen betreten wird. „Das ist unser ganzer Stolz", sagt Robert. „Das Haus verkörpert den Teil unserer Persönlichkeiten mit dem Hang zur extremen Vereinfachung, dem Bedürfnis nach Ordnung. Der Geräteraum ist der Ort, wo alles möglich ist." Hier findet alles Mögliche Platz, von Klettereisen, Zelten und Helmen bis zu einem Tramper-Schild mit der Aufschrift „Habe Bier, brauche Mitfahrgelegenheit" – es ist deutlich zu sehen, dass die beiden das Abenteuer lieben.

„Wir sind sehr zufrieden mit dem Tiny House. Es ist viel komfortabler als ich gedacht hätte. Als Architekten predigen wir immer, dass Räume, die genau auf die Bedürfnisse und den Lebensstil von Menschen zugeschnitten sind, am unproblematischsten zu bewohnen sind. Auf diesem engen Raum haben wir das wirklich unter Beweis stellen können. Es hat alles, was wir brauchen, und nichts, was wir nicht brauchen. Ein unglaublich befreiendes Gefühl", sagt Robert. „Wir führen ein ganz normales Leben. Wir haben zwei Autos, wir gehen arbeiten – wir wohnen einfach nur anders als die meisten Menschen."

Im vergangenen Jahr haben Robert und Samantha noch eine Mitbewohnerin dazubekommen: ihre kleine Tochter Aubrin Sage. Bei der Planung des Hauses wussten sie schon, dass sie sich Kinder wünschten, aber pragmatischerweise bauten sie trotzdem für den Fall, dass es nicht klappen würde. Vorläufig schläft Aubrin in einem von Robert entworfenen, angebauten Babybettchen neben ihren Eltern. Mittelfristig werden sie umziehen müssen. „Jetzt ist das Tiny House so wichtig, weil wir gerne unsere Schulden abzahlen möchten", sagt Samantha. „Wir werden es aber nicht verkaufen. Es soll in der Familie bleiben und als Atelier genutzt werden, oder wir machen ein einsam gelegenes Ferienhaus daraus."

> **ECKEN UND KANTEN**

Ein maßangefertigtes Snowboard teilt das offene Regal in der Küche. In dem schmalen Teil links stehen Weingläser, Flaschen und Tassen. Töpfe, Pfannen und Geschirr für den täglichen Bedarf stehen im größeren Teil rechts davon. Die Katzentoilette unten im Schrank hat eine eigens ausgeschnittene Öffnung.

‹ GARTEN HINTER DEM HAUS

Die Familie nutzt auch die Fläche hinter dem Haus. Der Tisch ist selbst gebaut, dahinter liegt ein kleiner Gemüsegarten an der Rückseite des Tiny House. Der Geräteraum ist seitlich an das Haus angebaut und hat eine eigene Tür. Die Wellblechwand stammt von einem Apfelhot in der gleichen Straße. Früher war sie die Überdachung für die Apfelkisten. „Normalerweise glänzt Wellblech so billig. Dieses Stück hat aber schon achtzig Jahre Sonne abbekommen, das machte eine schöne, matte Patina", sagt Robert.

⌃ VOLL BIS UNTERS DACH

Der winzige Geräteraum, nicht größer als ein herkömmlicher Kleiderschrank, enthält ein aufblasbares Kanu, Paddel, vier Snowboards und vier Paar Stiefel, vier Helme, vier Rucksäcke, zwei Skateboards, zwei Schlafsäcke, zwei Luftmatratzen, zwei Wasserschläuche, zwei Schwimmwesten, zwei Schaufeln, ein Zelt, einen Campingkocher, diverse Wasserflaschen, Seile, Spitzhacken, Landkarten, tibetanische Gebetsfahnen und vieles mehr. Außerdem sind hier viele der mechanischen Systeme des Hauses versteckt.

Familien-Schulbus

An diesem hellen Frühsommerabend am Stadtrand von Albuquerque, New Mexico, geht eine leichte Brise, und Ashley Trebitowski streicht sich mit der Hand durch die in vielen Farben gesträhnte Lockenmähne. Sie trägt schwarze Converse-Turnschuhe, schwarze Jeans mit Rissen am Knie und ein T-Shirt von Tupak Shakur. „Früher war ich Friseurin", sagt sie, während sie die Tür zu dem umgebauten Bluebird-Schulbus öffnet, in dem sie heute zuhause ist. „Ich habe schon darüber nachgedacht, mehr Beauty-Tipps auf meinem Instagram-Feed zu posten. Heute stelle ich meine drei Lieblingsprodukte vor – für mehr reicht leider der Platz in meinem Schrank nicht! Es gibt eine ganze Community von uns Bus-Ehefrauen. Wir haben unsere Haare so umgewöhnt, dass sie nur einmal pro Woche gewaschen werden müssen", fährt Ashley fort. „Aber mein bester Schönheitstipp für Busbewohnerinnen sind Wimpernverlängerungen. Damit brauche ich gar kein Make-up."

Das Paar hat drei Kinder unter neun Jahren und Ashley hat den Vollzeitjob, sie zu Hause zu unterrichten. Trotzdem wirkt sie gelassen. Sie ist mit dem Lockenstab ebenso versiert wie mit der Kreissäge. Ohne großes Aufheben darum zu machen, hat Ashley so gut wie alle Holzarbeiten im umgebauten Schulbus der Familie selbst erledigt. „Sie kann wirklich stolz darauf sein", sagt Brandon, ein

ASHLEY & BRANDON TREBITOWSKI

Bluebird-Schulbus,
knapp 12 Meter lang
Baujahr 1999

Corrales, New Mexico

Brandon und Ashley haben kürzlich das Grundstück, auf dem ihr Schulbus steht, gekauft. Zwischen dem Dach und den Bäumen gespannte Sonnensegel bieten Schatten vor der heißen Sonne New Mexicos.

TREBVENTURE.COM

BLUE BIRD

⌃ SCHULBUS IM SKANDINAVISCHEN LOOK

Die Polsterung aus Kunstleder in einem warmen Karamellton passt nicht nur perfekt zu der Farbe der stabverleimten Arbeitsplatten, was dem großen Wohnbereich eine harmonische Farbpalette gibt, sondern hält auch der Beanspruchung durch die drei Kinder problemlos stand – und die ist erheblich. „Spätestens nächstes Jahr müssen wir neu polstern. Das kostet 300 Dollar, ist also nicht ganz billig, aber es lohnt sich." Die Buchstabentafel wurde als erstes Dekorationselement angebracht.

erfolgreicher Technologie-Unternehmer, der heute ein App-Unternehmen mit siebenstelligen Umsätzen vom Bus aus betreibt. „Sie hat die meisten Holzmöbel hier selbst gebaut."

Ashley und Brandon kennen sich seit der sechsten Klasse. Sie wohnten damals beide in Rio Rancho, nicht weit von hier. Seit der zwölften Klasse sind sie ein Paar. Danach kamen das College, ein fast 200 Quadratmeter großes Haus und ihre drei Kinder, Caydon, Jackson und Reagan, sowie zwei Autos, die abgezahlt werden mussten. Im Frühjahr 2015 kauften die beiden einen Wohnwagen, weil Ashley nicht gerne zeltet, die Familie aber reisen wollte. Dann hörte Ashleys beste Freundin Vanessa Miller von den Plänen. Die beiden sind seit ihrer Kindheit unzertrennlich, also begann sie auch nach einem Freizeitmobil zu suchen, denn die beiden Familien wollten gerne gemeinsam Camping-Ferien machen. Alle waren etwas erschrocken, als Vanessas Mann Denver mit einem alten, gelben Schulbus wiederkam. Aber dann begannen die Familien, den Bus gemeinsam umzubauen. Der Wohnwagen wurde wieder verkauft, und nun suchten sie ebenfalls nach einem Schulbus.

Wenn man sich im geräumigen, mit weißem Holz getäfelten Raum mit der modern-rustikalen Küche umsieht, kann man sich kaum noch vorstellen, dass dieses gemütliche Zuhause früher ein Bus war. Die erste Amtshandlung nach dem Kauf war, alles, was an sein früheres Leben erinnerte, aus dem Bus zu

⌃ MINI-OFEN

Zum Heizen entschied die Familie sich für einen kleinen Holzofen. Das Brennholz wird in den Behälter unter dem Ofen geschichtet. Die Metallplatte mit Berg-Silhouette ist vom Brandschutz vorgeschrieben. Der Ofen, Modell Dwarf Small Wood Stove, ist von TinyWoodStove.com.

⌐ SCHULE IM BUS

Ashley unterrichtet ihre drei Kinder von zu Hause – ein Grund, warum die Familie jederzeit auf Reisen gehen kann. „Wir machen das ganze Jahr über Touren", sagt Ashley. „Wir haben auch einen riesengroßen Homeschooling-Freundeskreis, die Kinder sind also sehr gut sozialisiert." Der kleine Schreibtisch hinter dem Sofa mit dem eingebauten Stifte- bzw. Becherhalter ist für Hausaufgaben vorgesehen.

❯ GENIAL IM REGAL

Als Ashley und Brandon die Küche bauten, gab es zunächst keine Regale. Die knappe Arbeitsfläche war immer mit Küchenutensilien oder Obst vollgestellt. Zunächst kam die hochklappbare Holzkonsole hinter dem Herd dazu, auf der ihre gesamten Kaffee-Utensilien Platz finden. Monate später bauten sie noch das Regal über den Fenstern, auf dem hauptsächlich Obst und Gemüse gelagert werden.

entfernen. Die verrosteten, mit Kaugummi verklebten Sitze, die Nieten an den Wänden.

Anschließend verstärkte Brandon die Isolierung, verlegte einen neuen Unterboden und klebte dann die neue Aufteilung ab. Die größte strukturelle Veränderung bestand darin, die zugigen Rückfenster zu entfernen und durch die länglichen Wohnmobilfenster zu ersetzen, die sie bei Ebay ersteigert hatten.

Ashleys Einrichtungsstil ist minimalistisch und skandinavisch inspiriert: viel Schwarz und Weiß und große geometrische Muster.

❮ KINDERZONE

Das erste, was Ashley für
den Bus baute, waren die
Etagenbetten der Kinder,
die rechts und links vom
Mittelgang abgehen. Sie sind
dunkelgrau gestrichen und
haben Schiebetüren, die
über Nacht von den Kindern
zugezogen werden können.
Am Ende des Ganges liegt
das Schlafzimmer von
Ashley und Brandon. Unter
dem großen Doppelbett sind
zwei Streben installiert, mit
denen das Bett angehoben
werden kann. Darunter
sind die Elektronik und der
37 Liter fassende Wassertank
verstaut.

Die Holzrahmen für die Sitzbänke und die Etagenbetten der Kinder, die mit Schiebetüren versehen sind, um den Kindern auch ihre Privatsphäre zu geben, hat Ashley gebaut. Die Küche wurde den Profis überlassen. „Schubladen sind nochmal eine Sache für sich", sagt Ashley. Die schwarz-weiße Farbpalette wiederholt sich im Badezimmer, das rechts und links vom Mittelgang in zwei Bereiche aufgeteilt ist: Toilette und Waschbecken befinden sich auf einer Seite, und die geräumige, dank des Dachfensters lichtdurchflutete, mit weißen Metro-Fliesen gekachelte Dusche auf der anderen. Hinter dem Bad liegt das Elternschlafzimmer, das aus einer erhöhten Platt-

⌃ OBERLICHT

Brandon und Ashley hatten schon bald genug von der ursprünglich im Bus eingebauten, viel zu winzigen Dusche. Sie hoben die Decke um 35 Zentimeter an, sodass die Dusche aus dem Dach des Busses herausragt. Der Raum ist mit glänzend weißen Metro-Fliesen gekachelt und hat ein maßangefertigtes Glasdach. „Jetzt haben wir eine eigene Wellness-Dusche", sagt Ashley.

⌐ CLEVERE SCHUBLADENFÄCHER

Im Kleiderschrank hat jeder Gegenstand seinen festen Platz. Schuhe sind in schrägen Holzschubern verstaut, Mützen in einem durchsichtigen Drahtkorb und Jacken kommen in eine weiche, gestrickte Kiste. Ashleys wichtigste Alltagsdinge wie Schmuck, Haarbürste und Parfum befinden sich in der obersten Schublade. Die herausziehbare Tischplatte ist gleichzeitig ein Stehpult.

form mit großem Doppelbett mit Stauraum darunter besteht.

Die Jungfernfahrt mit dem fertig umgebauten Bus ging nach Norden, zu einer Hochzeit nach Roseville, Kalifornien. „Wir mussten alles erst mal lernen", erinnert sich Ashley. „Es hat ein bisschen gedauert, bis wir einparken konnten und uns auf den Tankstellen zurechtfanden." Nach der Rückkehr sahen sie sich in ihrem geräumigen Haus um und stellten fest, dass sie das meiste, was sie besaßen, eigentlich gar nicht wirklich brauchten. Ihre Freunde, die Millers, waren vor Kurzem ganz in ihren Schulbus umgezogen, und Ashley und Brandon imponierte ihre neue, minimalistische und gleichzeitig schuldenfreie Lebensweise. Wenn sie das auch tun würden, hätte Brandon genug Mittel flüssig, um sein Unternehmen expandieren zu können. Außerdem würde es ihnen

erlauben, jederzeit zu reisen und gleichzeitig mehr Zeit mit ihren Kindern zu verbringen, die damals sieben, fünf und zwei Jahre alt waren. Innerhalb von zwei Monaten hatten die Trebitowskis ihr Haus zum Verkauf inseriert, den Großteil ihrer Besitztümer bei einem Garagen-Flohmarkt verkauft und waren in ihren Schulbus umgezogen.

Sich von knapp 200 Quadratmeter auf knapp 20 zu verkleinern brachte einige Kompromisse mit sich. „Wir haben keinen Esszimmertisch mehr", sagt Ashley. „Den vermisse ich. Ich vermisse auch den Komfort einer normalen Porzellantoilette, und mich stört, dass es die Kompost-Toiletten nur in so hässlichen Farben gibt." Aber das reduzierte Leben wird trotzdem immer einfacher. „Als wir noch das Haus hatten, habe ich den ganzen Tag damit verbracht, die Klamotten der Kinder einzuräumen. Jetzt dauert es vielleicht eine halbe Stunde pro Woche." Sie fügt hinzu: „Schmutz-wäsche ist eine der Herausforderungen, die das Leben auf kleinem Raum mit sich bringt. Wir sammeln die Schmutzwäsche im vierten, unbenutzten Etagenbett, das ursprünglich als Gästebett gedacht war. So können die Kinder ihre Wäsche selbst wegräumen. Unordnung kann einen bei wenig Platz verrückt machen." Sie ist erfinderisch geworden, was Bücher und Spielzeug betrifft. „Wir lesen inzwischen auf einem Kindle. Jedes Kind hat eine eigene Schublade für seine Sachen – das war's."

Was Brandon und Ashley manchmal pro-blematisch finden, ist, einen Stellplatz für den Bus zu finden. Am liebsten sind ihnen vom Bureau of Land Management verwaltete Plätze, auf denen man umsonst campen darf, oder Wohnmobil-Campingplätze – dort dürfen allerdings nicht immer umgebaute Schulbusse stehen. Im Notfall haben sie auch schon auf Walmart- oder IKEA-Parkplätzen geparkt.

Im Moment steht der Schulbus auf ihrem kürzlich gekauften Grundstück in Corrales, New Mexico. Seit 2015 leben sie entweder hier, oder sie sind irgendwo in den USA unter-wegs. Eigentlich wollen sie gerne eines Tages ein Haus bauen, aber Ashley beunruhigt der Gedanke. „Ich habe Angst davor. Wenn man auf einer kleinen Fläche lebt, ist es einfach, den Raum sauber zu halten und hinter den Kindern herzuräumen." Wie lange es auch dauern mag, bis die Familie diesen Schritt tut – das Verklei-nern hat sie für immer verändert.

⌃ LIEFERDIENST

Brandon stößt mit dem Fuß die Doppeltür auf und bringt zwei volle Teller nach draußen.

⌐ PLATZ ZUM ABHÄNGEN

Das ist der Ort, an dem die Familie die meiste Zeit verbringt. Hier sehen sie fern (der Bildschirm ist über der Windschutz-scheibe angebracht), spielen Karten (Uno ist der derzeitige Favorit) oder essen zusammen.

Wohnen in der Blechdose

Es ist nicht ganz einfach, den Stellplatz von Alexandra Keeling und Winston Shull zu finden. Die beiden Camper aus Michigan sind mit einem verbeulten Teardrop-Wohnwagen unterwegs, der gerade auf einem vom Bureau of Land Management verwalteten, frei zugänglichen Gelände außerhalb von Moab, Utah, steht. Feine Sandwege mit gewaltigen Schlaglöchern erfordern langsames, vorsichtiges Fahren – am besten in einem hoch gelegten Fahrzeug mit vernünftigen Stoßdämpfern. Weit abseits der größeren Verkehrsstraße, etwa zehn Minuten über eine kaum sichtbare Piste, hat sich in einer Sackgasse eine kleine Community aus Fahrzeugen und Zelten zusammengefunden, die teils Dauercampern und teils Wochenendbesuchern gehören. Zwischen zwei verkrüppelten Bäumen glänzt der winzige Anhänger in der Mittagssonne.

„Wir müssen uns langsam mal eine bessere Kennenlern-Geschichte ausdenken, damit wir nicht immer zugeben müssen, dass wir uns bei Tinder getroffen haben", lacht Alex, die den Kopf aus der hobbitartigen Tür steckt, was ihren Hund Rocko von seinem schattigen Plätzchen aufscheucht. Die beiden trafen sich 2015 ein paarmal, stellten aber schon bald fest, dass sie ihren gemeinsamen Passionen für Fotografie und Reisen besser als gute Freunde nachgehen sollten. Das mag vielleicht schwer zu glauben sein, da der kleine Anhänger nur knapp 2,80 m x 1,50 m

**ALEXANDRA KEELING &
WINSTON SHULL**

4,1 Quadratmeter
Maßangefertigter Teardrop-
Wohnwagen, Baujahr 2017

Moab, Utah

Alex und Winston haben zwei Fahr-
räder dabei, um mobiler zu sein. Das
Wertvollste, was sie besitzen, ist der
blaue Wasserkrug, der unter ihrem
Coleman-Ofen steht. Glücklicherweise
gibt es in Moab eine Zapfstelle für
kostenloses frisches Trinkwasser.

⌃ LEBEN WIE DIE LILIPUTANER

Die Küche besteht aus einer winzigen Spüle und einem Kühl-schrank, den die beiden aber nicht oft benutzen. Sie kochen fast immer auf dem Campingkocher oder am offenen Feuer. Die eine gewölbte Wand ihres Teardrop ist mit Postkarten und Fotos (unter anderem vom ersten Tag ihrer ersten gemeinsamen Reise) beklebt, als Dokumentation der gemeinsam besuchten Orte.

❯ HÜTTENZAUBER

Das Sofa lässt sich zu einem Doppelbett ausklappen, das die gesamte Breite des Wohnwagens ausfüllt. Der Stauraum ist minimal, aber glücklicherweise haben die beiden einen SUV, in dem sie ihre Ausrüstung lagern können. Wenn sie sich länger an einem Ort aufhalten, schlagen sie neben dem Wohnwagen ein Zelt auf, um mehr Platz für ihre Sachen zu haben. Das verhindert auch, dass Wochenendcamper sich direkt neben ihnen breitma-chen, was oft laut und nervig sein kann.

misst und nur ein nicht sehr breites Doppel-bett hat, das die beiden auch noch mit Rocko teilen, aber die gut befreundeten jungen Leute kommen damit bestens zurecht.

„Ich war früher Grafikdesigner bei Dow Chemical in Midland, Michigan", erzählt Winston, ein schlaksiger, sommersprossiger junger Mann mit erdbeerblonden Haaren. „Ich hatte eine Vollzeitstelle, ein Haus, ein Auto – all die ‚Dinge des Lebens' sozusagen. Und trotzdem stellte ich fest, dass ich mich noch nicht mal mehr auf die Wochenenden freute." Die Samstage vergingen mit Wäsche waschen, Einkäufen und für die kommende Woche vorkochen. Selbst die freien Tage fühlten sich wie Arbeit an.

Alex stimmt ihm zu. „Wir waren beide Ende zwanzig, kurz vor dem Burnout, und fragten uns: Wie sollen wir es jemals schaffen, sechzig Jahre alt zu werden?"

Alex hatte ein paar Jahre davor auf eigene Faust eine Fotoreise durch den mittleren Westen gemacht, während derer ein Kia Forte ihr mobiles Zuhause war. Sie schlug Winston vor, dass sie ihre Jobs aufgeben, ihre Fotoausrüstung zusammenpacken und wie Nomaden leben sollten. Sie suchten sich einen Itasca Phasar Baujahr 1987 aus – Winnebagos Antwort auf die Ölkrise der 1970er Jahre. Damals wurden die alten Sprit verbrennenden Wohnmobile immer weniger gekauft. Das Unternehmen hatte sich mit Renault zusammengetan, um einen kompakten Caravan zu entwickeln, der den kleinen europäischen Wohnwagen ähnelte. Die beiden gaben für das Fahrzeug nicht viel

Geld aus, aber sie ließen es sorgfältig durchchecken, ein paar kleine Reparaturen ausführen und modernisierten die Einrichtung, um es komfortabler zu machen.

Sie hatten einen ungefähren Zeitplan, als sie von Midland aufbrachen. Zwei Tage später und eine ganze Meile von der nächsten Tankstelle entfernt fiel den beiden auf, dass die Kühlmitteltemperaturanzeige ausgefallen war und Sekunden später standen sie mit dampfender Motorhaube am Straßenrand. „Ein Mechaniker schleppte uns bis zu seiner Werkstatt. Er inspizierte das Wohnmobil eine ganze Woche, konnte uns aber nicht helfen. Die Ersatzteile aus Frankreich hätten uns so viel gekostet wie das ganze Fahrzeug", erinnert sich Winston traurig. „Da mussten wir erkennen, dass unser Plan nicht aufgehen würde."

Die beiden kamen in einer Jagdhütte unter, während sie überlegten, wie es weitergehen sollte. Sie beschlossen, wieder nach Michigan zurückzukehren, um den SUV von Alex, einen Nissan Xterra, zu holen, in dem sie schon öfter übernachtet hatten.

„Anfangs haben wir versucht, zu zelten, aber dafür war es meist zu kalt", sagt Winston. Sie ließen sich im Baumarkt eine Platte aus Pressspan zuschneiden, die sie in den SUV legen konnten, um eine gerade Liegefläche für ihre Schlafsäcke zu haben. „Es war unglaublich umständlich", sagt Alex. „Wir mussten jeden Abend alles aus dem Kofferraum rausholen, und am nächsten Morgen wieder einladen." Als Freunde aus Colorado sie einluden, nahmen sie die Gelegenheit wahr, ihrem klaustrophobischen Quartier für eine Weile zu entkommen. Während dieser Zeit fanden sie ihren Wohnwagen auf Facebook Marketplace.

„Der Besitzer hatte ihn für die Bedürfnisse einer Einzelperson gebaut, dann aber geheiratet, und seine Frau fand ihn viel zu klein. Also hat er ihn verkauft. Es war der einzige Wohnwagen, den er je gebaut hat", erzählt Alex.

Es dauert einen Augenblick, bis sich die Augen an das dunkle Innere des Wohnwagens gewöhnt haben. Es ist gerade genug Platz für zwei Personen. Alex kann aufrecht stehen, aber Winston, der größer ist, muss sich ducken. Auf dem an die holzgetäfelte Wand geschobenen Klappsofa liegt eine gemusterte Fleecedecke; die winzigen Fenster haben Flanellvorhänge, die an eine Skihütte erinnern. Der restliche Raum besteht aus einem Küchenschrank, in den ein Kühlschrank und eine Spüle integriert sind. Auf der Ablagefläche liegt ein Paket Feuchttücher. „Wir benutzen sie für die schnelle Katzenwäsche, zum Abwaschen, alles mögliche", sagt Alexandra. „Wasser ist ein so kostbares Gut, dass wir es nicht für Dinge verschwenden, die nicht unbedingt sein müssen." Alles von Einkäufen über Sonnenhüte und Kleidung hängt an Haken. Der große Bildschirm und die Xbox, ohne die sie niemals aufbrechen würden, werden im SUV aufbewahrt. Sie werden mit einem Akku betrieben. Auch ein tragbarer Dusch-Schlauch ist im Auto verstaut, den man an einen Eimer Wasser anschließen kann, wenn es mal sehr schnell gehen muss. Die beiden

duschen aber lieber bei Planet Fitness (einer Fitnessstudio-Kette), wenn sie eine Filiale finden können. „Wir brauchen definitiv beide auch mal Abstand, insbesondere, wenn wir so eng aufeinander leben wie im Moment. Aber das können wir uns dann auch sagen. Wir sind kein Paar, also brauche ich nicht nett zu ihm zu sein", sagt Alex schmunzelnd.

Die beiden haben große Pläne für den Teardrop: Sie wollen zwei getrennte Etagenbetten einbauen, und ein Popup-Dach, damit Winston auch aufrecht stehen kann. Um das Geld für diese Renovierungen zu verdienen und die Schulden abzustottern, die sie machen mussten, haben Alex und Winston beschlossen, ein paar Monate in Moab zu bleiben und zu kellnern. „Früher habe ich immer gearbeitet, um mir Dinge kaufen zu können, und nicht für etwas, was mir wirklich Freude gemacht hat", sagt Alex. „Hier arbeiten die Leute im Restaurant, um sich noch weitere zwanzig Skydiving-Stunden leisten zu können oder um eine Woche klettern zu gehen. Ihre Einstellung ist ganz anders als die der Menschen, die arbeiten, um ihr Haus abzuzahlen. Es klingt verrückt – aber ich arbeite heute viel lieber als früher."

Winston nickt zustimmend und sagt: „Als wir den Teardrop gekauft haben, war uns klar, dass wir uns eine Weile einschränken müssen und dass wir auf sehr engem Raum leben würden, aber ich bereue nichts. Wir haben Opfer gebracht, aber unter dem Strich können wir reisen, Fotos machen – wir dürfen das tun, was uns glücklich macht."

⌃ NEUE MENSCHEN KENNENLERNEN

Auf Instagram gibt es eine riesige Online-Community von Dauerreisenden. Alex und Winston benutzen die App, um mit anderen, die in ihrer Gegend unterwegs sind, in Kontakt zu treten. „Man bekommt den Eindruck, als ob unsere Generation es vorzieht, sich nicht gleich im echten Leben kennenzulernen. Ich schreibe die Leute erstmal an und sehe dann weiter", sagt Winston. Mit Rocko spazieren zu gehen ist auch ein sehr guter Eisbrecher.

Einen anderen Weg einschlagen

„Es ist wie Zauberei", sagt Yoav Elkayam, während er Kaffee in seine geliebte Holztasse gießt. Sie hat so tiefe Risse, dass man erwarten würde, dass die heiße Flüssigkeit an allen Seiten wieder ausläuft. „Wenn man die Tasse füllt, dehnt sie sich aus und tropft nicht. Man muss Tassen einfach aus einem neuen Blickwinkel sehen", erklärt er.

Es ist Mittag und die hoch stehende Sonne scheint auf ein Stück Land in der Nähe von Alcanena, Portugal. Yoav lehnt sich an seinen blauen Luton-Transporter, der mit einem abstrakten Muster aus Holzschindeln verschalt und mit einem maßangefertigten, antiken Fensterrahmen versehen ist, der aussieht, als sei er aus einem englischen Cottage. Er nimmt ein zerlesenes Exemplar von Jack Kerouacs *The Dharma Bums*. „Ich nehme mir meistens ein paar Stunden frei und lese, wenn es so heiß ist – das ist die portugiesische Zeitrechnung", sagt er lachend.

Yoav stammt aus Israel. Mit achtzehn entzog er sich dem Wehrdienst und ging nach Tel Aviv. Seine Eltern waren damit einverstanden, dass er nicht zum Militär wollte – aber sie erwarteten von ihm, dass er sein eigenes Geld verdiente. Musik war seine erste Liebe, insbesondere Percussion, aber ihm war klar, dass das nicht für die

YOAV ELKAYAM

Mercedes Sprinter Luton

Alcanena, Portugal

Im Fach unter dem Sofa verstaut Yoav Kleidung und anderes. Die überlappenden Holzschindeln hat er zur Auflockerung der sonst geraden Linien im Inneren des Sprinters angebracht.

❮ HOCHGEPUMPT

Unter dem einen Fenster mit Blick in die Landschaft befindet sich ein Spülbecken mit niedrigem Wasserhahn. Auf dem Grundstück gibt es Brunnen für frisches Trinkwasser. Yoav füllt einfach Krüge mit Wasser, die er dann an eine unter dem Spülbecken angebrachte Pumpe hängt. Mit einem Pedal kann er das Wasser durch Schläuche nach oben pumpen, sodass es aus dem Wasserhahn kommt.

⌃ GUT VERSTECKT

Yoav wollte anfangs den Transporter von außen so
schön machen wie möglich. Aber dann überlegte er es
sich anders. „Wieso sollte ich Aufmerksamkeit erregen?"
Selbst die Wand mit den Holzschindeln und dem lackierten
Fenster- und Türrahmen verschwindet hinter den Türen
des Sprinters. „So kann ich jederzeit wie ein ganz normaler
Transporter aussehen, wenn ich einmal an einem nicht
ganz so verwunschenen Ort lande."

Miete reichen würde, also nahm er einen Job
als Tellerwäscher an. Das schien ihm aber von
Anfang an ziemlich sinnlos.

„Man arbeitet so schwer, dann gibt man
sein ganzes Geld aus, und dann arbeitet man
wieder, um mehr Geld zu verdienen", sagt er.
Nach eineinhalb Jahren war er entschlossen,
eine andere Möglichkeit zu finden. „Das, was
ich am allerliebsten machte, Musikauftritte, tat
ich überhaupt nicht mehr, also beschloss ich,
etwas zu ändern", sagt er. „Ich dachte mir: Ich
kann mit Musik so und so viel pro Monat verdienen. Wie kann ich davon leben?"

Er zog in einen kleinen Schuppen auf dem
Land, widmete sich ganz seiner Musik und trat
so oft wie möglich auf. Bald spielte er in einer
Band, den „Turbans", einem World-Beat-Kol-
lektiv, das aus türkischen, bulgarischen, irani-
schen, griechischen und englischen Musikern
bestand. Sie wurden bekannter, tourten durch
Europa, spielten bei Festivals und lebten dabei
wie Ölsardinen in einem VW-Bus Modell T3
oder in Zelten. Bei einem Aufenthalt in England
half er einem Freund, eine Jurte zu bauen. „Mir
wurde klar: Warum sollte ich für den wenigen
Platz in der Scheune in Israel Miete zahlen,
wenn ich auch umsonst wohnen konnte? Also
baute ich dort meine eigene Jurte", erinnert sich
Yoav.

Bei seinen Reisen mit der Band sah Yoav
zum ersten Mal das Schnitzen mit Frischholz,
eine Technik, bei der man mit nicht abgela-
gertem oder kürzlich gefälltem Holz arbeitet.
Er lernte Leute kennen, die Löffel schnitzten

und an der Wippdrehbank (ein mit dem Fuß betriebener Mechanismus, mit dem mit handgeschmiedetem Werkzeug geschnitzt wird) Schüsseln und anderes fertigten.

„Ich fand es sehr, sehr befriedigend, selbst etwas herzustellen", sagt Yoav. Schon bald nahm er an Veranstaltungen wie dem Spoonfest (eine Veranstaltung für Holzschnitzer) und an Workshops teil, wo er von Meistern wie Sharif Adams unterrichtet wurde. Er hatte eine neue Leidenschaft. „Ich beschloss, die Jurte zu verkaufen und vom Erlös einen Transporter anzuschaffen", erzählt Yoav. So hätte er die Möglichkeit, sich frei in Europa zu bewegen und intensiver in die Frischholzschnitz-Bewegung einzusteigen. Ein Jahr lang reiste er mit dem Rucksack herum und suchte nach dem perfekten Transporter, bis er endlich fündig wurde: Ein Mercedes Sprinter mit einer Luton-Box (einem integrierten Raum über der Fahrerkabine), mit dem Klaviere transportiert worden waren.

Er hatte bereits in einem kleineren VW-Bus gelebt, also hatte er drei Ansprüche an sein neues Fahrzeug: er wollte aufrecht im Transporter stehen können, ein Bett haben, das man tagsüber nicht auf- und abbauen muss, und genug Platz haben, um seine Yogamatte ausrollen zu können. Der glückliche Zufall wollte es, dass Freunde von ihm gerade ein großes Low-Impact-House bauten, für das sie selbst Bäume auf ihrem Grundstück gefällt und zu Brettern verarbeitet hatten. Sie hatten eine bunte Mischung von Türen, Fenstern und Verkleidung übrig, die er umsonst bekam.

Yoav legte das Fundament für sein neues Zuhause, indem er einen Holzboden aus recycelten Dielen verlegte; dann widmete er sich der Küche, in die er in L-Form die Rahmen für Schränke einbaute, die er mit verschiedenen Holzlatten verkleidete. Als Tribut an sein Lieblingsmaterial fügte er eine Holztäfelung hinzu, bei der sich die einzelnen Holzplatten wie Dachziegel überlappten und brachte Tischler-Werkzeugkisten an, in denen seine Holztassen und -behälter verstaut sind. Er stellte selbst gezimmerte Holzstühle und -kisten auf, bei denen sich der geschindelte Look wiederholte, und hängte zwei Wandregale mit Aussparun-

---

⌐ IM EINKLANG MIT DEN JAHRESZEITEN

Yoav sieht fast jeden Morgen die Sonne aufgehen. „Wenn ich aufwache, ist es graublau, und dann sieht man dieses goldene Licht durchbrechen. Ich sehe auch den Mond aufgehen", sagt er. „Deshalb begeistert mich diese Art zu leben. Es gibt eine direkte Verbindung zur Natur, wie warm oder kalt, wie hell oder dunkel es ist. Das ist der Rahmen. Innerhalb dieser Begrenzung kann man überlegen, was man tun möchte."

〉 AN ORT UND STELLE

„Reisen ist sehr teuer, also versuche ich, so sesshaft wie möglich zu sein", sagt Yoav. „Wenn ich eine lange Strecke fahren muss, versuche ich, das innerhalb von ein paar Tagen hinter mich zu bringen, und dann mindestens einen Monat zu bleiben, wo ich bin. Dann kann ich meine Drehbank aufstellen und Holz drechseln, und es kostet mich nichts. Ich finde es anstrengend, die ganze Zeit unterwegs zu sein."

〉〉 SELBST GEBAUTES TROCKENREGAL

Eine Reihe kürzlich geschnitzter Schalen trocknet auf einem frei schwebenden Regal über dem Sofa. Wenn die Schalen trocknen, verziehen sie sich zu charakteristischen Formen. Die Löffel darunter sind noch in Arbeit.

gen auf, in denen Dutzende handgeschnitzter Löffel von seinen Freunden und Mentoren ausgestellt sind. Nun fehlten noch Hochbett und Sofa. Der gesamte Umbau kostete etwa 600 englische Pfund.

Seit seiner Zeit bei der Band hatte Yoav eine halb nomadische Existenz geführt, und er sehnte sich danach, seine Drehbank an einem festen Ort aufzustellen und eine Weile autark zu leben. Er hatte gehört, dass man in Portugal für wenig Geld Land erwerben konnte, also machte er sich in seinem Sprinter auf den Weg. Es gefiel ihm dort, aber er hatte nicht genug Kapital. Also fragte er unter seinen Freunden herum, und zwei kauften mit ihm Land.

Wenn man der unauffälligen Straße folgt, gelangt man zu dem Grundstück, das den Eindruck macht, als stamme es aus einer anderen Zeit. Verkrüppelte alte Orangenbäume hängen voller süßer Früchte und unbeschnittene Reben fangen gerade an zu blühen. Man hat das Gefühl, dass Yoav sein persönliches Paradies gefunden hat. Er hat einen Gemüsegarten angelegt, seine Drehbank in einer schattigen Lichtung aufgestellt und drechselt jeden Tag seine Schalen. Sein Ziel ist es, sich eines Tages komplett selbst versorgen zu können.

Yoav hat sich schon vor langer Zeit bewiesen, dass es die beste Entscheidung ist, seine Träume zu verfolgen. Er sagt: „Es gibt immer eine Alternative im Leben. Man muss nur offen sein für die Möglichkeiten."

⌃ HOLZ VON KOPF BIS FUSS

Im holzgetäfelten Transporter von Yoav ist es sehr gemütlich. Nach dem Umbau hat er noch einen Holzofen eingebaut. Quer durch den Raum ist eine Wäscheleine aus drei entrindeten Ästen gespannt. „Die Idee kam mir in England, wo die Wäsche oft über dem Herd getrocknet wird", sagt Yoav.

❯ TROPHÄEN AN DER WAND

An der Wand hängen viele Küchenutensilien griffbereit, unter anderem Behälter, Schüsseln und Tassen, die Yoav gedrechselt hat. Die ausgestellten Löffel hat er gegen Waren von anderen Holzschnitzern eingetauscht. Yoav hat inzwischen so viele, dass er eine zweite Stange dafür anbringen musste.

 **VON HAND GEMACHT**

Yoav beginnt mit der Arbeit an einer Schüssel. Holzschnitzer stellen immer ihr eigenes Werkzeug zum Drechseln her. Dadurch bekommen die Arbeiten einen unverwechselbaren Charakter.

⌐ PER PEDAL ANGETRIEBEN

Yoav tritt auf ein an einem Baumstumpf befestigtes Holzbrett, das eine gespannte Kordel auf und ab zieht, wodurch das Stück, an dem er arbeitet, in Drehung versetzt wird. Dann übt er mit dem Werkzeug in der Hand Druck aus, wodurch die Schale sanft in Form gebracht wird.

❯ DER ARBEITSPLATZ DES HOLZSCHNITZERS

Yoav hat seine Drehbank dabei, wo immer er hinfährt. Das Holz, mit dem er arbeitet, stammt von kürzlich gefällten Bäumen. Es ist relativ frisch und weich, also sehr einfach zu verarbeiten. Die Akazienbüsche um ihn herum spenden willkommenen Schatten.

4

Die
Eskapisten

EINER NEUEN ART DER FREIHEIT AUF DER SPUR,
ABSEITS DES GEREGELTEN ARBEITSLEBENS

Dem Alltagstrott entfliehen

Carsten Konsen streckt seine langen Glieder, reibt sich Arme und Beine und begutachtet seine Parkplatzwahl. Er ist einen staubigen Feldweg entlanggefahren, der auf der einen Seite von Sukkulenten und Wüstensalbei gesäumt ist. Auf der anderen Seite rauscht der Atlantik. Er ruft seiner langjährigen Freundin, Sina Schubert, die noch auf dem Beifahrersitz sitzt, zu, dass er den Bus noch einmal um 90 Grad drehen will, damit die steife Brise nicht die ganze Nacht durch ihre Schiebetür pfeift. Als sie richtig stehen, bereiten die beiden das Abendessen vor, bevor die Sonne hinter dem Horizont verschwindet.

„Eine unserer Regeln ist es, immer einen Parkplatz zu finden, bevor es dunkel wird", sagt Carsten, ein sanfter Riese mit langen Haaren. Er öffnet die Hecktür und zieht zwei auf Schienen befestigte hölzerne Vorratskisten heraus, aus denen eine Art Tisch wird. Sina kommt von der anderen Seite, reicht ihm ein Schneidebrett und nimmt Gemüse aus einem der Hängekörbe im Bus. Der fertig

❮ DIE MAGISCHE STUNDE

An der Südspitze von Portugal versinkt die Sonne, während Sina und Carsten den Bus für die Nacht vorbereiten.

**SINA SCHUBERT &
CARSTEN KONSEN**

VW-Bus Modell T4,
Baujahr 2003

Aljezur, Portugal

„Wir haben holprige Feldwege lieben gelernt, denn sie schenken uns meistens einen wunderschönen Blick aufs Meer und führen uns an versteckte Strände", sagt Carsten. „Der Versuch lohnt sich jedes Mal."

▲ AUFSTEHEN MIT DER SONNE

Sina und Carsten sind Frühaufsteher. „Wir haben nur ganz dünne Vorhänge, und die Sonne scheint direkt durch. Es ist wunderschön, aber es zwingt einen auch, aufzustehen", erklärt Sina. Das Bett ist etwas schmaler als ein Doppelbett. Sina ist zwar keine hundertprozentig begeisterte Surferin, aber sie dachte, wenn sie ihr Board dabei hätte, würde sie sich auch öfter in die Wellen stürzen.

‹ AUSZIEHMÖBEL

Zwei Holzkisten mit Seilgriffen werden auf stabilen Schienen aus dem Heck herausgezogen. So wird nicht nur der Platz unter dem Bett als Stauraum sinnvoll genutzt, es gibt den beiden auch eine große Arbeitsfläche zum Kochen oder Geschirr abtrocknen. Das offene Heck kann auch als eine Art Dach fungieren, das die beiden vor den Elementen schützt.

geschnittene Berg Gemüse – Kürbis, Zucchini, Paprika, Blumenkohl und Shiitake-Pilze – wandert in einen Topf mit rotem Thai-Curry, das Carsten im Bus auf einem blitzsauberen Campingkocher neben den Schiebetüren zubereitet.

„Ich habe letzte Nacht nicht besonders gut geschlafen", sagt Sina, eine zierliche Blondine mit zarten Gesichtszügen, während sie das schmutzige Geschirr in einen wasserfesten Segeltornister packt. Gespült wird morgen früh, wenn das Licht besser ist. „Wir wollten eigentlich noch länger an unserer Stelle an der Algarve bleiben, aber dann haben wir festgestellt, dass wir kein Wasser mehr hatten. Ich hasse das, wenn man zusammenpacken muss, um neues Wasser zu tanken – aber so ist das eben, wenn man im Bus lebt."

Sina und Carsten sind beide 29 Jahre alt. Sie kennen sich seit ihrer Kindheit und sind in der gleichen deutschen Kleinstadt aufgewachsen. Mit sechzehn kamen die beiden zusammen. Trotz einer längeren Pause, in der beide andere Beziehungen hatten, wurden sie schließlich wieder ein Paar.

Carsten, der auf Drängen seines Vaters gleich nach der Schule eine Banklehre gemacht hat, studierte anschließend noch BWL. In einem der letzten Semester musste er neben seiner Diplomarbeit ein sechsmonatiges Praktikum absolvieren. Er arbeitete damals bei Bitburger, einer der größten deutschen Bierbrauereien. „Ich konnte mir gut vorstellen, später dort zu arbeiten", sagt Carsten.

„Aber nach drei Monaten war ich dann nicht mehr so recht motiviert. Ich bin fünfzehn Monate geblieben, aber es war einfach ..." Carsten seufzt und zeigt mit dem Daumen nach unten. Sina schloss ihr Studium Anfang 2017 mit einem Master in Innenarchitektur ab, nach einem Praktikum in New York City.

Die beiden hatten also ihr Studium abgeschlossen und machten eine Bestandsaufnahme ihrer Situation. „Einen genauen Plan hatten wir nicht. Aber wir hatten beide Angst vor den geregelten Arbeitszeiten von neun bis fünf, mit kurzen Pausen am Wochenende", sagt Sina. Sie hatten schon früher darüber gesprochen, in einem Bus zu leben und durch Europa zu reisen, also beschlossen sie beide, dass jetzt der richtige Zeitpunkt dafür war. Ohne weitere Umschweife kauften sie einen gebrauchten VW-Bus, der schon 196.000 Kilometer auf dem Tacho hatte, aus dem Staatsdienst (es war ein Gefängnistransporter gewesen).

Zuerst mussten alle Spuren vom früheren Leben des Fahrzeugs entfernt werden. Die Vergitterungen an den Fenstern wurden entfernt, die kleinen Löcher verspachtelt und abgeschliffen. Carsten rüstete den Bus mit einem neuen Poptop mit Solarpanels auf, erneuerte die Isolation und gab ihm einen frischen Innenanstrich. Sina baute in der Zeit ein 3-D-Modell des Busses und fing an, individuelle multifunktionelle Module zu entwerfen, die man auf der kleinen Fläche zusammenstellen konnte. Man sollte meinen, dass es helfen würde, wenn eine Innenarchitektin sich mit dem Thema befasst, aber

anfangs stand ihr das eher im Wege. „Ihr Studium hat sie zur Perfektionistin gemacht", zieht Carsten sie auf. „Der simple Akt, ein Loch in die Wand zu bohren, dauerte eine halbe Stunde: Ist das hier wirklich die beste Stelle?" Sina lacht. „Es stimmt. Wir mussten eine Balance finden."

Sie benutzten ein superleichtes, günstiges Massivholz, Paulownienholz, um die Möbel zu bauen, die Sina entworfen hatte. Jedes Stück lässt sich aufklappen, herunterklappen, auseinanderziehen oder herausziehen, um alle Bedürfnisse zu erfüllen, die die beiden hatten: ein L-förmiges Sofa, ein 1,40 m x 1,90 m großes Bett und jede Menge nützlichen Stauraum. Eine kompakte, minimalistische Schrankzeile quer über die Front des Busses bildet die maßangefertigte Küche, inklusive einem Kühlschrank, einer kleinen Spüle und einem zweiflammigen Gaskocher mit Stauraum für die Gaskartuschen im Unterschrank.

Die kalten Innenwände werden optisch weicher durch Leinenvorhänge in Naturfarben, lasiertes Holz, einen umweltfreundlichen Laminatboden in weißer Eichenoptik und indigoblaue Polster, auf denen weiche Schaffelle liegen. Die offenen Regale, deren Inhalt mit einem im Zickzack gespannten Bungeeseil gesichert ist, sehen nicht nur schön aus – es ist auch eine schlaue Lösung, Dinge an Ort und Stelle zu fixieren (siehe Seite 284).

Sieben Monate, nachdem sie mit dem Umbau begonnen hatten (und vier Monate später als geplant), waren Carsten und Sina soweit, starten zu können. Wie viele andere europäi-

❮ TÄGLICHE PFLICHTEN

Carsten faltet morgens die Bettwäsche zusammen, während Sina das Innere wieder zum Alltagsraum umfunktioniert. Die beiden haben eine gute Regel: Immer eine Sache beenden, bevor man eine neue anfängt, sonst wird es im Bus zu unordentlich.

❯ PICOBELLO

Die Einbauküche befindet sich hinter den Vordersitzen. Die beiden Bereiche sind durch Schienenvorhänge getrennt. Die weiß lasierten Schränke mit Griffen aus Canvas (von Sina entworfen) haben eine stabverleimte Abdeckplatte. Hinter dem zweiflammigen Gaskocher kann eine Holzplatte hochgeklappt werden, die den Stoff während des Kochens vor dem Entflammen schützt. Putzutensilien und eine Rolle Toilettenpapier hängen an einer weißen Stange über der Spüle, was kostbaren Platz auf der Arbeitsfläche freihält.

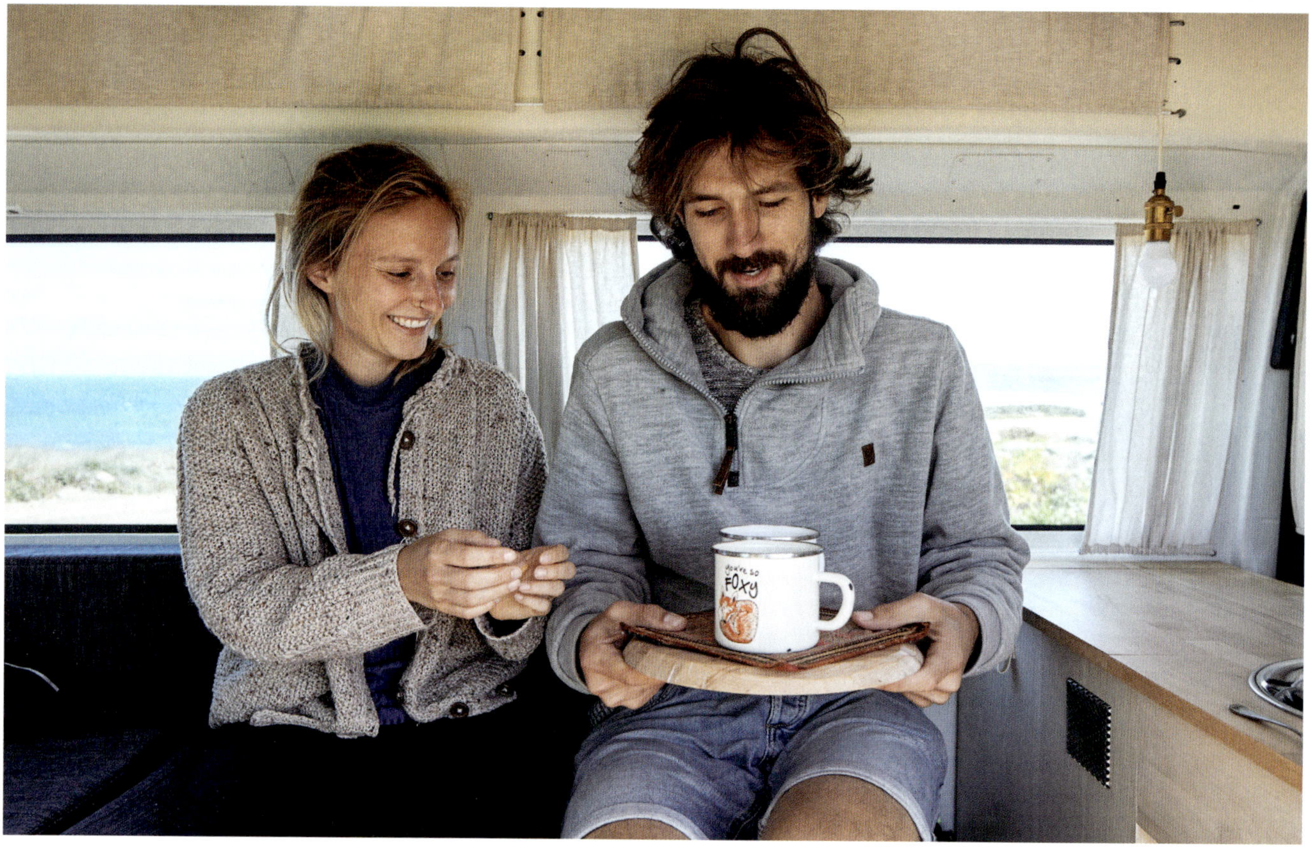
you're so
FOxy

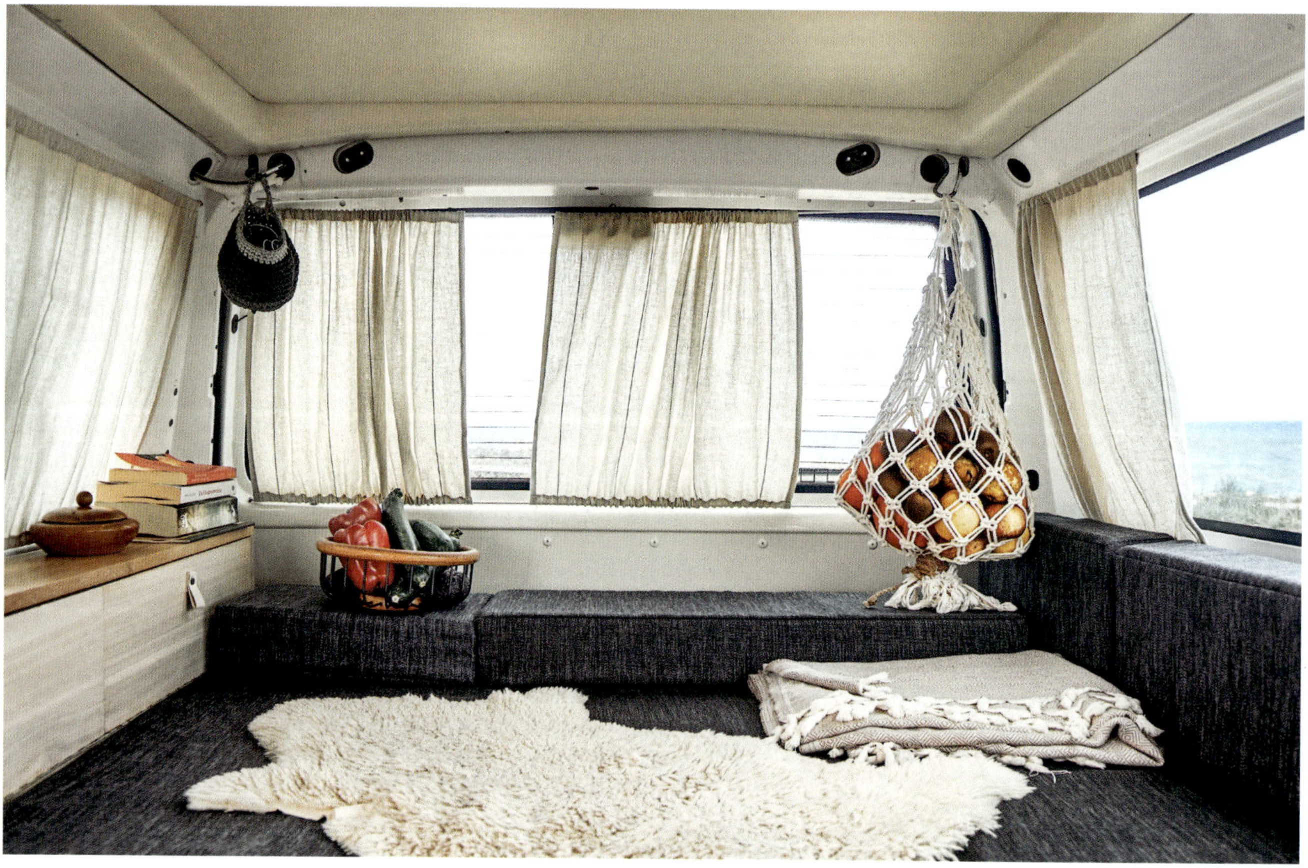

sche Busbewohner zog es sie nach Süden, in die Wärme, nach Spanien und Portugal; diese Länder haben den zusätzlichen Vorteil, dass man dort auch wild campen darf. „Es ist cool, in Europa unterwegs zu sein: Man fährt 12 Stunden und schon ist man in einer vollkommen anderen Kultur", sagt Carsten.

„Wild campen bedeutet ja nichts anderes, als an einer inoffiziellen Stelle über Nacht zu parken, und das wird in den Ländern Europas sehr unterschiedlich gesehen. Mancherorts kann es passieren, dass man von der Polizei angewiesen wird, weiterzuziehen, wenn man nur einen Teppich ausrollt oder Auffahrkeile auspackt", fährt er fort. „Aber wenn man sich an die Regeln hält und wirklich nur ‚parkt', ist es meistens okay." Er und Sina sind sich einig, dass es immer gut ist, sich vorher zu informieren, welche Regeln im betreffenden Land gelten und wie man sich am besten verhält, ohne Schwierigkeiten zu bekommen, vor allem in den Sommermonaten, wenn es voller ist.

Momentan arbeiten die beiden mit Hochdruck an einem E-Book, das sie über ihre Website WanderHorizons.com vertreiben wollen. Es berichtet von ihren Reisen und ihren Erfahrungen mit dem Leben im VW-Bus. „Wir wollen alle Informationen zusammenstellen und auf einfache Weise zugänglich machen", sagt Carsten. „Bei uns hat allein die Vor-Recherche sechs Wochen gedauert, bis wir uns mit einem Bus beschäftigt haben." Sie hoffen, dass die Einnahmen ihnen erlauben werden, weiter auf unbestimmte Zeit unterwegs zu sein.

Die Fenster beschlagen etwas, während das Curry kocht, und Sina gesteht: „Neulich habe ich mit meiner Mutter telefoniert. Sie ermutigt uns immer sehr. Sie denkt, dass wir weitermachen sollen, solange es geht."

„Meine Mutter dagegen", lacht Carsten, „erinnert uns immer gerne daran, dass wir Geld für unser Alter zurücklegen müssen."

„Im Moment haben wir noch Geld für die nächsten vier bis fünf Monate", sagt Sina. „Ich kann mir aber überhaupt nicht vorstellen, wieder in einen Job zurückzukehren."

„Ich auch nicht", bestätigt Carsten. Während sie ihr Bett für die Nacht zurechtmachen, beschließen sie, dass morgen ein Arbeitstag sein wird. Sie wollen das E-Book fertigstellen, um so lange wie möglich unterwegs sein zu können.

IN BESTER ORDNUNG

Sina hat die gleiche einfache Technik zum Kaschieren des oberen Stauraums angewendet, mit der sie die Fenster verhüllt: einen Schiebevorhang aus Leinen. So bleibt die Unordnung im Bus unsichtbar und der Raum wirkt aufgeräumt und organisiert. Die Ecke wird mit einer Glühbirne in einer Messingfassung ausgeleuchtet. Die Arbeitsplatte lässt sich aufklappen. Darunter befindet sich der Kühlschrank, zu dem der Belüftungsschlitz in der Schrankfront gehört.

EIN RAUM MIT VERSCHIEDENEN FUNKTIONEN

Die modulare Einrichtung im Bus erlaubt den beiden, sich mit winzigen Umbauten im gleichen kleinen Raum tagsüber aufzuhalten, zu essen und nachts zu schlafen. Am Abend werden die Sitzpolster wie bei Tetris zu einer großen Matratze zusammengebaut. Sina hat das Obstnetz selbst gehäkelt. Sie denkt darüber nach, solche Netze auch über ihre Website zu vertreiben. „Ich möchte Dinge herstellen, die Leute im Bus gut brauchen können", sagt sie.

Umher-ziehen als Therapieform

„Wir spielen gerne ein Spiel – finde den Serienkiller in dieser Stadt", scherzt Kieran Morissey, ein entspannter Australier mit dunkelblondem Schopf und einem Hüftschwung, der an Elvis Presley erinnert.

„Wir sind so viel alleine und hören dabei immer diese Kriminal-Podcasts. Das führt dazu, dass uns erstmal alle verdächtig erscheinen, wenn wir in diese kleinen Städte kommen", stimmt Pauline zu, seine Reisebegleiterin und seit fünf Jahren Ehepartnerin.

Am Armaturenbrett ihres mit einem altrosa Streifen verzierten, mit Korbgeflecht gefüllten Wohnmobils Baujahr 1994 baumeln zwei Noise-Canceling-Kopfhörer und zwei USB-Stecker. Im Augenblick ist das Fahrzeug in einem dicht belaubten Nationalpark etwas außerhalb von Austin, Texas, geparkt. Wenn man schon seit über sechs Monaten unterwegs ist und ungefähr so viel Platz hat wie in einem Zimmer im Studentenwohnheim, macht das Entfliehen in andere Welten, auch wenn sie noch so gruselig sind, die langen Fahrten einfacher.

„Das Wohnmobil ist nicht gerade leise, insbesondere, weil wir so viel Kleinkram haben, also haben wir unter-

KIERAN & PAULINE MORRISSEY

Wohnmobil Modell Fleetwood Jamboree Baujahr 1994

Pedernales Falls State Park, Texas

Kieran gab dem Wohnmobil einen neuen cremefarbenen Anstrich mit einem rosa Streifen. „Ich habe eine ganze Woche gebraucht, um mit der Heißluftpistole die ganzen hässlichen alten Aufkleber zu entfernen!" Die beiden liegen oft auf ihrem Flachdach, um Sterne zu beobachten.

⌃ WEISS GESTRICHEN

Die alte Weisheit, dass es nichts gibt, das ein Anstrich mit weißer Farbe nicht in Ordnung bringen kann, wird definitiv durch das Innere dieses Wohnmobils bestätigt – es leuchtet geradezu von innen. Die hellen Leinenvorhänge sind zwar schön, haben aber auch ihre Nachteile. „Wir mussten ein paar-mal auf Walmart-Parkplätzen übernachten, und die sind so gut beleuchtet, dass es wie am helllichten Tag ist, was das Schlafen natürlich erschwert", sagt Kieran.

wegs meist Kopfhörer auf. Podcasts sind für uns die Rettung", sagt Kieran.

Das ist schon das zweite Mal, dass die beiden ihre Wohnung aufgelöst haben und in einem gebrauchten Wohnmobil quer durch Amerika fahren. Vor fünf Jahren hatten die beiden dem Collegeleben Adieu gesagt, indem sie im Anschluss an ein 12-monatiges Abenteuer in England eine neunzig Tage dauernde Zickzackfahrt durch die Vereinigten Staaten unternahmen, bevor sie sich in Sydney, Australien, ins Arbeitsleben stürzen wollten.

Sie kauften ein gebrauchtes Wohnmobil und Landkarten (das war noch vor den Zeiten der sprechenden Assistenten im Smartphone) und ließen sich treiben, reisten ohne Ziel herum und strichen dabei berühmte Touristenattraktionen und große Städte, die man gesehen haben muss, von ihrer Bucket-Liste. Am Ende der drei Monate verkauften sie das Wohnmobil wieder und flogen heim nach Down Under.

Danach starteten sie ins Berufsleben, Kieran als Vertragsmanager in einem großen Wasserversorgungsunternehmen und Pauline als Autorin und Social-Media-Producer bei Domain, einer Online-Plattform für Immobilien, ähnlich wie Immowelt in Deutschland.

„Der Immobilienmarkt in Australien ist völlig aus den Fugen", sagt Pauline. „Immobilien-Nachrichten sind quasi eine eigene Wirtschaft. Ich habe sechzig Stunden pro Woche gearbeitet, um diesen unersättlichen Appetit in diesem Markt zu bedienen."

Das Pistolenhalfter hat Pauline von einem Markt in der Nähe von Redwood, Kalifornien. Es ist in ihren Augen die perfekte Vase für getrocknete Blumen.

Pauline, die sich selbst als Workaholic bezeichnet, gab sich alle Mühe, ihrer Arbeit gerecht zu werden, aber als der Job immer zeitaufwändiger und anspruchsvoller wurde, geriet ihr Seelenleben außer Kontrolle. Jeden Morgen hatte sie Panik, wenn sie sich die To-Do-Liste für den Tag ansah. Sie aß nicht genug und lag nachts immer häufiger wach. Wenn sie auf dem Weg zu ihrer Familie, die außerhalb von Sydney lebt, in einen Stau geriet, bekam sie solche Panikattacken, dass sie die Besuche einstellte. Es kam soweit, dass sie Angst davor hatte, das Haus zu verlassen – und wenn sie es doch tat, prägte sie sich den Weg zum nächsten Krankenhaus ein, für den Fall, dass sie eine Panikattacke bekommen würde. „Ich stellte fest, dass ich psychisch immer kränker wurde, je mehr beruflichen Erfolg ich hatte", erinnert sich Pauline.

Schließlich wurde der Alltag unerträglich und Pauline wurde offiziell mit einer Angststörung diagnostiziert. „Mein Vater starb sehr plötzlich an Krebs, als ich 21 war", erinnert sich Pauline. „Ich habe damals sofort die Verantwortung für meine Mutter und meine Schwester übernommen, meine eigene Trauer weggeschoben und mich nie damit auseinandergesetzt. Als dann meine Arbeit so anspruchsvoll wurde und der Stress zu viel für mich wurde, muss das meine unterschwelligen Ängste getriggert haben." Pauline und Kieran waren sich einig, dass sich etwas ändern musste. „Ich weiß noch, wie Kieran mich gefragt hat, ob ein drastischer Wechsel helfen würde", sagt Pauline. „Er fragte, wann ich mich das letzte Mal sicher und frei gefühlt habe. Meine Antwort war: Als wir 2012 mit dem Wohnmobil unterwegs waren."

Die Lösung schien gut, aber Pauline hatte trotzdem einige Bedenken. Es war für sie überlebenswichtig geworden, einen Platz für sich zu haben, wo sie alleine sein konnte, um sich zu entspannen. Auch getrennt von ihrem Mann, wenn es sein muss. Außerdem musste sie sich wirklich wohlfühlen – sie brauchte einen Kokon, in den sie sich zurückziehen konnte.

Sie und Kieran sprachen darüber, und sie beschlossen, ein Wohnmobil zu suchen, das ein abgetrenntes Schlafzimmer hat. Das war in ihrem alten Wohnmobil nicht der Fall gewesen. Sie planten sich ein paar Wochen Zeit

zum Renovieren ein, um Pauline das perfekte Zuhause für unterwegs ermöglichen zu können.

Noch bevor sie Sydney verließen, stellte Pauline ein paar Pinterest-Boards mit Inspirationen für die Einrichtung ihres neuen Wohnmobils und eine Liste von Orten, die sie gerne besuchen wollte, zusammen. Kieran und sie legten eine grobe Route fest, denn sie wussten schon, dass sie von Kalifornien aus starten wollten (einem der wenigen Bundesstaaten, in denen man auch als Ausländer ohne festen Wohnsitz und Sozialversicherungsnummer ein Wohnmobil kaufen und anmelden darf). Danach suchten sie einen Ort, an dem sie das Fahrzeug in Ruhe renovieren konnten, bevor sie aufbrachen. Da viele der Wohnmobilstellplätze inzwischen die „Zehnjahresregel" haben (Codewort für das Verbot besonders abgetakelter, verbeulter oder abgerissen aussehender Fahrzeuge, die älter sind als zehn Jahre), ist es nicht immer einfach, einen Stellplatz zu finden. Aber nach einer Reihe von Telefonaten wurden sie in Palm Springs fündig.

Als alles geplant war, warteten sie ab, bis ihr Mietvertrag auslief, verkauften den Großteil ihrer Besitztümer und flogen dann nach Los Angeles, wo sie auf der Craigslist ein knapp 8 Meter langes, 23 Jahre altes Wohnmobil für fünftausend Dollar fanden. Sie parkten es zwei Wochen und machten sich an die Renovierungsarbeit: den schmutzigen dunkelblauen Teppich entfernen, die Essecke verändern und die alten Volantvorhänge wegwerfen.

„Wir wollten, dass es sich anfühlt wie ein

Strandhaus", beschreibt Pauline. Zu guter Letzt verlegten sie Vinylboden in Roteichenoptik, strichen alles weiß und richteten den Wohnwagen mit Naturmaterialien ein: Strohkörbe und –hüte, handgewebte Teppiche und sogar zwei wunderschöne Thonet-Stühle mit Rohrgeflecht, die sie in einem Antiquitätenladen fanden. Sie platzierten eine einfache Doppelmatratze an der Stelle, wo vorher die Essecke gewesen war. Mit einem gestrickten Überwurf im Boho-Stil und einem Berg Kissen mit Leinenbezug wurde daraus eine gemütliche Kuschelecke.

In der Küche ersetzten sie die voluminösen Hängeschränke durch offene Regale und Haken, die schon bald mit Flohmarktfunden wie Keramiktassen, Schneidebrettern aus Holz und einer Teekanne aus Messing gefüllt waren. Das letzte Detail waren tropische Pflanzen und getrocknete Blumen.

Nach einem langen Reisetag zieht Pauline sich oft hinten ins Schlafzimmer zurück und schließt den Vorhang hinter sich, um eine Weile ungestört zu sein. Kieran und sie haben festgestellt, dass es durchaus mehrere „Zimmer" im Wohnmobil gibt, und dass der Platz den beiden ausreicht. „Das Schlafzimmer, das Sofa, die Küche, das Büro", zählt Kieran auf. „Nach ein paar Wochen hat Pauline einen Hebel unter den Armstützen der Vordersitze betätigt und wurde plötzlich nach hinten katapultiert", erzählt Kieran.

„Das war ein Aha-Erlebnis!" lacht Pauline. „Wir dachten: Schau mal, noch ein Zimmer!"

⌃ UNTERWEGS AUFGELESEN

Das Schlafzimmer im Heck ist ein gutes Beispiel für Paulines entspannte Strandhaus-Ästhetik. Sie hat ein Händchen dafür, gute Flechtarbeiten zu finden, wie man an der Hängeleuchte und dem Korb sieht, die sie unterwegs gekauft hat. Ein paar Strohhüte und ein paar hübsche, nützliche Gegenstände wie eine gestreifte Tragetasche und ihre Kamera – mehr Dekoration braucht der Raum nicht.

❯ BÜRO FÜR UNTERWEGS

Als die Essecke zum Wohnzimmer umgebaut wurde, haben Pauline und Kieran diese beiden Klapptische von Ikea angebracht, um einen Esstisch und einen Platz für ihre Laptops zu haben. „Wir haben einen WLAN-Hotspot, der so gut wie überall in den Staaten bestens funktioniert hat", sagt Pauline. „Ich arbeite oft hier, während Kieran fährt." Dank des gewebten Teppichs bleiben die Flecht-Stühle selbst während der Fahrt stehen.

Morgens stehen sie meistens früh auf und trinken auf den Vordersitzen ihren ersten Kaffee. „Oft parken wir abends einfach irgendwo, ohne viel darüber nachzudenken, und am nächsten Morgen stellen wir dann fest, dass wir durch die Windschutzscheibe die schönste Aussicht haben", sagt Kieran.

Pauline sitzt auf dem Sofa, umgeben von gemütlichen Kissen, und trinkt eine Cola Light, während draußen ein warmer Regen herunter-

rauscht. Sie sieht entspannt und glücklich aus. Vor ihrer Abreise hat sie mit ihrem Arbeitgeber einen Vertrag über zwölf Wochenstunden ausgehandelt. Heute Morgen hat sie eine E-Mail von ihrem Chef erhalten, in der er sie fragte, ob sie ihre Stunden etwas aufstocken könnte, da die Person, die als zusätzliche Kraft eingestellt wurde, nicht so schnell und effizient arbeitet wie sie.

„Ich habe abgelehnt. Vor fünf Monaten hätte ich das niemals gemacht. Weg zu sein hat wirklich mein Leben verändert", sagt Pauline. „Es hat mir erlaubt, alles zurückzuschrauben und einfach im Hier und Jetzt zu sein. Es ist so, als würde ich den Pausenknopf drücken."

Nach zehn Monaten unterwegs wissen Kieran und Pauline schon, dass sie wahrscheinlich bald nach Australien zurückkehren werden. Es gibt Tage, an denen sie sich wünschen, dass ihr Abenteuer nie zu Ende geht. Sie lassen sich von Menschen inspirieren, die sie unterwegs kennenlernen – oft genug haben diese Leute Kinder und Haustiere, und alles funktioniert wunderbar. Manchmal fragen sie sich, ob sie es auch so machen sollten.

„Was ist, wenn wir wieder zurück ins Wohnmobil wollen, weil wir es total vermissen? Ich tröste mich mit dem Wissen, dass es meine Entscheidung ist, was immer wir tun. Das war lange Zeit nicht der Fall. Auf dieser Reise habe ich begriffen, dass ich täglich selbst für mich entscheide. Es fühlt sich gut an, selbst die Geschwindigkeit zu bestimmen", sagt Pauline, über ihr Wortspiel schmunzelnd.

Leben auf dem Boot

Zu den atmosphärischen Klängen des Buena Vista Social Club und vor genau dem richtigen Wind, um zügig weiterzusegeln, hält das Boot auf die Golden Gate Bridge zu. Audrey Ruhland tritt mit einer Käseplatte in der Hand an Deck, während ihr Mann Garrett die Rafiki-Yacht Baujahr 1979 geschickt durch die Richardson Bay bei Sausalito, Kalifornien, steuert.

„Den neuen Namen des Bootes können wir dir leider noch nicht verraten", sagt Audrey entschuldigend. „Es muss erst noch getauft werden."

„Das ist Segelkodex", ergänzt Garrett, der unbewusst an dem Ankeranhänger nestelt, den er um den Hals trägt. „Um den Namen eines Bootes zu ändern, muss man sorgfältig alle Spuren des alten Namens entfernen, dann muss man den Namen auf ein Stück Papier schreiben und ins Meer werfen. Wenn der Name einmal geändert wurde, darf der alte Name nie wieder ausgesprochen werden. Die Taufe selbst besteht hauptsächlich darin, dass eine Menge Alkohol ausgeschenkt und getrunken wird. Bei dem ersten Boot, das ich noch als Student gekauft habe, haben wir uns nicht an dieses Ritual gehalten, und es war ein absoluter Missgriff. Jetzt mache ich alles ganz ordnungsgemäß – und schenke so viele Getränke aus wie nötig", sagt er entschieden.

AUDREY & GARRETT RUHLAND

Segelyacht Rafiki 35,
Baujahr 1979

Sausalito, Kalifornien

Das Leben auf dem Segelboot erlaubte Audrey und Garrett, mit der Natur in Einklang zu kommen. „Ich komme morgens viel besser aus dem Bett", sagt Audrey. „Ich freue mich auf, den Sonnenaufgang über der Bucht."

Das erste Boot von Garrett hatte er für 3.000 Dollar gekauft, als er noch an der Michigan State University eingeschrieben war. Es war so etwas wie eine erste Ehe. Es bereitete ihn auf die Zukunft vor, aber es war ungefähr 95 % Arbeit und nur 5 % Spaß.

Als sein erster Job ihn und Audrey, seine Freundin seit Collegezeiten, nach Arizona und somit aufs Festland führte, verkaufte er das Boot und gab den Traum vom Segeln vorerst auf. Aber zwei Jahre später führte eine weitere Beförderung die beiden nach San Francisco, und Garrett fühlte sich wieder vom Wasser angezogen.

„Wir kannten anfangs niemanden hier. Ich nahm damals jeden Samstag die Fähre von der Golden Gate Bridge nach Sausalito. Für zehn

⌃ EINE FRAGE DER ZEIT

„Bei einem Boot dauert alles, wovon man denkt, es in einer Stunde reparieren zu können, eher vier", sagt Garrett. Er hatte ein winziges Leck gefunden, bevor sie einzogen, und das hatte zur Folge, dass die gesamte Decke entfernt werden musste. Die offenen Fenster und Duftkerzen sorgen für einen frischen Raumduft.

⌃ ZUSAMMENHALT

Es gibt ein richtiges Klassifizierungssystem für Menschen, die auf Booten leben. „Einmal sind das Leute, die ihren festen Wohnsitz auf dem Boot haben und bei der Marina angemeldet sind, solche wie uns", sagt Garrett. „Dann gibt es die heimlichen Bootsbewohner, die nicht offiziell angemeldet sind, aber trotzdem auf ihren Booten leben. Dann gibt es welche, die draußen in der Bucht ankern und nie segeln. Man erkennt sie meist an den Pflanzen, die sie an Bord haben – das hätten sie niemals, wenn sie das Boot bewegen würden. Solche Leute zahlen nichts und haben einen schlechten Ruf. Und dann gibt es noch die, die von Hafen zu Hafen segeln."

Dollar bekam ich meine eigene kleine Kreuzfahrt. Dort trank ich einen Kaffee und nahm dann die nächste Fähre zurück", erinnert sich Garrett. Zur gleichen Zeit begannen sie unter ihren neuen Bekannten herumzufragen, ob sie Segler kannten, in der Hoffnung, ab und zu ein paar Stunden am Hafen verbringen zu können. Schon bald verbrachte Garrett ganze Wochenenden auf den Booten von Freunden, lieh ihnen seine nicht unerhebliche Körperkraft und lernte nebenbei einiges dazu.

„Es gibt so viele Menschen, insbesondere Senioren, die wunderschöne Boote und jede Menge Segelerfahrung haben, aber körperlich nicht mehr in der Lage sind, alles selbst zu machen. Ich war also auf unglaublich tollen Booten, konnte an Regatten teilnehmen und sehr oft segeln", sagt er.

Es ist nicht verwunderlich, dass Garretts Kollegen aus der Technologiebranche ihn manchmal einen Piraten nennen. Unter dem adretten weißen Oberhemd blitzt ein Anker-Tattoo auf dem linken Unterarm auf, er trägt Bootsschuhe und Perlenarmbänder und die bereits erwähnte Halskette mit Ankeranhänger. Er sagt, dass er schon als Kind vom Segeln fasziniert war. Damals verbrachte er die Ferien in Bay City am Lake Huron, Michigan. Man hat aber den Eindruck, dass seine Passion tiefer geht. Unten in der Kombüse stehen ausschließlich Bücher über Boote in den Regalen. „Ich habe Bücher über das Leben auf Booten gelesen, über den Bootskauf, über das Segeln, über das Leben auf Booten, darüber, wie man das

⌃ SCHIFFS-DETAILS

Audrey fand die Tasse mit dem breiten Fuß – perfekt für raue See – als sie das Boot saubermachte. „Garrett war der Meinung, dass sie ihm zusteht, weil er der Captain ist", sagt sie augenzwinkernd. „Also habe ich eine zweite im Internet gefunden. Und Monate später haben wir beim Einzug noch eine dritte entdeckt."

❯ KOCHEN MIT GAS

Der Herd in der Bordküche wird mit komprimiertem Erdgas betrieben, das in den 1970er Jahren sehr beliebt war und heute so gut wie gar nicht mehr verwendet wird. „Propan ist schwerer als Luft, also besteht die potenzielle Gefahr, dass es in den Kielraum sinkt, und wenn dann jemand ein Streichholz anzündet, bumm, fliegt uns der Kahn um die Ohren. Es ist nicht ideal", meint Garrett. „Komprimiertes Erdgas ist leichter als Luft und wesentlich sicherer, hat sich aber nie durchgesetzt. Zum Glück habe ich zwei riesige Tanks gefunden, die eine Weile halten sollten." Die ausgefrästen Nischen sorgen dafür, dass alles an Ort und Stelle bleibt, wenn das Boot in Bewegung ist.

perfekte Boot findet und so weiter und so weiter." Wenn er nicht gerade darüber las, suchte er die Foren im Internet und die Anzeigen in Segelzeitschriften nach seinem nächsten Boot ab.

Eines Tages bei der Arbeit stolperte er auf der Craigslist über ein Inserat: Eine Grand Banks, eine sehr begehrte Motorjacht in einem ganz bestimmten Stil, wurde unglaublich günstig angeboten. „Sie sollte 15.000 Dollar kosten – das sind etwa zehn Prozent dessen, was sie wert war, und ich habe den Makler angerufen und gefragt, ob er vielleicht eine Null vergessen hat", erinnert sich Garrett. Es stellte sich heraus, dass die Bank das Boot zwangsversteigern ließ und dass der Preis korrekt inseriert war.

„Ich habe sofort Audrey angerufen und ihr erzählt, dass wir das Boot kaufen und am nächsten Tag für den doppelten Preis wieder verkaufen könnten. Es war sogar größer als unsere Wohnung." Und dabei wurde ihm klar, dass er seinen Traum vom Vollzeitsegeln wahrmachen und gleichzeitig Geld sparen konnte. „Ich habe gesagt: Lass es uns tun. Lass uns ganz aufs Boot ziehen", erinnert er sich.

San Francisco war schon immer ein teures Pflaster, aber als nach der Jahrtausendwende die Technologie-Industrie hier einfiel, stiegen die Lebenshaltungskosten ins Astronomische.

Trotz ihrer gut bezahlten Festanstellungen in der Technologiebranche konnten Audrey und Garrett sich nur ein 35 Quadratmeter großes Loft leisten, das keinen Balkon und ein von Garrett selbst gebautes Hochbett hatte. Frustriert davon, dass sie nichts zurücklegen konnten, beschlossen sie, dass es gar nicht so dumm war, auf ein Boot umzuziehen. „Ich habe Garretts Idee unterstützt, aber nur unter der Bedingung, dass wir eines Tages auch langfristig auf Segeltörn gehen würden und nicht nur am gleichen Ort bleiben", sagt Audrey. Garrett war einverstanden.

Sie fassten den Plan, weitere zwei Jahre in San Francisco zu bleiben und weiter in ihren Jobs zu arbeiten, um sich finanziell vorzubereiten. Danach wollten sie nach Mexiko segeln, den Panamakanal hinunter, in die Karibik und noch weiter.

Anders als das Reisen auf festen Straßen ist Segeln stark vom Wetter abhängig. „Oktober ist die beste Zeit, um zu starten", sagt Garrett, denn in den Tropen beginnt im Juni die Hurrikansaison. Angesichts ihrer ambitionierten Pläne kam es nicht infrage, die motorisierte Grand-Banks-Jacht mit dem hohen Benzinverbrauch zu benutzen. Sie öffnete ihnen aber die Türen zu einem Segelboot, das für ihr neues Abenteuer perfekt war.

❮ IN DEN BUG GEKUSCHELT

Garrett und Audreys Schlafzimmer liegt in der runden Kabine vorne im Boot. Audrey bestand darauf, den Raum so gemütlich wie möglich zu machen, also investierten sie in eine neue Matratze und legten weiche Fleecedecken auf das Bett.

Dank Garretts Wissens- und Erfahrungsschatz dauerte es nicht lange, bis die beiden ihr Boot gefunden hatten. „Ich glaube, wir haben uns ungefähr zwanzig Boote angesehen, bis wir uns schließlich für dieses entschieden haben", sagt er. Die beiden waren sich einig, dass sie kein besonders renovierungsintensives Boot haben wollten. Als sie die liebevoll von einem Paar instand gehaltene Rafiki 35 Baujahr 1979 fanden, die immer nur am Wochenende gesegelt worden war, wussten sie, dass sie ihr neues Zuhause gefunden hatten.

Um das Boot ins einundzwanzigste Jahrhundert zu bringen, nahmen sie ein paar kosmetische Korrekturen im Innenraum vor. „Es war vorher sehr dunkel und maskulin eingerichtet", sagt Garrett. „Schokoladenbraune Kunstlederpolster, Vorhänge in Siebziger-Jahre-Grün und eine Sitzecke mit Ledereinschluss in der Tischplatte." Um den Segel-Look zu betonen, nähte Garrett aquablau-weiß gewürfelte Bezüge für die Polster der Sitzbank und ersetzte den Einsatz im Tisch durch eine in Kunstharz gegossene alte Segelkarte. Dann tauschte er die lichtundurchlässigen Vorhänge durch leichte, mit Segelkarten bedruckte aus Baumwollstoff aus, um mehr Licht in den Raum zu lassen.

Als Audrey und Garrett das Boot kauften, gab es kein Navigationssystem an Bord. Jetzt haben sie ein iPad, und das reicht den beiden vollkommen.

„Manche Leute geben Zigtausende für High-Tech-Geräte aus, dabei ist mein Computer wesentlich schlauer. Ich benutze drei Apps: Navionics, iNavX und PredictWind. Ich sage, dass ich nach San Diego segeln möchte, und bekomme drei verschiedene Zeitpläne zur Auswahl, die Info, wie lange ich brauchen werde, womit auf der Fahrt zu rechnen ist und welche Route ich nehmen soll", sagt Garrett.

Während Audrey und er noch renovierten, bewarben sie sich um einen festen Liegeplatz mit permanentem Wohnrecht in der Marina. Bevor das Okay vom Hafenmeister kam, saßen sie in ihrer teuren Studiowohnung fest. „In Sausalito gibt es nicht unbegrenzt solche festen Plätze", erklärt Garrett. „Es können immer nur zehn Prozent der Boote dauerhaft bewohnt werden, sonst wäre es viel zu überlaufen."

„Als wir sicher waren, dass das Boot bezugsfertig war, haben wir uns intensiv dahintergeklemmt, immer wieder angerufen und E-Mails geschrieben", sagt Audrey. „Schlussendlich bin ich direkt zur Hafenmeisterin gegangen. Als wir dann zu ihr durchgekommen waren, hat sie nach ein paar weiteren Erinnerungen reagiert und uns mitgeteilt, dass ein Boot verkauft und ein Liegeplatz frei wird. Das Ganze hat im Anschluss an den Kauf noch einmal ungefähr eineinhalb Jahre gedauert."

Als sie die offizielle Erlaubnis hatten, an Bord zu wohnen, kündigten sie fristgerecht

---

> ANKER GELICHTET!

Garrett vergleicht Regatten mit Joggen. „Es ist nicht schwer, jeder kann es lernen. Aber um gut zu werden, muss man es oft machen."

ihre Wohnung und zogen vom Festland aufs Wasser. „Die Zeit zwischen zwei Wohnorten war schwer für mich", gibt Audrey zu. „Ich habe mich zwar auf dieses neue Kapitel gefreut, gleichzeitig war ich aber auch traurig, die Stadt, in der wir viereinhalb Jahre gelebt hatten, zu verlassen. Aber als wir das hinter uns hatten, ging es mir wieder gut. Ich denke, wir waren wirklich gut auf das Leben auf dem Boot vorbereitet, weil unsere Wohnung in San Francisco so klein war."

Seit sie auf dem Boot leben, konnten Garrett und Audrey ihre Lebenshaltungskosten um die Hälfte reduzieren. Sie zahlen 1.200 Dollar pro Monat für den Liegeplatz und eine kleine Summe für einen nahegelegenen Lagerraum. Auf dem Boot ist kein Platz für die Business-Outfits, die beide zur Arbeit tragen, also nutzen sie den Lagerraum als Ankleidezimmer. Sie gehen ein paarmal pro Woche dorthin, um Kleider auszutauschen. Dank des Liegeplatzes können sie auch die Duschen in der Marina nutzen, wofür sie jeden Morgen mit einem Kulturbeutel aus dem Haus gehen. „Man kann es ein bisschen mit Camping vergleichen", sagt Audrey. „Wenn wir das Boot verlassen, um zur Arbeit in die Stadt zu fahren, nehmen wir unsere Kosmetikbeutel, Handtücher, Kleider, Portemonnaies und anderes, was wir vielleicht brauchen, einfach mit. Man hat ja immer eine Checkliste von Dingen, die man morgens mitnimmt – unsere ist einfach etwas länger geworden, seit wir an Bord wohnen."

Bislang hat ihre Küche nur eine kleine Kühlbox, also haben sich ihre Einkaufs- und Kochgewohnheiten sehr verändert. Verderbliche Lebensmittel müssen jeden Tag frisch besorgt werden – aber glücklicherweise gibt es gleich neben der Marina ein Lebensmittelgeschäft. „Ich bereite mir immer noch jeden Morgen einen Smoothie zu", sagt Audrey. „Ich muss nur darauf achten, die Mandelmilch in ein paar Tagen aufzubrauchen."

Trotz all dieser Kompromisse sind die beiden nach wie vor glücklich mit ihrer neuen Lebenssituation. „Ich habe mich isoliert gefühlt in der Stadt", sagt Audrey. „Für alles gibt es eine App. Wenn der Käse ausgeht, gibt es sofort fünf verschiedene Käselieferdienste!"

„Wir haben uns definitiv zu Hippies entwickelt – unser ökologischer Fußabdruck ist uns jetzt sehr viel bewusster", sagt Garrett.

Das Boot ist sicher für die Nacht am Liegeplatz vertäut und Garrett erkundigt sich, ob Audrey daran gedacht hat, sie für die Baja Ha-Ha anzumelden – eine Regatta Anfang Herbst, bei der von San Diego bis nach Cabo San Lucas gesegelt wird. „Alle unsere Freunde versuchen, Tickets für Coachella zu bekommen. Wir gehen zur Baja Ha-Ha", lacht Garrett, ganz offensichtlich sehr zufrieden mit dem neuen Leben auf dem Wasser, das die beiden sich aufgebaut haben.

❯ HALLO, NACHBAR
Die Hafen-Seehunde sonnen sich auf den Holzpflöcken außerhalb der Marina von Sausalito.

Retreat
im Wald

Brett Colvin trägt eine tarnfarbene Steppjacke und eine Mütze von Cabela's, als er vor uns in seinen Airstream Baujahr 2002 klettert. Hier ist alles rustikal mit Holz getäfelt, mit abgenutzten Ledermöbeln eingerichtet und mit Navajo-Teppichen. Dann schmunzelt er: „Ich dachte, ich mache etwas aus dem Airstream, das sonst niemand macht", sagt Brett. „Ich drücke den Dingen gerne meinen eigenen Stempel auf. Und manchmal übertreibe ich dabei ein bisschen."

Er setzt sich an seinen Schreibtisch, auf dem ein großes Stück Leinwand ausgebreitet ist. Der Tisch zieht sich über die gesamte gewölbte Front des Airstreams, der mit Blick auf den Flathead Lake geparkt ist. Dann zieht er einen Stapel Notizblöcke hervor. Darin finden sich einfache, gekonnt aufs Papier geworfene Zeichnungen von Fahnen mit diversen Schriftzügen, von Markennamen bis zu Lebensweisheiten wie ‚Das Leben ist besser in den Bergen' oder ‚Lebe im Hier und Jetzt'. In der oberen Ecke der Seiten stehen der Name des jeweiligen Auftraggebers und das Datum der Bestellung. Rechts von ihm liegen säuberlich zusammengefaltete Canvas-Stoffe, Häufchen mit Metallnieten, Farbtuben und Dutzende Stifte. Diese Materialien verwendet Brett für die Herstellung von Fahnen in limitierter Auflage oder als Sonderanfertigung, die er über seine Website PointerAndPine.co vertreibt. An den meis-

BRETT COLVIN

Airstream Classic,
9,10 Meter lang, Baujahr 2002

Flathead Lake, Montana

In Bretts Airstream ist die gesamte Front des Wohnwagens das Arbeitszimmer für seine maßangefertigten Canvas-Fahnen. „Auf dem Schreibtisch habe ich Platz für das Zuschneiden der großen Fahnen", sagt er.

∧ VON HOLZ UMGEBEN

Der gemütliche Airstream bietet den Komfort eines normalen Hauses, einschließlich zweier Fernseher (der zweite befindet sich im Schlafzimmer), eines großen Kühlschrankes, einer Kaffeemaschine und eines unter der Holzverkleidung verkabelten Surround-Soundsystems. Brett plant, das Weinregal unter der Arbeitsfläche zu entfernen, da er es so gut wie nie benutzt, und durch eine kleine Spülmaschine zu ersetzen, die er kürzlich aufgetrieben hat. „Wahrscheinlich verkleide ich die auch, sodass sie wie ein Schrank aussieht", sagt er.

Brett hat die Verkleidung der Kühlschranktüren entfernt und durch eine zu den Schränken passende Holzverkleidung ersetzt. Da diese nicht magnetisch ist, hat Brett selbst Rahmen angefertigt, in denen er seine Sammlung antiker Postkarten mit Ansichten des Glacier National Parks ausstellt – Fundstücke aus Whitefish, Montana. Die rote Schweizer Fahne ist eine Miniaturversion der Fahnen, die er gewöhnlich herstellt.

ten Tagen ist sein Hund Monte seine einzige Gesellschaft, aber das kommt ihm entgegen.

„Ich habe einen geregelten Tagesablauf", sagt Brett. „Ich hatte auch schon Beziehungen, aber im Moment will ich mich darauf konzentrieren, mein Unternehmen auszubauen."

Brett war nicht immer ein Einzelgänger. Mit sechzehn trat er als Schlagzeuger der Alternative-Rock-Band ‚Porcelain Smile' bei. Schon bald gab er nur allzu gerne den landesweiten Tourneen und Konzerten im Ausland den Vorzug vor Algebra und Naturwissenschaften. Er hatte es nie leicht in der Schule und ausgerechnet sein Schulrektor unterstützte ihn und überzeugte seine Eltern davon, dass er nie wieder eine solche Chance bekommen würde. Er nahm an drei Tourneen durch die Vereinigten Staaten teil – ein Rock'n-Roll-Leben, von dem die meisten Jugendlichen nur träumen können. Aber dann löste sich die Band auf und Brett kehrte in seine Heimat Virginia zurück.

Was folgte, war keine einfache Zeit für ihn. Seine alleinerziehende Mutter brauchte ständige Unterstützung – medizinisch, finanziell und emotional – und das setzte Brett, der nicht die richtige Person war, das zu leisten, immer mehr zu. Eine langjährige Beziehung ging daran zu Bruch, und schließlich erlitt er einen stressbedingten Schlaganfall. „Ich war ein ganzes Jahr außer Gefecht. Drei Monate lang konnte ich nicht sprechen, nicht gehen, noch nicht mal klar denken", erinnert sich Brett.

Während seiner Genesungsphase fasste Brett den Plan, in das Haus seiner Großeltern

⌄ SKIZZEN GANZ OLD-SCHOOL

„Ich kann keine Designs auf dem Computer machen", sagt
Brett. „Ich habe ein paar Skizzenbücher, in denen ich die
ersten Entwürfe mache, Namen der Kunden und Auftrags-
datum festhalte. Dann zeichne ich alles mit der Hand auf
die Segeltuchfahne vor." Die Fahnen müssen zugeschnitten
und genäht werden, dann kommen die Ösen und ein Label
darauf. Brett malt von Hand das Design, dann wird die Fahne
gewaschen und getrocknet, in ein Kaffee-Farbbad getaucht
und erneut getrocknet. Brett versendet sie in die ganze Welt.

⌐ EIN ORGANISIERTER SCHREIBTISCH

Brett, der sich selbst als Ordnungsfanatiker bezeichnet,
hat Holzbehälter für all seine Arbeitsmaterialien gebaut – Ösen, Kleber, Bleistifte, Faden, Etiketten und Farben.
„Wenn man auf kleinem Raum lebt, muss man organisiert
sein. Außerdem mag ich es, zu wissen, wo alles ist, wenn ich
hier hereinkomme", sagt er.

⌐ RUSTIKALE TOILETTE

Bretts Berghütten-Ästhetik zieht sich bis zu den sanitären
Einrichtungen durch. Auch hier schmiegen sich dunkle Holzschränke und ein Spritzschutz aus Stein an die mit Recyc-
lingholz getäfelten Wände. Ursprünglich gab es Wandschrän-
ke über dem Waschbecken. Brett hat sie entfernt, um oben
mehr Platz zu haben. Er überlegt, das weiße Waschbecken
gegen eins aus gehämmertem Kupfer auszutauschen.

zu ziehen, in dem er als Kind seine Sommer-
ferien verbracht hatte.

Nach ein paar bewegten Jahren war das
ein Meilenstein für ihn: glückliche Kindheits-
erinnerungen, abgelegene, raue Wildnis und
der notwendige Seelenfrieden. Sein Groß-
vater, ein erfolgreicher Unternehmer, inspi-
rierte ihn dazu, sich ebenfalls selbständig zu
machen. Zunächst illustrierte er maßangefertigte Schlagzeugsets für Musiker, die er auf seinen Tourneen kennengelernt hatte. Er begann,
Fahnen zu gestalten, mit denen er sein Zimmer
dekorierte. Als aber ein Freund ihn ansprach,
dem eine Firma in Salt Lake City gehörte, die
für ein Startup-Unternehmen Lederprodukte
herstellte, ergriff Brett die Gelegenheit, Teil
einer größeren Organisation zu werden. Da
Brett nicht wusste, wie lange er in Salt Lake
City bleiben würde, und vielleicht auch als Versuch, etwas von der Vertrautheit von Montana
mitzunehmen, beschloss er, einen 9,10 Meter

langen Airstream Baujahr 2002, den er für rund 30.000 Dollar gekauft hatte, von Grund auf zu renovieren, anstatt eine Unterkunft zu mieten. Sein Ziel war, eine Atmosphäre wie in einer Holzhütte zu schaffen, also verschalte er jede einzelne Fläche mit massiven, recycelten Scheunenholzbrettern. Er verbrauchte sieben Paletten voll und probierte zunächst, nur die untere Hälfte in Blockhütten-Optik zu verkleiden, beschloss dann aber, das Fahrzeug komplett zu verschalen.

Als Single brauchte er nicht besonders viel, aber ein geräumiges Büro war eine Notwendigkeit. „Ich wollte, dass mein Arbeitszimmer inspirierend aussieht. Ich habe eine Firma gefunden, die Bäume vom unteren Ufer des Flathead Lake zu Brettern verarbeitet", sagt Brett. Aus diesem Holz baute er eine Rundum-Tischplatte. „Selbst wenn ich den Anhänger irgendwann verkaufe: Den Schreibtisch nehme ich mit", sagt er.

Diese rustikale, naturnahe Ästhetik zieht sich durch den gesamten Wohnwagen, vom ein Meter achtzig breiten Sofa, das im Slideout (einem herausziehbaren Erker, einer Seltenheit bei einem Airstream) steht, bis zu den handgewebten Teppichen in erdigen Farben, die auf den zünftigen Holzböden liegen. Den Stein-Spritzschutz in der Küche hat Brett gleich dreimal verlegt: Das erste Mal ging es komplett schief – das Ganze war viel zu schwer, fiel wieder ab und zerbrach. Dann probierte er eine leichtere Version aus Kunststein aus, die er nach zwei Wochen wieder abriss, weil sie

ihm so missfiel. Er kehrte wieder zum Naturstein zurück, verwendete aber beim Verlegen einen Fliesenuntergrund aus Faserzement, um die Steinfliesen zu fixieren – und das hielt. Auf der Arbeitsfläche finden sich grob behauene Schneidebretter und Holzschalen, in denen alles von Duftkerzen (eine von Bretts Leidenschaften) bis Hundeleinen verstaut wird. Brett hat alles selbst gemacht, und wenn er nicht wusste, wie etwas geht, sah er sich YouTube-Tutorials an und arbeitete sich ein. „Ich habe nie studiert, aber das muss man heutzutage auch nicht unbedingt. Wozu 50.000 Dollar ausgeben, wenn ich alles auch per Googlesuche lernen kann?" Der Airstream ist mit Solarpanels ausgestattet, auch wenn Brett meist an seinen Stellplätzen Anschlüsse, Satellitenfernsehen und Klimaanlage hat.

Das alles hört sich ziemlich luxuriös an. „Das hier war der schwerste Airstream, der je gebaut wurde, und ich habe noch einiges Gewicht dazu addiert. Wahrscheinlich ist es der schwerste Airstream, den es gibt", gibt Brett kopfschüttelnd zu. „Ich hatte noch nie so etwas gemacht, und ich wusste es nicht besser!" Um die über 4.500 Kilogramm zu ziehen, braucht er ziemlich viele PS. Nach 18 Monaten in Salt Lake City kehrte er zum Flathead Lake zurück, um an seiner Fahnen-Manufaktur weiterzuarbeiten, die sich als erfolgreichste seiner Geschäftsideen erwiesen hatte. Dort bleibt sein Airstream an seinem Stellplatz. „Nach den ganzen Tourneen quer durch das ganze Land bin ich einfach gerne hier oben", sagt Brett.

› KURVEN VORAUS

Die Matratze von Air-
stream hat runde Ecken,
um die Luftzirkulation
in dem kleinen Raum zu
verbessern. Den ordnungs-
liebenden Brett stört es
natürlich, dass er her-
kömmliche Bettwäsche
nie richtig glattstreichen
kann. Ein naturbelassenes
Holzbrett dient als Kopf-
ende für das Bett.

Für immer in Nimmerland

Kyla Trethewey steht am Herd in der frisch renovierten Küche ihres Schleppers und wartet ungeduldig, bis das Wasser durch ihren schicken Kaffeefilter getropft ist. „Ich hole dieses Ding nur für Gäste heraus", sagt sie leicht verlegen. „Meist benutze ich meine Black&Decker-Kaffeemaschine für 20 Dollar. Die Chemex habe ich nur im ersten Monat benutzt, als das Boot neu war. Ich war damals ein bisschen besessen: Das Besteck musste aus Messing sein, das Sieb musste aus Kupfer sein, und alles musste ganz wunderschön sein. Nach etwa vier Wochen hatte ich dann genug von dem langsamen Kaffee, also habe ich eine Maschine mit Zeitschaltuhr gekauft und jetzt ist der Kaffee fertig, wenn ich morgens aufstehe."

Man kann es Kyla nicht verdenken, dass sie in ihrem neuen Zuhause alles perfekt haben wollte. Die fünf Jahre davor hatte sie sich mit ihrer besten Freundin Jill Mann einen spartanischen Wohnwagen geteilt, mit dem die beiden durch die Vereinigten Staaten reisten. Der begrenzte Platz und auch die Tatsache, dass der Camper vor jeder Fahrt sorgfältig zusammengepackt werden musste, brachten es mit sich, dass ihre persönlichen Besitztümer auf ein Minimum beschränkt waren. Dann kehrten Jill und sie nach British Columbia, wo sie aufgewachsen waren, zurück. Sie wollten eine Pause vom Wanderleben machen und sich mit ihren bevorstehenden 30. Geburtstagen auseinandersetzen.

KYLA TRETHEWEY

Schlepper Modell Salish Coastal
Sea Home
39,5 Quadratmeter

British Columbia, Kanada

Kyla (rechts), die Besitzerin des
Schleppers, und ihre beste Freundin
Jill Mann reisten fünf Jahre lang mit
einem Wohnwagen durch die Vereinigten Staaten. Vergangenen Winter
renovierten sie den Schlepper.

„Ein Teil von mir würde am liebsten für immer unterwegs sein, aber in letzter Zeit habe ich immer wieder mütterliche Impulse verspürt, und ich glaube, ich möchte dieses Jahr gerne ein Baby haben", gesteht Jill, eine offenherzige Person mit trockenem Humor.

„Ich muss langsam anfangen, mich zu sortieren. Ich habe in meinen Zwanzigern nie über Kinder nachgedacht, und dann kam plötzlich dieses Gefühl. Oh Gott!" Kyla und Jill hatten jahrelang Seite an Seite gelebt, beschlossen aber nach ihrer Rückkehr, dass jede eine eigene Wohnung brauchte. Ein nicht ganz einfaches Unterfangen im Lower Mainland in British Columbia, denn die Gegend ist bekannt für den dort herrschenden Mangel an bezahlbarem Wohnraum. Dann fand Jill ein kleines Studio-Apartment. Kyla dachte darüber nach, mit einem befreundeten Ehepaar eine Wohnung zu teilen, als ihr Vater anrief, um ihr von einem bewohnbaren Schlepper zu erzählen, der in der gleichen Marina wie sein Segelboot vor Anker lag und zum Verkauf stand. Kyla sagte, dass sie keinesfalls auf ein Boot umziehen wollte – es

❮ IN BETON GEGOSSEN

Der Herd und die Küchenschränke gehörten zur Originalausstattung. Jill hat die neue Arbeitsfläche in der Küche selbst aus Beton gegossen. „Wir haben die alte Pressspan-Arbeitsplatte herausgerissen, und nur die Basis aus Sperrholz dringelassen", erklärt Jill. „Dann habe ich eine dünne Schicht Beton-Spachtelmasse aufgetragen. Die ist etwas flexibler als normaler Beton. Ich habe die Platte umkantet, sodass es aussieht wie massiver Beton, dabei wiegt das Ganze nur ein paar Kilo mehr."

NACHTEILE EINES WINZIGEN KÜHLSCHRANKS

Kyla lehnt sich an den kleinen Kühlschrank, der sich hinter der Schrankfront verbirgt. „Ich habe kein Gefrierfach", klagt sie. „Wenn ich Eis kaufe, muss es immer gleich aufgegessen werden. Das Schlimmste an einem so kleinen Kühlschrank ist aber, dass ich sehr oft einkaufen gehen muss und dann muss ich eben essen, was da ist, nicht das, worauf ich vielleicht Lust habe."

WOHNEN AUF ZWEI ETAGEN

Der zweistöckige Innenraum ist durch Leitern und offen verlegte Stege verbunden, was dem schwimmenden Zuhause einen geräumigen, luftigen Charakter gibt. Vorläufig möchte Kyla das Boot gar nicht unbedingt bewegen. „Ein bezahlbares Zuhause gefunden zu haben ist so ein Glücksgriff, dass ich nicht riskieren will, es zu versenken", erklärt sie. „Darum ist auf diesem alten Kahn nichts festgezurrt, und darum habe ich auch so viele Pflanzen."

sei denn, es handelte sich um den kleinen, mit Blumen bemalten Hippie-Kahn mit den vielen Pflanzen, der schon seit ihrer Kindheit in der Marina zum Inventar gehörte. Zu ihrem Glück war es genau der und keine 24 Stunden später hatte sie ihn schon gekauft. „Am Tag davor grübelte ich noch darüber, was ich mit meinem Leben anfangen sollte, und am nächsten Tag besaß ich plötzlich einen Schlepper", erinnert sie sich.

Das klingt alles recht spontan, ist aber vielleicht nicht ganz so überraschend, wenn man Kylas Geschichte kennt.

Als sie siebzehn Jahre alt war, lenkte eine kleine Geste ihres Vaters den Verlauf ihres Lebens für die nächsten zehn Jahre in neue Bahnen. „Er hatte damals eine Firma, die Polyurethan-Einlagen für LKW-Ladeflächen verkaufte. Eines Morgens, als ich auf dem Weg zur Highschool war, gab er mir eine Firmen-Tank-Karte, damit ich den Tank meines Autos füllen konnte. Ich bin dann einfach zweieinhalb Monate herumgereist, nur mit dieser Karte in der Tasche. Ich bin großer Fan von Bruce Springsteen und ich hatte immer davon geträumt, in den Vereinigten Staaten zu wohnen", sagt sie. Sie fuhr bis nach Tijuana, Mexico, dann nach Osten bis Colorado, und dann an der Westküste zurück nach Norden, bis sie wieder in Kanada war. „Ich konnte zwar nur an Tankstellen essen, und ich habe im Auto geschlafen, aber ich konnte mir endlich all die Orte ansehen, von denen ich immer geträumt hatte." Zum Schluss sperrte ihr Vater die Karte,

und das Abenteuer fand ein Ende – aber Kyla hatte ihre große Liebe zum Leben auf Achse entdeckt. Nach ihrer Rückkehr schloss sie die Schule ab und schrieb sich probeweise am College ein – aber sie brach das Studium ab und arbeitete stattdessen als Immobilienmanagerin für eine exklusive Maklerfirma. „Ich erinnere mich, dass ich einmal mit meinem Dad zu Abend aß und mich pausenlos über meine Arbeit beschwerte. Er hat mich gefragt: Was willst du denn lieber machen? Und ich habe geantwortet: Ich möchte einfach nur mit meinen Freunden durch die Vereinigten Staaten fahren", sagt Kyla lachend. „Aber wer hätte mich dafür bezahlen sollen?"

Etwa zur gleichen Zeit schlug sich Jill nach ihrem Fotografiestudium mit Kellnerjobs durch, während sie ihr Glück mit Modefotografie versuchte. Sie und Kyla lernten sich über ihre damaligen Partner kennen.

Die Männer waren beste Freunde, Kyla und Jill hatten aber nie viel miteinander zu tun. Dann scheiterten beide Beziehungen nach vier Jahren, und beide Frauen fanden sich 2013 am Valentinstag alleine. „Ich habe gemeinsame Bekannte nach Kylas Telefonnummer gefragt und sie angerufen", erinnert sich Jill. Ein paar Flaschen Wein später hatten sie festgestellt, dass sie beide in einsamen kanadischen Kleinstädten aufgewachsen waren und den gleichen Traum von einer ausgedehnten Autoreise durch die Vereinigten Staaten hatten Am nächsten Morgen wachte Kyla in ihrer kürzlich von ihrem Freund geräumten Wohnung auf

⌃ GLEICHBERECHTIGTE PARTNER

„In den ersten drei Jahren, die wir im Wohnwagen zusammengewohnt haben, haben Kyla und ich unser ganzes Geld in einen Topf geworfen und alles geteilt", sagt Jill. „Wir hatten sogar ein gemeinsames Konto. Wenn ich 100 Dollar für Einkäufe ausgab, ging Kyla das nächste Mal und gab auch 100 Dollar aus. Alles war gerecht aufgeteilt, Einkünfte und Ausgaben, und das hat gut funktioniert."

❮ GANZ OBEN AUF DER LEITER

Es gibt zwei Leitern im Schlepper: Die erste führt in den ersten Stock zu den beiden Schlafzimmern. Die zweite führt nach oben aufs Dach. „Ich liebe den zweiten Stock", sagt Kyla. „Jill übernachtet manchmal hier und wir sind dann in den gegenüberliegenden Schlafzimmern, jede auf einer Seite des Bootes, und dann ist es wie früher im Wohnwagen."

⌃ VERSTECKTES SCHLAFZIMMER

Die Schaumgummimatratze in Kylas Schlaf-
zimmer ist so zurechtgeschnitten, dass sie
genau unter die Fenster passt. Auf dem Regal
sind ein paar Lieblingsdinge untergebracht:
Der Songtext von Justin Peter Kinkel-Schusters
„Half Broke", dessen erste Zeile lautet: Strange
how far you'll travel hoping to belong (Komisch,
wie weit du reist, in der Hoffnung, dich zu
Hause zu fühlen), ein Motorradhelm und das
Fotobuch „Lost in Appalachia" von ihrem
Freund Jerimia Smith, der ebenfalls in einem
Wohnwagen lebt.

❮ KLEIDERSTANGE MARKE EIGENBAU

Seit der Zeit im Wohnwagen hat Kyla ihre
Garderobe wieder aufgestockt. Damals haben
Jill und sie alles gemeinsam benutzt. Ihre
Kleiderstange hat sie selbst aus Kupferrohren
und Kunststoff gebaut. In ihrem Holzregal
stehen mit T-Shirts und Accessoires gefüllte
Drahtkörbe aufgereiht.

und fand ein kleines Töpfchen Salz wieder, das sie bei ihrer ersten Fahrt durch Amerika an den Bonneville Salt Flats außerhalb von Salt Lake City in Utah selbst abgetragen hatte. Eigentlich hatten Jill und sie sich nachmittags zum Spazierengehen verabredet, aber Kyla hatte plötzlich eine ganz andere Idee. „Ich habe ihr eine Nachricht geschickt und sie gefragt, ob sie Lust hätte, stattdessen nach Salt Lake City zu fahren. Ich sagte: Wenn wir jetzt losfahren, können wir die Sonne über der Salzwüste aufgehen sehen. Ich habe sie bekniet, ja zu sagen", erinnert sich Kyla. „Und das tat sie dann auch."

Ihre erste gemeinsame Reise gab ihnen einen Vorgeschmack darauf, wie es sein würde, wenn sie zusammen losziehen würden. „Ich hatte in diesen vier Tagen mehr Spaß als in den gesamten vier Jahren davor. Ich fühlte mich unbekümmert und wild", sagt Jill. Auf der Heimfahrt machten sie Pläne für eine längere Reise.

Dann verbrachten sie fünf Jahre damit, mit einem winzigen alten Wohnwagen, den sie nach dem Song von Bruce Springsteen Bobby Jean getauft hatten, in den Vereinigten Staaten herumzureisen.

Sie lebten sorglos in den Tag hinein, was sie auf Tausenden von Fotos festhielten, die sie auf ihrem kürzlich designten Blog *www.ourwildabandon.com* und ihrem Instagram-Feed teilten. „Wir waren jeden Tag an einem anderen Ort, ich erlebte Dinge, die ich noch nicht kannte, und erlebte mit, wie meine Freundin diese Orte zum ersten Mal sah", sagt Jill. Die beiden mussten auch Rückschläge einstecken: Nach 90 Tagen mussten sie für 4.000 Dollar einen Motorschaden beheben lassen; die Reparatur konnten sie durch den Verkauf von Postkarten finanzieren. Bis das Fahrzeug wieder flott war, nisteten sie sich an einem Schrottplatz ein. Einige Zeit später hatten sie einen schweren Unfall, bei dem sich ihr SUV mitsamt dem Wohnwagen überschlug. Die beiden waren im auf dem Kopf stehenden Fahrzeug gefangen, der Anhänger ein Totalschaden. „Das wäre ein wirklich guter Zeitpunkt gewesen, dieses Leben aufzugeben", sagt Jill. „Wir hatten nicht viel Geld. Der Unfall hatte uns einen Schreck eingejagt. Buchstäblich unsere gesamten Besitztümer waren kaputt. Aber wir kamen zu dem Schluss, dass es so nicht enden sollte. Also haben wir uns den Staub abgeklopft und einen zweiten Wohnwagen gekauft, den wir genauso geliebt haben wie den ersten." Sie fuhren ihren neuen Anhänger, den sie Billy the Kit getauft hatten, von Juni 2016 bis Anfang 2018. Dann kehrten sie wieder nach Kanada zurück und ließen alle ihre Erlebnisse Revue passieren. In den Jahren ihrer Abwesenheit hatten sie sich von unglücklichen Büro- und Gastronomie-Angestellten zu populären Amateurfotografinnen mit einer großen Follower-Gemeinde und später sogar zu Profifotografinnen mit Agenten in New York City entwickelt.

Obwohl Kyla auf dem Boot alleine lebt, hat ihre beste Freundin sie bei jedem Schritt begleitet und ihr viel bei der Renovierung geholfen.

Der Schlepper ist eines von nur fünf in den 1980er Jahren auf Vancouver Island gebauten Salish Coastal Sea Homes. „Die meisten sind schon mehrfach renoviert worden, dieses nicht", sagt Kyla. Ihr gefiel der erdige Westküsten-Hippie-Charme, und sie wollte die existierende Einrichtung instand setzen, anstatt ganz von vorne anzufangen. Außer der Holzverkleidung haben sie alle Flächen in einem hellen Cremé-Ton gestrichen. Die einzige Ausnahme ist das Bad. „Ich fühlte mich wie in einer Höhle, also habe ich meine Regel gebrochen und dort auch das Holz lackiert. Außerdem haben wir Regale aus Kupfer angebracht", sagt Kyla.

Am meisten Arbeit hatten sie mit der Küche, den Arbeitsplatten in Betonoptik und dem neuen Spritzschutz aus Klebefolie in Metro-Fliesenoptik, der sie eine Bordüre aus echten Fliesen gaben.

Das Schiff ist an die städtische Wasserversorgung angeschlossen und ein neuer, mit Propangas betriebener Durchlauferhitzer sorgt für heißes Wasser zum Duschen.

Als nächstes will Kyla eine Kompost-Toilette installieren, da sie bisher die auf dem Boot ihres Vaters gegenüber benutzt. „Trotz dieser Kompromisse hat sich der Schlepper als Glücksgriff erwiesen, da in dieser Gegend bezahlbare Wohnungen äußerst knapp sind.

Kyla und Jill haben den Traum vom Nomadenleben aber nicht ganz aufgegeben. „Ich denke, wir machen im Frühjahr eine ein- bis dreimonatige Tour mit unserem Wohnwagen."

⌃ WAS IST EIN NAME?

Kyla hat den Namen des Schleppers noch nicht offiziell geändert und nennt das Schiff vorläufig Franny. Wie die meisten Schiffsbesitzer kennt sie die abergläubischen Bräuche, die mit dem Umbenennen eines Schiffes einhergehen. Sie will erst die entsprechenden Rituale hinter sich bringen, um sich keine Pechsträhne an Bord zu holen.

⟩ KINDHEITSTRAUM

Kyla hatte schon als kleines Mädchen eine Schwäche für diesen Schlepper. Sie erinnert sich, dass sie daran vorbeikam, wenn sie zum Boot ihres Vaters ging. „Der frühere Besitzer war Kulissenmaler beim Film", sagt sie. „Er hat alle Illustrationen außen am Schiff selbst gemalt. Sie sind sehr gut, aber es ist nicht wirklich mein Stil. Ich plane, dem Schlepper einen neuen Anstrich zu geben."

Die VanLifer

Die Gerüchteküche brodelte schon, noch bevor sie beim Van-Treffen ankamen.

„Ich habe gehört, sie schlachten Kaninchen selbst."

„Das sind Outlaws. Die machen nur, was sie wollen."

„Sie haben ihre Namen geändert."

Der leicht mitgenommene orangefarbene VW-Bus-Kombi Baujahr 1976, der Kit Whistler und J.R. Switchgrass gehört, kam erst am zweiten Tag des Treffens der etwa 100 Menschen auf dem Campingplatz an. Die Erwartungen waren hoch: Das Paar hat nicht nur eine große Gefolgschaft auf Instagram – ihr Account ist allen Anwesenden bei dem Event hier in Colorado geläufig. Sie sind außerdem Veteranen dieser Bewegung, denn sie leben schon seit 2012 in ihrem Bus. Für die meisten Leute hier sind sie Helden – denn sie leben schon lange das Leben, in das die Neulinge gerade erst hineinwachsen. Als die beiden aus ihrem Transporter ausstiegen, J.R. in einem Hemd, das farblich zum Wagen passt, und Kit in cremeweißen Latzhosen und einem Band aus Kaninchenfell um die langen Haare, erfüllten sie die Erwartungen voll und ganz. Und als durch die offene Schiebetür ein Geweih und das auf den Beifahrersitz gebreitete Fuchsfell sichtbar wurden, stand es fest: Sie waren Outlaws.

Kit und J.R. begannen ihr Leben im Bus lange bevor es ein Hashtag wurde. Sie kennen sich seit der Highschool.

Nachdem sie ihr Studium beendet hatten (Kit Englisch und J.-R. Regie) beschlossen die beiden, sich ein

**KIT WHISTLER &
J. R. SWITCHGRASS**

VW-Kombi-Bus
Baujahr 1976

Arapaho National Forest,
Colorado

Kit und J.R. schlafen auf der Klapp-matratze im Pop-Top, es sei denn, die Temperaturen sind unter dem Gefrier-punkt. Dann wechseln sie nach unten. Tagsüber werden im oberen Bereich die nicht ständig benötigten Dinge untergebracht.

Jahr Zeit zu nehmen und in dem Bus herumzureisen, den sie aus einer Laune heraus auf einem Supermarkt-Parkplatz gekauft hatten. „Wir waren Produkte der Rezession", sagt Kit. „Ich war schon mit einem Bein in der Graduate School, aber dann wollte ich mich einfach nicht noch mehr verschulden. Also sind wir aufgebrochen." Die beiden ließen sich durch die ganzen USA treiben.

Als sie wieder in Los Angeles waren, drehte J.R. Videos für eine Surfkultur-Website. Kurze Zeit später arbeitete er mit Foster Huntington und Cyrus Sutton zusammen, mit denen für viele Leute die Vanlifer-Bewegung überhaupt erst beginnt. „In diesem Sommer passierten eine Menge Dinge in der Bewegung. Wir waren ein paarmal mit ihnen unterwegs. Dann habe ich Foster Huntingtons Video *How to Van Camp* gedreht", erinnert sich J.R. Davon inspiriert und nicht besonders zufrieden in ihrer konventionellen Lebenssituation kündigten beide ihre Jobs, gaben ihre Besitztümer ab und machten sich auf den Weg.

Ohne genauen Plan begannen sie ihre Streifzüge durch das Land. Sie wollten eine gesunde Balance in ihr Leben bringen, das in ihren Augen zu sehr von Arbeit dominiert war, die sie geistig zu stark forderte und ihnen zu wenig mit den Händen zu tun gab. Sie wollten auch Hobby und Freizeit in ihren Alltag integrieren sowie Zeit zum Nichtstun. Die kopflastigen Tätigkeiten wie fotografieren, schreiben (Kit) oder Filme drehen (J.R.) wechseln sich mit Übergangsjobs auf Farmen ab. Sobald sie genug

⌃ GESUNDER WASSERHAUSHALT

Frisches Wasser zum Trinken, Kochen und Saubermachen und zwei große Gläser selbst gemachter Kombucha sind nebeneinander im Kofferraum untergebracht. Die Kombucha-Gläser lassen sich ziemlich gut transportieren. „Bisher gab es nur einen Unfall", sagt J.R. Hinter dem Wasserbehälter liegt die grüne Sanitär-Schaufel, die zum Ausheben von Gruben benutzt wird, wenn einer von ihnen ein dringendes Bedürfnis verspürt.

⌃ WERTVOLLE SCHÄTZE

Kit und J.R. haben den Bus nicht umgebaut. „Es ist cool, wenn man bei anderen Leuten in den Bus schaut und sieht, was sie alles verändert haben. Wir sind aber eher Minimalisten", sagt Kit. Der kleine Handfeger am Fenster stammt von einer Frau im Norden von Georgia, und die beiden finden ihn viel zu schön, um damit zu putzen. Dafür verwenden sie lieber einen handelsüblichen aus Nylon. Die beiden Westen gehören Kit – an der einen hängen sämtliche Anstecker, die sie als Junior Ranger in diversen amerikanischen Nationalparks erhalten hat.

❯ TEA TIME

Kit kocht Tee auf dem zweiflammigen Herd in dem Bus, den sie seit 2012 bewohnt. „Es ist schön, ein Zuhause zu haben, obwohl man so viel unterwegs ist", sagt sie. „Es ist eine Komfortzone, in die man sich jederzeit zurückziehen kann."

Geld verdient haben, genießen sie einfach die Natur.

Kit und J.R. haben keine Zeit in Renovierungsarbeiten an Sunshine, wie sie ihren Bus liebevoll nennen, investiert. „Es ist definitiv ein karges Fahrzeug", sagt Kit. Das ist den beiden aber gerade recht, und der Bus hat auch so jede Menge Charakter. Hier drin hat alles eine Geschichte: die meisten Gegenstände sind Geschenke von Menschen, die ihnen unterwegs begegnet sind, oder Funde aus Trödelläden. Das Geweih stammt von einem Fischer in Arkansas, der beeindruckt war, wie gut die beiden mit den Moskito-Schwärmen fertig wurden. Die Fuchs-Stola gab ihnen ein Farmer in Wyoming.

Unter dem avocadogrünen Rücksitz aus Vinyl befindet sich Kits Kleiderschrank. Sie liebt Kleider. Sie kauft gerne in Trödelläden ein und tauscht die Sachen am Ende der Saison wieder ein. Kit und J.R. sind konsequent darauf bedacht, ihren Besitz auf ein absolutes Minimum zu beschränken. „Jeden Monat machen wir einen Tag, an dem wir unsere Sachen begutachten und uns fragen: Was haben wir

⌃ GUTES ZEICHEN

Eine von J.R. geschnitzte Holzkette und von ihm und Kit gesammelte Federn zieren das Armaturenbrett. „Kit hat eine Schwäche für Eulen. Immer wenn wir sie sehen oder hören, wissen wir, dass wir am richtigen Ort sind", sagt J.R.

⌃ KUNSTHANDWERK

J.R. schnitzt einen Löffel. Kit und er sind offen für alles, was man mit den Händen aus Fundstücken aus der Natur anfertigen kann. „Ich habe Mokassins aus den Fellen von Kaninchen genäht, die wir geschlachtet haben", sagt J.R. „Und Kit habe ich einen Pelzkragen gemacht."

lange nicht benutzt?" sagt Kit. Kits größter Luxus, der J.R. ein Dorn im Auge ist, ist die Schublade mit Büchern, hauptsächlich Naturführer über Flora und Fauna in den USA, die sie ständig konsultiert.

Der größte Teil des umgebauten VW-Busses wird von der mit einem zweiflammigen Gaskocher ausgestatteten Küche belegt. Die Einrichtung wird von Laminat in Teakoptik und den mit 70er-Jahre-Hippieblümchendekor versehenen Stoffen dominiert. Wasser wird in großen Plastikbehältern transportiert. Diese stehen neben großen Einmachgläsern mit Kombucha Tee in diversen Stadien der Fermentierung auf dem Boden aufgereiht. Es gibt keine Toilette – nur die Sanitärschaufel mit dem grünen Griff. Die beiden baden am liebsten im Freien. Sie springen in Seen, Flüsse und Bäche, um sauber zu bleiben. „Im Winter steuern wir Campingplätze an und bezahlen für die heiße Dusche, oder wir fragen Fernfahrer, ob sie ein paar Coupons für die Duschen an den Raststätten übrig haben. Sie bekommen sie manchmal beim Tanken gratis dazu", sagt Kit.

Das gestiegene Interesse am Leben im VW-Bus verblüfft Kit und J.R. „Das hat erst vor etwa zwei Jahren begonnen", sagt Kit. „Und jetzt sprechen alle von einer Bewegung."

„Als wir angefangen haben, so zu leben, hätte ich nie gedacht, dass es mal so etwas geben würde", staunt J.R., als er sich auf dem Campingplatz umsieht, auf dem die Busse in Gruppen im Kreis parken. Eine Sache, die beide schwierig finden, ist Freundschaften aufrechtzuerhalten.

„Es ist schwer gewesen, mit Freunden in Verbindung zu bleiben. Manche von ihnen verstehen uns nicht", sagt J.R. „Wir haben eben keine normalen Freundschaften, und das ist auch okay", stellt Kit fest, aber in ihrer Stimme schwingt Zweifel mit. „Stattdessen verbringen wir viel Zeit mit freundlichen Fremden."

Die beiden haben kürzlich im Selbstverlag ein Buch über ihre Abenteuer unterwegs herausgebracht, *Orange is Optimism* (Orange ist gleich Optimismus), das sich als ziemlich erfolgreich herausgestellt hat. Über 700 Exemplare wurden schon vor dem Erscheinen verkauft, was den beiden einen schönen Profit in die Kasse gespült hat. Aber das Paar bleibt bei der Haltung, dass es statt des konventionellen Jobs eine gleichwertige Menge Freizeit geben muss. Der Tag besteht aus privaten Interessen, Arbeit und Nichtstun. Wie moderne Laienprediger reisen sie im ganzen Land herum und verbreiten ihre Philosophie des reduzierten Konsums, der Schuldenfreiheit und der Zeit, die Natur zu genießen. „Wenn wir unsere Abhängigkeit von Besitz ablegen und aufhören würden, uns über die Arbeit zu definieren, wären wir alle bessere, ausgeglichenere Menschen", sagt Kit. „Wir leben gerne im VW-Bus", sagt J.R. „Aber man braucht gar nicht so radikal zu sein. Es geht nicht unbedingt um das Leben im Bus; es geht darum, einen anderen Blick zu entwickeln."

Als sie das Buch bei der Library of Congress registrieren ließen, änderten sie offiziell ihre Namen zu Kit und J.R. Es ist eine Tradi-

tion, sich einen Wandernamen zu geben, wenn man einen ausgedehnten Wanderweg wie den Pacific Trail Hike geht, den die beiden teilweise zurückgelegt haben. Sie fanden, dass sie besser zu den Menschen passten, die sie im Laufe der vergangenen sieben Jahre des ständigen Reisens geworden waren. „Geburtsnamen haben eine Menge Gewicht und bringen viel emotionales Gepäck mit sich", sagt Kit. Meinen Namen zu ändern hat mir die Freiheit gegeben, endlich die Person zu sein, die ich wirklich bin."

⌐ EINFACH NACH HAUSE GEHEN

Als Kit und J.R. nach Sunshine zogen, erzählten sie zunächst niemandem, dass sie in einem VW-Bus wohnen. „Es war nicht cool. Wir haben alle angelogen, weil es uns peinlich war, den Leuten zu verraten, dass wir in einem Auto leben."

⌃ ALLES, WAS SIE HABEN

Kit und J.R.s Besitztümer haben alle im Bus Platz, und die beiden sind stolz darauf, nur einen einzigen Schlüssel ihr Eigen zu nennen.

5
—

Im
Detail

EIN GENAUERER BLICK
AUF BADEZIMMER UND STAURAUM

Badezimmer

In diesen kleinen und häufig mobilen Wohnräumen
kann ‚das Badezimmer benutzen' ganz einfach einen
Spatengang und ein Bad im Fluss bedeuten.
Die luxuriöse Variante kann aus Kompost-Toilette
und mit Metro-Fliesen gekachelten Nasszellen
inklusive mattschwarzen Armaturen bestehen.
Hier sehen wir uns die verschiedenen Lösungen und
die Umsetzung der Eigentümer genauer an.

DUSCHE MIT METRO-FLIESEN ———————

Michael Fuehrer hat im Bad seines umgebauten Schulbusses kleine Metro-Fliesen verlegt – größere Fliesen würden durch die ständige Erschütterung beim Fahren schneller Risse bekommen. In seiner Nasszelle gibt es eine Duschwanne in herkömmlicher Größe, die Armaturen sind extra leicht und haben ein Rieselventil von Dura, das speziell für Wohnmobile hergestellt ist; es reduziert auf Knopfdruck den Wasserstrahl auf ein dünnes Rinnsal. Diesen Knopf betätigt man, wenn man keinen starken Wasserdruck benötigt – beim Haare einschäumen, Rasieren oder Einseifen – um Wasser zu sparen. Michael hat allerdings mehrere Wassertanks unter dem Bus eingebaut, was in Kombination mit einem mobilen Durchlauferhitzer kräftigen Wasserdruck und jederzeit heißes Wasser gewährleistet. Den Knopf für das Rieselventil benötigt er nur, wenn er über mehrere Tage in der freien Natur campt. Die erhöht eingebaute Kompost-Toilette ist von Nature's Head. *Michaels Heim ist auf Seite 22–31 näher beschrieben.*

BADEWANNE IM FREIEN _____

„Es ist eher ein Jakuzzi als eine richtige Badewanne", erklärt Tiny-House-Besitzerin Brooke
Budner. „Das schwarze Solarpanel auf dem
Boden erhitzt schwarze Wasserschläuche in
einem Wärmekreislauf. Das heiße Wasser ist
leichter und steigt nach oben, und dadurch
wird das kalte Wasser nach unten gesaugt."
Brooke und ihr Partner Emmett Adam haben
die Badewanne aus einem einfachen Futter-
trog gebaut, der mit Zedernholz verkleidet ist.
An Tagen, an denen der Sonnenschein nicht
ausreicht, hängen sie ein Fass an die Wanne,

das mit einer langen Metallspule und einem
Paar biegsamer Schläuche ausgestattet ist, die
direkt an die Wanne angeschlossen sind. Ist
die Badewanne mit Wasser gefüllt und sind
die Schläuche verbunden, wird im Fass Feuer
gemacht. Das Feuer erhitzt das Wasser in der
Spule, das warme Wasser steigt nach oben und
das kalte Wasser wird aus der Wanne heraus
und in die Spule zurückgesaugt. Die Wanne
ist der perfekte Platz, um an Sommerabenden
unter den Sternen zu baden. *Gegenüber ist
Brookes Dusche abgebildet.*

HEISSE DUSCHE OHNE TANK ———————

An der Rückwand von Brookes
Tiny House gibt es eine Heißwasser-
dusche mit Durchlauferhitzer. Das
Wasser läuft durch einen einfachen
Gartenschlauch und wird mithilfe
von flüssigem Propangas erhitzt, was
bedeutet, dass sofort unbegrenzte
Mengen heißes Wasser zur Verfügung
stehen. Das Gerät ist mobil und kann
überallhin mitgenommen und angeschlossen werden. In Kombination
mit der Freiluft-Badewanne bedeutet
das, dass Brooke mehrere Optionen
hat, auch wenn sie im Freien sind.
Der Rest von Brookes Haus ist auf Seite
156–165 beschrieben.

EIN TRANSPORTER, ZWEI DUSCHEN ———

Die beiden Vanlifer Jace und Giddi Carmichael haben gleich zwei Duschen, um über längere Zeiträume wild campen zu können. Pro Dusche haben sie Kapazität für fünf- bis sechsmal Duschen, bevor die Tanks aufgefüllt werden müssen. Die eine Variante ist von Road Shower. Das Wasser im schmalen, knapp 3,8 Liter fassenden Tank auf der linken Seite des Daches wird von der Sonne erhitzt. Ein 12-Volt-Kompressor kann an den Duschschlauch angeschlossen werden, um den Wasserdruck zu erhöhen. Die zweite Variante besteht aus einem Durchlauferhitzer von Eccotemp und hat keinen Wasser-tank. Die kleine weiße Kiste ist im Transporter untergebracht und wird mit Flüssigpropangas betrieben. „Man schaltet die Wasserpumpe ein, sie springt an und es kommt sofort heißes Wasser heraus. Der Druck kann eingestellt werden und man kann ganz normal duschen, je nach Bedarf. Wir drehen den Hahn einfach zu, während wir uns einseifen oder Haare waschen", sagt Jace.

ROLLENDE KOMPOST-TOILETTE _____

Die Kompost-Toilette von Nature's Head ist
bei Jace und Giddi unter dem Bett untergebracht und kann auf einer Schubladenleiste
mit 250 Kilogramm Belastbarkeit herausgezogen werden. Das Modell hat Jace selbst
entworfen, um die begrenzte Quadratmeter-
zahl in ihrem Sprinter maximal zu nutzen.
Kompost-Toiletten trennen grundsätzlich
feste und flüssige Inhalte. Die Toiletten sind
so gebaut, dass der Urin in einen separaten,
durchsichtigen Container an der Vorderseite
fließt, und die Fäkalien von einem Behälter
unter dem Toilettensitz aufgenommen werden. Man muss beides getrennt entsorgen,
je nach Häufigkeit der Benutzung. Bei dieser

dreiköpfigen Familie wird der Urinbehälter
einmal täglich geleert, die kompostierten
Fäkalien ein- bis zweimal pro Monat. Der Urin
kann in eine normale Toilette oder auf aus-
gewachsene Bäume gekippt werden oder zum
Gießen verdünnt werden (im Urin enthaltene
Stoffe wie Stickstoff, Kalium und Phosphor
sind guter Dünger). Das Torfmoos oder die
Bio-Kokosfaser im anderen Tank zersetzen die
Fäkalien und entgiften sie, sodass der Inhalt
auf den Kompost gegeben oder einfach in den
Müll geworfen werden kann. „Ein sehr leiser
Ventilator läuft permanent, um die Kompos-
tierung der Fäkalien zu beschleunigen", sagt
Jace. „Es riecht kaum bis gar nicht."

FASERTORF-TOILETTE MARKE EIGENBAU

Betsy Sohmer und Chris Patterson haben sich selbst eine Kompost-Toilette in den Airstream gebaut. „Wenn man den Klodeckel öffnet, befindet sich da ein mit einer Tüte ausgekleideter 3,8 Liter-Eimer, den wir mit verschiedenen pflanzlichen Fasern füllen, zum Beispiel Säge-späne, wie sie für Haustierbetten verwendet werden, oder Kokosfaser. Die bedecken wir dann mit Fasertorf", sagt Chris. Wenn der Eimer voll ist, verschließen sie den Beutel sorgfältig und entsorgen ihn unterwegs in einer Mülltonne. Juristisch gesehen ist das nichts anderes, als volle Windeln oder Hundekot wegzuwerfen. Die Fäkalien dürfen allerdings nicht mit Flüssigkeit vermischt werden, müs-sen dicht verschlossen sein und es dürfen nicht mehr als 3,8 Liter sein. Dennoch kann es schwierig werden, sie loszuwerden. „Es ist so etwas wie eine geheime Mission", sagt Chris.

TOILETTE MIT SCHWARZWASSERTANK

Wohnmobile wie das von Danielle Boucek und Tommy Krawczewicz haben oft Toiletten, bei denen die Fäkalien in einem Schwarzwassertank gesammelt werden. Die Größe variiert mit den Wohnmobilen.
Sie sehen aus wie die Toiletten, die man von zu Hause gewohnt ist.
Die Spülung funktioniert aber anders. Man betätigt ein Pedal, bevor man sich setzt und dann noch einmal, nachdem man fertig ist. Mit dem zweiten Spülen werden die Fäkalien in den Schwarzwassertank befördert. Je nachdem, wie viele Personen an Bord sind, muss dieser Tank alle paar Tage oder einmal pro Woche geleert werden. Viele Tankstellen bieten Schwarzwasserentsorgung an. „Es ist ein Arbeitsgang", beschreibt Tommy. „Ich spüle den Tank danach immer ein paarmal aus." *Das Wohnmobil von Danielle und Tommy ist auf Seite 50–57 ausführlich beschrieben.*

AUßENTOILETTE

Für Menschen mit permanentem Wohnsitz kann es eine platzsparende Lösung sein, eine Außentoilette anzulegen – allerdings hat das auch Nachteile. „Wenn es draußen schüttet, muss man trotzdem raus", sagt Brooke Budner über ihre Außentoilette, die etwa 200 Meter vom Haus entfernt am Ende eines Waldweges liegt. Die rudimentäre Einrichtung, auch als Plumpsklo bekannt, besteht aus nichts anderem als einer Holzkiste mit Klodeckel, die über einer Grube positioniert ist, die Brooke gegraben hat. Toilettenpapier und Taschenlampe hängen griffbereit neben der Eingangstür ihres Tiny House. Ist die Grube voll, schüttet Brooke sie zu und gräbt eine neue. *Die ausführlichere Beschreibung von Brookes Badewanne steht auf Seite 274, die der Dusche auf Seite 275. Ihr ganzes Haus ist auf Seite 156–165 beschrieben.*

DIE EINFACHSTE LÖSUNG ──────────

Für diese simple Einrichtung braucht es kein ausgefallenes Equipment: Ein Eimer mit aufgefangenem Regenwasser ist die rudimentäre Dusche auf Yoav Elkayams Grundstück, wo er in seinem Sprinter lebt. Der Stuhl ist dafür da, das Handtuch während des Duschens trocken und sauber zu halten. Die meisten im Bus lebenden Menschen erledigen ihre dringenden Bedürfnisse mit dem Spatengang.

Die einzige Bedingung ist, dies so weit entfernt wie möglich von Camps und anderen Wasserquellen zu tun. Es sollte handtief gegraben werden und das benutzte Toilettenpapier sollte in eine Tüte gepackt und vorschriftsmäßig niemals in der freien Natur entsorgt werden. *Yoavs Zuhause ist auf Seite 200–209 näher beschrieben und Kits und J.R.s Bus auf Seite 262–269.*

Stauraum

Winzig kleine Räume – insbesondere solche, die plötzlichen Bewegungen unterworfen sind, erfordern beim Verstauen von Gegenständen das Denken abseits der Norm. Viel freien Platz gibt es nicht, also muss die Lösung immer auch attraktiv aussehen, oder es muss alles ordentlich weggeräumt werden können. Hier kommen neun geniale Ideen, bei denen jeder Zentimeter Platz effektiv ausgenutzt wird.

1. REGALE BEIDSEITIG NUTZEN _____

Der Stauraum wird maximal ausgenutzt, wenn auch die Unterseite von Regalen genutzt wird. Im Wohnmobil von Danielle Boucek und Tommy Krawczewicz sind die Gläser unter dem Regal mit doppelseitigem Klebeband fixiert (links) und können einfach an- und abgeschraubt werden. Eine

Querstange verhindert, dass die Tassen während der Fahrt vom oberen Teil des Regals fallen. Nach dem gleichen Prinzip hängen in Robert und Samantha Garlows Tiny House die Weingläser platzsparend und sicher nach unten in einer auf Gehrung verleimten Holzkiste mit Schlitz (rechts).

2. OFFENE REGALE ANPASSEN

Sina Schubert wünschte sich für den umgebauten Transporter, den sie mit ihrem Freund Carsten Konsen bewohnt, offene Regale. Gleichzeitig wollte sie nicht, dass beim Fahren alles herausfällt. Sie entwarf dieses stylishe System mit einem Stück Bungeeseil, das mit einfachen Augenschrauben oben und unten am Regal fixiert ist. „Ich liebe Design, das wirklich eine Funktion hat, und ich kann bezeugen, dass noch nie etwas herausgefallen ist!", sagt sie. Die Aufbewahrung von trockenen Zutaten in einheitlichen Gläsern und Kleinigkeiten in gestrickten Körbchen macht das Regal ansehnlich und beschränkt die Unordnung auf ein Minimum – eine Notwendigkeit beim Leben auf begrenztem Raum.

3. PRODUKTE MIT MEHRFACHNUTZEN

Auf engem Raum ist es unerlässlich, dass alle Gegenstände mehrere Funktionen erfüllen. Das passend „Wandertisch" genannte Möbel in Robert und Samantha Garlows Tiny House (links) wird je nach Bedarf an verschiedene Stellen gerückt. Es hat drei Aufgaben: Hocker vor der Kücheninsel, Arbeitsfläche für die

Laptops (wozu es an die eingebaute Sitzbank geschoben wird) und provisorischer Couchtisch. Der Sitz-Puff aus marokkanischem Leder wird in Nash und Kim Finleys VW-Bus als Sitzplatz für Gäste benutzt, außerdem bewahren die beiden je nach Saison Sommer- oder Winterkleidung darin auf.

4. ALLES AUFHÄNGEN

Wenn der Stauraum knapp ist, sollte man so viel wie möglich aufhängen. Pauline und Kieran Morrissey haben sich in ihrem Wohnmobil einen kompakten Stauraum für ihre Küchenutensilien gebaut, der aus einem Regal mit unten angebrachten Schrauben über einer Reihe Kleiderhaken besteht (links). In Sina Schubert und Carsten Konsens VW-Bus hängt eine einfache weiße Vorhangstange mit allen Putzutensilien an Canvas-Schlaufen über

der Spüle (rechts). Statt Wegwerf-Schwämme und Küchenkrepp zu kaufen, haben die beiden etwas mehr Geld in umweltfreundliche und elegante Produkte investiert, die sie noch lange weiterverwenden können. Bei Nash und Kim Finley sind stabile Bulldog Clips das Mittel der Wahl, um schwerere Gegenstände wie Filzhüte zu befestigten. Leichte Fotoklemmen halten ihre Lieblingsfotos (rechts).

5. PLATZ FÜR BÜCHER SCHAFFEN _____

In kleinen Räumen will jeder Zentimeter Platz genutzt werden, ob in allen Ecken oder an allen verfügbaren Wänden. Aus einem unpraktischen, aber doch nutzbaren Fach im Wohnmobil von Danielle Boucek und Tommy Krawczewicz wurde ein Bücherregal (links).

Im Schulbus von Ashley und Dino Petrone dagegen wurde ein Regal an der Esszimmerwand befestigt, das für die Kinder gut erreichbar ist. Das offene Design ist perfekt für das Leben auf kleinem Raum und die nachträglich angebrachte Querstange ist ideal, um auf der Fahrt alles auf seinem Platz zu halten.

6. DEN PLATZ UNTER DEM BETT NUTZEN

Unter höheren Betten wie im Airstream von Kate Oliver und Ellen Prasse können die 30 bis 45 Zentimeter Stauraum zum Verstauen von Kleidung genutzt werden (links). In Körben oder Behältern mit Griffen lassen sie sich einfach hervorziehen. Wenn man

die Konstruktion selbst baut, kann man Schiebetüren oder Schubladen auf Rollen installieren, wie Sunny Cooper es in ihrem Airstream getan hat (rechts). Der vorhandene Zwischenraum ist ein dankbarer Aufbewahrungsort für Kleidung oder Bettwäsche.

7. AUS TREPPEN WERDEN SCHRÄNKE ⎯⎯

Normalerweise hängen Kleider an Querstangen in Schränken, aber in kleinen Räumen muss man erfinderisch werden. Bei Devin Groody und Catrin Skaperdas im Tiny House lassen sich die Fächer unter den Treppenstufen herausziehen. Darin befinden sich tiefe Schränke, in denen jede Menge Kleider hängen (links).

Die unteren Treppenstufen sind winzig, aber ein paar Socken finden auch dort Platz.

Bei Robert und Samantha Garlow wird der Raum in ähnlicher Weise genutzt: Dort befinden sich Klappschränke unter den Treppenstufen zum erhöht gelegenen Schlafzimmer (rechts).

8. DEN MÜLL WEGPACKEN ———————

Mülleimer sind unattraktiv und nehmen wertvolle Quadratzentimeter Bodenfläche in Anspruch. Für jeden einzelnen Gegenstand Platz einzuplanen, einschließlich solch einfacher Dinge wie Mülleimern, kann sehr viel bewirken, wenn man dauerhaft auf engem Raum wohnt. Diese Dinge zu verstauen, wie Kate Oliver und Ellen Prasse es in ihrem Airstream gelöst haben (links), ist schlau: So

bleibt der Müll auch an Ort und Stelle, wenn sie unterwegs sind.

Mark Coelhos Priorität war es, Platz zu sparen, als er diesen halben Mülleimer designte (rechts). Der Deckel ist mit einem einfachen beweglichen Scharnier an der Seitentür des Wohnwagens befestigt und kann nach dem Öffnen mit einer Kette an der Tür fixiert werden.

9. HAUSTIERBEDARF HINTER GITTERN ⎯⎯

Es ist immer eine Streitfrage, wo Katzen-toiletten unterwegs am besten aufgehoben sind. John Ellis und Laura Preston hatten die geniale Idee, sie in ihrem Airstream unter der Sitzbank zu verstauen, sodass sie nicht im Weg steht und nicht auffällt (rechts). Eine Katzenklappe erlaubt dem Kater Papa leichten Zugang und ein kleiner Ventilator transpor-tiert Gerüche gleich nach draußen. Die beiden haben auch zwei Hunde, deren Leinen an einem einfachen Fleischerhaken am Fliegen-gitter der Eingangstür hängen (links).

6

Landkarte
in die Freiheit

EIN PRAKTISCHER WEGWEISER
FÜR DAS NOMADENDASEIN

Bevor es losgeht

Es wird ohne Frage eine Vielzahl Erfahrungen geben, die man zum
ersten Mal macht, wenn man sich für das Leben als Nomade oder
einen halb nomadischen Lebensstil entscheidet: zum ersten Mal
einen Abwassertank entleeren, zum ersten Mal die Akkus aufladen –
es kann also sehr hilfreich sein, sich vorher schlau zu machen.
Hier ist eine Liste von Fragen, über die es sich lohnt, sich Gedanken
zu machen, bevor man sich dafür entscheidet, den Plan umzusetzen.

Warum mache ich das überhaupt?

Bevor du entscheiden kannst, welche Variante dieses Lebensstils die richtige für dich ist, solltest du dir überlegen, was genau deine Motivation ist. Wenn du auf der Suche nach den besten Wellen bist, dann könnte ein umgebauter VW-Bus oder Transporter besser für die Sandwege geeignet sein als ein Wohnmobil, das am besten auf befestigten Straßen aufgehoben ist. Wenn du versuchen möchtest, deinen ökologischen Fußabdruck zu verkleinern, ist ein autarkes Tiny House mit eigenem Garten vielleicht besser als ein Fahrzeug, das ständig bewegt wird.

Wovon werde ich leben?

Glücklicherweise bedeutet der überall verfügbare Internetzugang, dass viele Menschen auch von unterwegs arbeiten können, ob als freier Mitarbeiter oder in einer Festanstellung aus dem Home Office. Wenn du das für dich in Erwägung ziehst, solltest du bedenken, was für eine Ausstattung du zum Arbeiten brauchst. Brauchst du ein Büro? Internetzugang? Lagermöglichkeiten für Versandmaterial?

Du kannst natürlich auch körperlich arbeiten, wenn du mobil lebst. Viele Farmen brauchen Saisonarbeiter – in diesem Fall wäre es sinnvoll, deine Route anhand der jeweiligen Erntezeiten zu planen. Oder du füllst deine Reisekasse wieder auf, indem du eine Weile an einem Ort bleibst und dort als Barista, Grafikdesigner oder Aushilfe arbeitest.

Wenn du einen Job hast, den du magst, der aber ortsgebunden ist, könntest du dich für ein Fahrzeug wie einen Airstream oder ein Boot entscheiden, das in der Woche abgestellt werden kann und nur an den Wochenenden und in den Ferien bewegt wird.

Was brauche ich, um komfortabel zu leben?

Es kann dir eine Menge Kummer ersparen, wenn du vor dem Kauf eines Fahrzeugs definierst, was dein ideales Lebensumfeld ist. Wenn du befürchtest, dem Nichtstun zu verfallen, wenn du außer dem Bett keinen weiteren gemütlichen Platz hast, solltest du ein Sofa einplanen. Wenn es für dich nicht infrage kommt, im Regen im Freien auf die Toilette gehen zu müssen, brauchst du Platz für eine Toilette.

Will ich der Zivilisation entfliehen?

Wenn Du hauptsächlich Orte besuchen willst, an denen es weder fließendes Wasser noch Strom gibt, solltest du dein Zuhause entsprechend ausstatten. Lies dazu den Abschnitt zu autarkem Leben auf Seite 303.

Mit welchen klimatischen Bedingungen muss ich rechnen?

Isolierung hält dich in kaltem Klima warm und in heißem Klima kühl. Viele der Hausbesitzer, mit denen ich gesprochen habe, bedauerten es, wenn sie an dieser Stelle gespart hatten. Fenster, die sich öffnen lassen, sorgen für Frischluftzufuhr bei Hitze. (Klimaanlagen ziehen extrem viel Strom und funktionieren oft nicht, wenn man auf Gleichstrom zurückgreifen muss.) Wenn man in einer gemäßigten oder kühleren Klimazone unterwegs ist – hierbei ist zu bedenken, dass selbst in der Wüste große Temperaturschwankungen bei Tag und Nacht herrschen – ist es anzuraten, eine Heizung einzubauen,

zum Beispiel eine platzsparende Bootsheizung oder einen kleinen Holzofen. (Bezugsquellen siehe Seite 316).

Und meine Haustiere?

Haustiere kommen unterschiedlich gut mit dem Nomadenleben zurecht. Die meisten Menschen können vorher einschätzen, ob ihre Tiere gute Reisebegleiter sind oder nicht. Du solltest bedenken, ob deine Tiere dazu neigen würden, hinter einem Eichhörnchen herzujagen und in den Wald davonzurennen. Wenn du ein Haustier mitnehmen möchtest, mach dir über folgende Fragen Gedanken: Wo soll es schlafen? Wo verstaust du das Tierfutter? Wo soll das Katzenklo stehen? Für den Fall, dass die Tiere nach dem Spaziergang oder einem Bad im Sand schmutzig hereinkommen, solltest du Bezugsstoffe wählen, die sich leicht abwischen lassen, beispielsweise Vinyl, auf jeden Fall aber ein Muster, auf dem man den Dreck nicht so gut sieht. Ein Handstaubsauger kann sinnvoll sein, wenn du Hunde oder Katzen hast, die stark haaren.

„Unterwegs solltest du sichergehen, dass die Außentemperaturen für die Tiere im Fahrzeug nicht gefährlich sind. Öffne die Belüftungsklappen, schalte Ventilatoren ein, fülle die

Wassernäpfe und versperre den Zugang zur Fahrerkabine", rät Danielle Boucek (siehe Seite 50). Wenn du die Tiere zwischendurch im Fahrzeug alleine lassen musst, solltest du eventuell eine Sicherheitskamera installieren, deren Feed du per App abrufen kannst (siehe Seite 311). Zu guter Letzt solltest du bedenken, dass es in Europa unterschiedliche Regelungen zur Einreise von Haustieren und dem frei Laufen lassen in der Natur gibt. In den meisten US-amerikanischen Nationalparks ist es verboten, Haustiere auf die Wanderwege und in die freie Natur mitzunehmen. Es gibt aber fast immer auch Areale gleich neben den Parks, die häufig auch vom Bureau of Land Management verwaltet werden, auf denen Deine Vierbeiner mehr als willkommen sind.

Was, wenn etwas schief gehen sollte?

Ein Leben ohne festen Wohnsitz oder abseits der Zivilisation bringt viele Herausforderungen mit sich, und es ist unerlässlich für deinen Seelenfrieden, flexibel zu bleiben. Überlege, einem Automobilclub in deinem Reiseland beizutreten, für den Fall, dass du unterwegs liegen bleibst. Vernetze dich mit anderen Menschen, die auch diesen Lebensstil gewählt haben – Instagram ist dafür eine tolle Plattform. Nicht selten haben andere genau die gleichen Probleme gehabt und können dir weiterhelfen. Es ist auch eine gute Idee, einen Notgroschen für medizinische Notfälle, größere Reparaturen oder sogar einen Flug nach Hause beiseitezulegen.

Schließlich ist zu bedenken, wie viel von deinem früheren Leben du aufgeben willst, wenn du losziehst. Wozu willst du eventuell zurückkehren, falls du schließlich doch feststellen solltest, dass das Leben unterwegs nicht das richtige für dich ist? Recherchiere, was es kostet, Lagerräume zu mieten, und wäge die Vor- und Nachteile ab, die es hat, an einigen Besitztümern festzuhalten, wenn dich das beruhigt.

Wenn du ein Haus oder eine Wohnung besitzt, überlege dir, die Immobilie unterzuvermieten statt zu verkaufen – damit hättest du gleichzeitig ein Einkommen, wenn du unterwegs bist.

Immer noch nicht 100 % ig sicher?

Probiere aus, wie das Leben in einem Tiny House oder einem Airstream ist (zum Beispiel über Airbnb), oder miete dir für den Sommer einen VW-Bus (siehe Seite 318).

Ein neues Zuhause finden

Beim Kauf von Bussen, Airstreams, Segelbooten oder Wohnmobilen bist du auf dich alleine gestellt. Es gibt keine Makler, die dir behilflich sind. Es gibt allerdings mancherorts schon Makler, die auch auf Tiny Houses spezialisiert sind. Mach dich schlau, bevor du Geld in die Hand nimmst. Je genauer du fragst, desto mehr lernst du dazu. Hier findest du einige Ausgangspunkte für deine Recherche.

Anbieter für Direktkunden

Man kann einige fahrende Wohnstätten auch fabrikneu kaufen. Wohnmobile findet man zum Beispiel online bei www.caraworld.de, und bei Fachhändlern in allen größeren Städten. www.airstream4u.de bietet die neuesten Modelle dieser Marke an und es gibt viele Hersteller, die vorgefertigte nach deinen Wünschen angefertigte Tiny Houses anbieten.

Auf dieser Website findest du eine nach Regionen gegliederte Übersicht von Anbietern: https://tiny-houses.de/was-sind-tiny-houses/hersteller-in-europa/. Die Preise für Tiny Houses liegen zwischen 40.000 und 140.000 EUR. Als Fertigbausatz gibt es Tiny Houses schon ab 10.000 EUR.

Online-Anzeigenlisten

Auf https://geo.craigslist.org/iso/de , www.ebay.de, www.autoScout24.de, www.AAAauto.eu oder www.mobile.de wirst du fündig, wenn du gebrauchte Autos oder Camper suchst.

Facebook-Gruppen

Es kann sich lohnen, einer Facebook-Gruppe wie ‚Wohnmobil und Wohnwagen Börse das Original' beizutreten, denn viele Anbieter inserieren zunächst dort ihre Fahrzeuge, bevor sie diese auf einer größeren Plattform wie der Craigslist anbieten. Auf Facebook Marketplace kannst du auch Preise für Tiny Houses, Boote und andere Fahrzeuge vergleichen.

Online-Foren

In den Online-Foren finden sich oft Bereiche, in denen es um gebrauchte Fahrzeuge geht: www.wohnwagenforum.de oder www.forumvwbus.de und www.wohnwagenfreunde.de oder www.tinyhouseforum.de und www.segeln-forum.de sind einige Ausgangspunkte.

Behördenversteigerungen

Überschüssige oder konfiszierte Fahrzeuge von groß bis klein werden bei Zwangsversteigerungen oder online angeboten. Generell gilt, dass der Höchstbietende den Zuschlag erhält und dass man von seinem Gebot nicht mehr zurücktreten kann. Lesen Sie vorher genau nach, wie die Versteigerungen durchgeführt werden.

https://www.zoll-auktion.de/auktion/auktionsuebersicht.php?katid=191

Schiffsmakler

Hausboote und Segelboote werden manchmal von auf diesen Markt spezialisierten Maklern verkauft. Segelzeitschriften wie www.yacht.de listen auch private Verkaufsanzeigen.

Tiny-House-Festivals und -Messen

Es wird bei Baumeistern und Dienstleistern immer beliebter, sich bei Festivals und Messen zu treffen, um Fragen zu beantworten und sogar das eine oder andere vorgefertigte Tiny House zu verkaufen. Bei den Festivals sind außerdem immer Gastredner eingeladen, die selbst in solchen Häusern leben, und aus erster Hand von ihrem Lebensstil berichten können. Auf www.new-housing.de findest Du Daten und Veranstaltungsorte.

Anmerkung: Bei den meisten Tiny-House-Messen werden nicht einfach nur Häuser präsentiert – es lohnt sich also auf jeden Fall, eine solche Messe zu besuchen, egal welche Art von Behausung oder Fahrzeug dir vorschwebt.

Tiny House Immobilien-Websites

Durch steigende Nachfrage hat sich eine Nische für neue und gebrauchte Tiny Houses auf dem Immobilienmarkt entwickelt. Schau auf tinyhouselistings.com nach Häusern, die zur Miete oder zum Kauf angeboten werden.

Renovierungs-Basics

Für welches Objekt du dich letztendlich auch entscheidest (Transporter, Segelboot, Tiny House oder Airstream) – es kann sehr gut sein, dass du es überholen lassen musst. Vielleicht baust du selbst (auf festem Untergrund oder einem Anhänger), oder du entkernst ein Fahrzeug und machst einen kompletten Innenausbau.

Wenn du ein fahrbares Zuhause baust, wird jedes zusätzliche Gramm sich auf deinen Benzinverbrauch auswirken, leichte Baumaterialien sind also entscheidend. Die ständigen Vibrationen beim Fahren machen es erforderlich, dass alles sowohl gut befestigt als auch flexibel ist. Oft müssen Teile angepasst, maßangefertigt oder eigens bestellt werden, um in einem bestimmten Fahrzeug zu funktionieren. Hier kommen einige Punkte, die du bedenken solltest, bevor du mit dem Umbau beginnst.

Ein realistisches Budget aufstellen

Beim Festlegen deines Gesamtbudgets solltest du den Kaufpreis für dein neues Heim festlegen. Wenn es mobil sein soll, was wird es kosten, es an den Start zu bringen? Und wie viel Geld möchtest du für die Umbauten investieren? Hier kommen zehn Tipps, die dich zum richtigen Betrag führen.

❶ **Keine Angst vor dem Handeln.** Freizeitmobile und Boote sind oft relativ lange auf dem Markt, und die Verkäufer sind nicht selten bereit, dir mit dem Preis entgegenzukommen um sie loszuwerden.

❷ **Der erste Weg ist der in die Werkstatt.** Wenn dein neues Zuhause auf die Straße soll, musst du sicherstellen, dass es auch sicher fährt, bevor du dich mit den Äußerlichkeiten befasst. Hast du ein gebrauchtes Fahrzeug gekauft, musst du es von einer Werkstatt oder einem Fachmann durchchecken lassen, um die Kosten für die Instandsetzung vor der ersten Fahrt (ob an Land oder zu Wasser) abschätzen zu können.

❸ **Einschätzen, welchen Umfang dein Projekt wirklich hat.** Entscheide rechtzeitig, was für einen Umbau du umsetzen kannst und willst. Manche mobile Unterkünfte wie Wohnmobile, VW-Busse und sogar Segelboote brauchen vielleicht nur Schönheitsreparaturen; andere, wie Tiny Houses oder umgebaute Schulbusse, machen es unter Umständen erforderlich, dass man bei Null anfängt.

❹ Sei ehrlich: Wie patent bist du wirklich? Wenn du weißt, welche Umbauten du vorhast, beantworte dir ehrlich die Frage, was davon du selbst machen kannst und was nicht. Wenn du nicht bereits eine gut ausgestattete Garage voller Werkzeug besitzt, musst du die Kosten für die Anschaffung der nötigen Maschinen zum Budget hinzuaddieren. Wenn du jemanden mit den Umbauten beauftragen willst, sprich frühzeitig mit den Fachleuten. Es gibt zwar immer mehr Dienstleister, die den Umbau von Fahrzeugen und den Bau von Tiny Houses anbieten, aber es kann trotzdem ein bisschen dauern, Handwerker zu finden. Suche an deinem Wohnort (siehe Onlineforen Seite 299) und lass dir Adressen empfehlen.

❺ Den Transport mit einkalkulieren. Wenn dein neues Tiny House transportiert werden muss, vergiss nicht die Kosten für ein Fahrzeug, das in der Lage ist, ein so schweres Objekt zu ziehen.

❻ Materialkosten recherchieren. Dazu gehören Solarenergie-Systeme, Installation, dekorative Baumaterialien wie Fliesen und Arbeitsflächen, Armaturen, Schaumgummimatratzen und weitere Dinge, die du für die Renovierung vielleicht benötigen wirst.

❼ Plane deine Reisen vor. Wenn du vorhast, in Gegenden zu reisen, in denen es sehr heiß oder sehr kalt ist, kann es sein, dass du die bestehende Isolierung ersetzen und / oder eine Heiz- oder Kühlanlage einbauen musst. Wenn man diese nachträglich einbaut, kostet es immer mehr und es ist außerdem lästig.

❽ Denke an die doppelte Miete. Vergiss nicht die Kosten für deine bestehende Wohnung, die du während der Renovierung noch bezahlen musst.

❾ Wertsteigerung. Wenn Fahrzeuge schön umgebaut wurden, werden sie oft gewinnbringend weiterverkauft. Es kann sich also auszahlen, wenn man rechtzeitig in Qualität, nachhaltige Reparaturen und Details investiert.

❿ Immer etwas Geld beiseite legen. Egal wie sorgfältig du planst – unvorhergesehene Kosten wird es immer geben. Rechne mit etwa 20 % des Gesamtbudgets für solche Notfälle.

Platz für die Renovierung

Wenn du vorhast, dein neues Zuhause umzubauen oder zu renovieren, brauchst du einen Ort, an dem du in Ruhe daran arbeiten kannst. In größeren Städten, wo Parkraum knapp ist, kann das oft problematischer sein als man denkt. Selbst in ländlichen Gegenden ist es praktisch, wenn bestimmte Einrichtungen in der Nähe sind. Suche also nach Orten, an denen Folgendes gewährleistet ist:

Bewegungsfreiheit. Darüber hinaus, dass du Platz brauchst, um das Fahrzeug abzustellen, wirst du auch Werkzeuge, wie zum Beispiel eine Tischsäge, aufstellen müssen, um dein Material auszubreiten oder Einrichtungsgegenstände wie Bettrahmen oder Küchenschränke zu bauen.

Nahe gelegene Toilette. Es kann wertvolle Tageslichtstunden kosten, wenn man extra ins Auto steigen und zum nächsten Laden fahren muss, um zur Toilette zu gehen.

Strom. Für die meisten Werkzeugmaschinen brauchst du eine Steckdose, und sei es nur zum Aufladen der Akkus.

Ein sicherer Parkplatz. Du hast eine Menge Geld in den Umbau gesteckt. Einen Ort zu haben, an dem du Werkzeug und Material sicher verschließen kannst, ist unerlässlich.

Schutz vor dem Wetter. Wo auch immer du lebst – es ist praktisch, wenn du dein Baumaterial vor Regen, Sonne und Schnee geschützt unterstellen kannst. Wenn du langwierige Renovierungsarbeiten vor dir hast, lohnt es sich, einen Platz wie eine Lagerhalle oder eine Scheune zu haben, die auch dich vor den Elementen schützt.

Baumarkt in der Nähe. Es geht schneller, wenn du keine weiten Distanzen zum nächsten Baumarkt zurücklegen musst.

Zeitplan

Ein durchschnittlicher Umbau dauert sechs bis acht Monate, dies ist aber stark abhängig davon, was du vorhast, wie erfahren du bist und wie viel Zeit du täglich für das Projekt aufwenden kannst. Ein Tiny House neu zu bauen kann bis zu einem Jahr dauern. Kate Oliver, die sich auf den Umbau von Airstreams spezialisiert hat (siehe Seite 140), rät, für das Entkernen und neu Ausstatten solcher Fahrzeuge ein ganzes Jahr einzuplanen, wenn man nur an den Wochenenden Zeit hat, daran zu arbeiten. Und trotz dieser vermeintlich großzügigen Planung geht sie von zehn bis zwölf-Stunden-Tagen aus. Wenn man so einen Umbau zum

ersten Mal macht, unterschätzt man, wie lange es dauert; es ist also ratsam, vier Wochen mehr einzuplanen.

Recherchiere unbedingt auch die Lieferzeiten von Produkten, die du verwenden willst: Einiges von dem, was du benötigst, wird eigens für dich bestellt oder sogar angefertigt, plane also auch diese Vorlaufzeit ein. Häufig nehmen die Recherchen und die Planung genauso viel Zeit in Anspruch wie die Arbeiten selbst, wenn nicht sogar mehr.

Ein kurzer Überblick über mobile Betriebsmittel / Anschlüsse

Wenn man sich mit Wasser und Strom an Bord eines Fahrzeugs oder Bootes vertraut macht, wünscht man sich oft, man hätte in den Naturwissenschaften in der Oberstufe besser aufgepasst. Hier kommen ein paar wissenswerte Grundlagen.

WASSER

Freizeitfahrzeuge haben normalerweise drei Tanks: einen für Trinkwasser, einen für Grauwasser und einen für Schwarzwasser.

Wie der Name schon sagt, enthält der Trinkwassertank genau das. Das ist das Wasser, das an Bord aus dem Wasserhahn kommt.

Der Grauwassertank enthält das benutzte Wasser aus Spüle und Dusche. Diesen Tank muss man an einer Entsorgungsstation entleeren, wenn er voll ist.

Der Schwarzwassertank enthält Fäkalien und Toilettenabwasser. Er muss ebenfalls an einer Entsorgungsstation entleert werden. Wie oft das notwendig ist, richtet sich nach der Größe des Tanks, der Anzahl der Passagiere und danach, wie oft die Toilette benutzt wird.

WECHSEL- UND GLEICH-STROM

Die meisten Mobilheime haben zwei elektrische Systeme.

Das Wechselstromsystem kann externe Stromanschlüsse wie das reguläre Stromnetz oder einen Landstromanschluss nutzen. Damit hat man genau den gleichen Komfort wie zu Hause, und man kann Geräte wie Klimaanlagen und Mikrowellen nutzen und hat eine Steckdose zur Verfügung.

Das Gleichstromsystem nutzt Batterien und kann zur Versorgung einfacherer Geräte benutzt werden, während man abseits der Zivilisation unterwegs ist: Licht, Wasserpumpe, Ventilator, Fernseher und Radio.

In den meisten Fahrzeugen sind diese Stromsysteme gekoppelt. Ist das Fahrzeug an Wechselstrom angeschlossen, lädt gleichzeitig die Batterie für die Gleichstromversorgung auf. Hierbei wird ein Konverter benutzt. Das Gerät, das Gleichstrom zu Wechselstrom umwandelt, nennt man Inverter.

Abseits der Zivilisation

Wenn du gerne für ein paar Wochen in der Wildnis unterwegs bist, wo du keine Strom- und Wasserquellen hast, solltest du sicherstellen, dass dein Fahrzeug auch dafür ausgestattet ist. Folgendes brauchst du dafür:

Eine Energiequelle. Du brauchst Strom für Lampen, Handy und gegebenenfalls einen Kühlschrank. Eine Möglichkeit, das zu bewerkstelligen, ist ein Generator, aber diese sind meist laut und werden mit Benzin betrieben, das du auch besorgen musst. Tragbare Stromstationen wie der Yeti oder der Goal Zero sind eine weitere Möglichkeit. Sie müssen aufgeladen werden, wenn sie leer sind, aber das geht mit Solarpanels ganz einfach. Diese kann man entweder fest auf dem Dach von Fahrzeugen und Tiny Houses oder an Deck des Segelbootes installieren. Man kann auch tragbare Einheiten verwenden, die in der Sonne aufgestellt werden, wenn man parkt. Kleinere Geräte wie Handys können mit einem 12-Volt-Anschluss aufgeladen werden.

Ein Inverter. Für kleinere Geräte, die man nicht mit 12 Volt aufladen kann, braucht man einen Inverter. Diese ziehen den Strom von der Batterie und wandeln ihn in Wechselstrom um (siehe gegenüberliegende Seite).

Eine Kompost-Toilette. Diese Klos sind so konstruiert, dass sie Fäkalien und flüssiges Abwasser in zwei Fächer leiten. Das Fach mit dem Urin muss alle paar Tage geleert werden, das mit den Fäkalien nur etwa einmal im Monat; es ist sogar vorteilhaft für den Kompostierungsprozess, das nur selten zu tun. Wohnmobile haben meist Grau- und Schwarzwassertanks, die je nach Größe eine bis zwei Wochen vorhalten. Man kann natürlich auch einen einfachen Spaten benutzen (siehe ausführlichere Informationen über sanitäre Einrichtungen ab Seite 272).

Ein Kochgerät. Dies kann ein propangasbetriebener Herd oder Küchenofen sein. Es kann aber auch ein einfacher Campingkocher oder offenes Feuer sein. (Immer zuerst die offiziellen Bestimmungen für offenes Feuer an dem Ort, an dem du dich befindest, nachlesen.) 12-Volt-Aufladegeräte können mit Batterien oder Solarpanels betrieben werden.

Eine Möglichkeit, sich zu waschen. Wenn du dich an einem See oder einem Fluss befindest, kannst du einfach ins Wasser springen. Für die Zeiten, an denen das nicht der Fall ist, solltest du eine tragbare Dusche wie den Road Shower (siehe Seite 317) dabeihaben.

Eine Wärmequelle. Transporter, Airstreams, Tiny Houses oder Schulbusse können mit einem kleinen Holzofen beheizt werden, wenn man mal in kühleren Gefilden unterwegs ist. (Siehe Seite 318 für Bezugsquellen).

Wie viel kostet was?

	KAUFPREIS	RENOVIERUNGSKOSTEN	ZUSATZKOSTEN
VW-BUSSE	5.000 € aufwärts für einen Vintage-Bus. Mit restauriertem Innenleben kosten sie 25.000 € oder mehr. Bei älteren Bussen müssen manchmal Motor und Getriebe komplett erneuert werden. Lege mindestens 8.000 € beiseite, um das Fahrzeug fahrtüchtig zu machen. Lege Geld für zukünftige größere Reparaturen beiseite. Positiv zu vermerken ist, dass diese Fahrzeuge oft nur kleine Schönheitsreparaturen brauchen, um bewohnbar zu sein.	Es kann teuer werden, Armaturen zu erneuern, eine zweite Batterie oder Solarpanels zu installieren. Diese Kosten unbedingt im Vorfeld einholen. Außerdem etwa 240 € jährlich für die KfZ-Versicherung einplanen.	Etwa 240 € jährlich für die KfZ-Versicherung einplanen. Durch die Umschreibung vom PKW zum Wohnmobil sinkt bei Dieselfahrzeugen die Steuer, z. B. beim mit am häufigsten gebauten VW T4 2.5TDI (102 PS) von 401 Euro als PKW auf 280 Euro als So.KFZ Wohnmobil (abhängig davon, wo du lebst).
SPRINTER	41.000 € oder mehr für einen neuen Transporter ohne Innenausbau. Ältere Modelle gibt es schon um die 5.000 €.	Es kostet zwischen 5.000 und 13.000 Dollar, einen Transporter umzubauen. Diese Kosten sind abhängig von den gewünschten Materialien und davon, wie viel du selbst machst.	Etwa 240 € jährlich für die KfZ-Versicherung einplanen. Durch die Umschreibung vom PKW zum Wohnmobil sinkt bei Dieselfahrzeugen die Steuer, z.B. beim mit am häufigsten gebauten VW T4 2.5TDI (102 PS) von 401 Euro als PKW auf 280 Euro als So.KFZ Wohnmobil (abhängig davon, wo du lebst).
AIRSTREAMS	Etwa 12.000 € für ein Vintage-Modell. 98.500 € oder mehr für einen neuen, 8,25 Meter langen 684.	Kleinere Schönheitsreparaturen fangen bei 2.500 € an. Entkernen und Renovieren kostet mindestens 10.000 €, kann aber auch wesentlich teurer sein.	Die gerundeten Wände der Airstreams erfordern Geduld. Handelsübliche Normmaße passen nicht immer, und man muss auf Sonderanfertigungen zurückgreifen. Zeit und Geld dafür einplanen.

	KAUFPREIS	RENOVIERUNGSKOSTEN	ZUSATZKOSTEN
SCHULBUSSE	15.000 € bis 30.000 € Dollar für ein amerikanisches Vintage-Modell inklusive der alten Sitze.	Um einen Schulbus bewohnbar zu machen, muss in das entkernte Fahrzeug alles extra eingebaut werden. Plane mindesten 25.000 € dafür ein. Dieser Betrag kann etwas reduziert werden, wenn du selbst mit anpackst und günstige Baumaterialien verarbeitest.	Umgebaute Schulbusse zuzulassen und zu versichern erfordert manchmal etwas Kreativität, denn viele Behörden und Versicherungsanbieter wissen nicht genau, wie sie solche Fahrzeuge klassifizieren sollen. Plane dafür Zeit und eventuell Geld ein.
WOHNMOBILE	Je nach Größe, Baujahr und Kilometerstand können solche Fahrzeuge von etwa 6.000 € bis 270.000 € kosten.	Kleine Schönheitsreparaturen kann man schon für 1.500 € bekommen, eine komplette Überholung dagegen kostet 12.000 € aufwärts.	Da Wohnmobile oft etwas größer und auf Komfort ausgelegt sind, kann die Erneuerung und Wartung von Ausstattung und Armaturen auch teuer werden. (Ein großer Wohnmobil-Kühlschrank ist teurer als ein kleiner Unterbaukühlschrank.)
TINY HOUSES	Von Grund auf neu gebaut kostet ein Tiny House zwischen 25.000 € und 65.000 €. Für ein luxuriöses Modell mit allem Komfort kann man 140.000 € und mehr veranschlagen.	Falls du kein gebrauchtes Tiny House kaufst, das du nach deinen Wünschen renovieren musst, beinhaltet der Kaufpreis in aller Regel auch die Einrichtung und Ausstattung.	Wenn du planst, dein Tiny House dauerhaft oder langfristig an einem Ort zu parken, musst du den Miet- oder Kaufpreis für das Grundstück mit einberechnen.
BOOTE	Je nach Größe, Stil (Motor- oder Segelboot) und Alter des Bootes gehen die Preise stark auseinander. Rechne insgesamt mit 3.000 € bis 250.000 € oder mehr.	Auch hier sind die Kosten abhängig vom Alter des Bootes und dem Aufwand deines Projektes.	Liegeplätze kosten zwischen 300 € und 1.500 € im Monat. Bei gebrauchten Booten kostet ein Gutachten für die Versicherung 800–1.500 € pro Fuß. Plane Geld für die Wartung und jährliche Lackierung des Kiels ein.

Die kleinen Feinheiten

Wenn die Renovierung abgeschlossen ist, ist es Zeit, sich wohnlich
einzurichten. Was musst du um dich haben, um dich wohlzufühlen?
Vielleicht spricht dich der rustikale Stil mit viel warmem Holz und
natürlichen Oberflächen an. Vielleicht neigst du eher zu etwas Moder-
nerem mit klaren Linien und minimalistischer Farbpalette. Für den
Fall, dass du erstmal ratlos bist, kommen hier zehn Tipps für dich.

1 Wähle Materialien, die kein hohes Eigengewicht haben. Greife zu Klebefolien in Fliesenoptik und zu Laminatböden, um dein Fahrzeug nicht unnötig zu belasten.

2 In haltbare Bezugsstoffe investieren. Vinyl und Holz sind leicht zu reinigen und halten auch Schmutz und ständiger Beanspruchung stand.

3 Bei einem Farbschema bleiben. Zu viele Farben auf kleinem Raum können schnell unruhig aussehen. Im Zweifelsfall immer alles Weiß streichen. Mit einem weißen Anstrich wirkt auch ein kleiner Raum hell und geräumig.

4 Ein bisschen Struktur geben. Gewebte Decken, Kissen mit Strukturmuster und weiche Schafsfelle verbreiten Gemütlichkeit.

5 Versteckte Räume nutzen. Unter Betten, an den Wänden, an der Decke – an jeder einzelnen Fläche können Haken, Regale oder Körbe befestigt werden.

6 Schubladen statt Schränke. Schubladen ermöglichen den einfachen Zugriff auf alles und ersparen es dir, dich hinknien zu müssen, um etwas im hintersten Winkel zu erreichen, wenn du wenig Platz hast.

7 Räume schaffen. Wenn du nur einen großen Raum zur Verfügung hast, teile diesen in Bereiche auf, die verschiedenen Zwecken dienen. Schlafen, essen, arbeiten, gemütlich abhängen.

8 Nur das Nötigste mitnehmen. Für Geschirr wie für Kleidung gilt: Weniger ist mehr, wenn man unterwegs ist. Was man mitnimmt, wird auch benutzt – und das bedeutet nichts anderes als mehr abwaschen, mehr Wäsche und mehr Stauraum für alles.

9 Ein Herz für Multitasking. Wähle Möbel, die mehrere Funktionen erfüllen, siehe Beispiele Seite 285.

10 Einen festen Platz für alles. So sieht dein Zuhause ordentlich und strukturiert aus. (Gute Aufbewahrungs-Ideen siehe Seite 282–293).

Wichtige Utensilien für ein mobiles Heim

Hier kommt eine Zusammenstellung unverzichtbarer Produkte, die relativ unzerstörbar, kompakt und häufig multifunktional sind – und außerdem gut aussehen.

AEROPRESS-KAFFEEMASCHINE

Erhältlich bei amazon.de

Diese Kaffeemaschine für Einzelportionen bereitet Kaffee zu, der auch im Café nicht besser schmecken würde. Sie ist außerdem leicht wie eine Feder und lässt sich einfach in einer Schublade verstauen.

PORLEX MINI-HANDKAFFEEMÜHLE AUS EDELSTAHL

Erhältlich bei www.coffeecircle.com oder www.amazon.de

Kaffeemühle mit verstellbaren Mahlgraden, von türkischem Mokka bis zu French Press. Etwas für wahre Kaffeeenthusiasten.

FALCON EMAILLEGESCHIRR

Erhältlich bei www.emaille24.de

Camper benutzen schon seit Jahrzehnten gern Emaillegeschirr, denn es ist leicht und unzerstörbar. Moderne Nomaden schätzen es aus den gleichen Gründen.

MESSER-MAGNETLEISTE

Erhältlich bei verschiedenen Anbietern (Baumarkt, IKEA, Manufactum, amazon ...)

Gegenstände des täglichen Gebrauchs wie Messer sind schnell zur Hand, wenn sie an einer an der Wand montierten Magnetleiste aufbewahrt werden.

PRODYNE OBST- UND GEMÜSE-HÄNGEMATTE

Erhältlich bei www.amazon.de

Schafft Platz auf der Arbeitsfläche und hält Früchte länger frisch: Dieses wie eine Hängematte konstruierte Netz erlaubt eine gute Luftzirkulation – das Obst kann darin atmen.

KITCHENAID AKKU-STABMIXER

Erhältlich bei www.kitchenaid.de

Mit diesem vielseitigen Utensil kann man Suppen pürieren, Smoothies zubereiten, Pancake-Teig anmischen und sogar Sahne schlagen. Bonus: Dieses Gerät wird mit einem 12-Volt-Li-Ionen-Akku betrieben.

SPÜLBÜRSTE OHNE PLASTIK

Erhältlich bei verschiedenen Anbietern (Drogeriemarkt, amazon)

Spülbürsten aus Naturmaterialien können unzählige Male benutzt werden, bis der Kopf schließlich ausgewechselt werden muss. Am Ende seiner Dienstzeit kann er kompostiert werden.

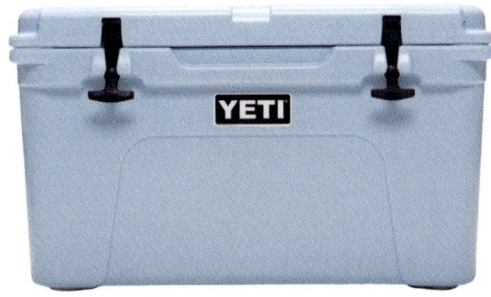

TUNDRA 45

Erhältlich bei www.eu.yeti.com

Diese Kühlboxen sind für draußen gebaut und sehr stabil. Sie sind in diversen Größen erhältlich.

YAKIMA CAMP DECKE

Erhältlich bei www.countryattire.de

Robuste, widerstandsfähige, mittelschwere Überdecke, die auf dem Bett und auf der Couch gut aussieht, aber auch als Picknickdecke geeignet ist. Trotzdem ist sie kuschelig genug, um sich an kalten Abenden darin einzuwickeln.

BOLGA-KORB

Erhältlich bei www.gepa-shop.de

Diese Körbe sind aus Elefantengras geflochten. Man kann sie auf dem Markt voller Gemüse packen, seine Decken darin lagern oder sie an einen Haken hängen und Kleider darin aufbewahren.

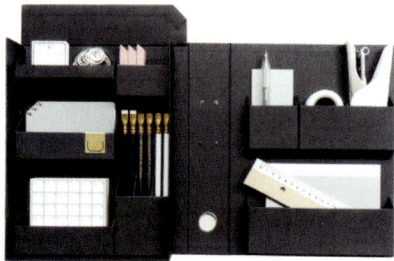

CARRY-ALL-ORDNER

Erhältlich bei www.presentandcorrect.com

In diesen Ordner passt ein ganzes Büro. Die Box ist so konzipiert, dass Stifte und Bleistifte, Schere, Notizhefte, Hefter und Klebeband einsortiert werden können. Den Ordner stellt man dann zugeklappt ins Regal.

BULLDOG CLIPS

Erhältlich bei www.modulor.de

Du kannst damit aufgerollte Stoffgardinen fixieren oder deine neuesten Fotos aufhängen. Sie sind erstaunlich günstig und für unendliche viele Verwendungszwecke geeignet.

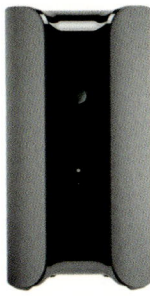

CANARY ALL-IN-ONE

Erhältlich bei www.canary.is

Diese Alarmanlagen haben Kameras mit
Nachtsichtmodus, der Aufnahmemodus wird mithilfe
eines Bewegungsmelders eingeschaltet und das Gerät
hat eine Messfunktion für Luftqualität. Über eine App er-
hältst du Warnungen und kannst die Aufnahmen einsehen.

BANG & OLUFSEN
BEOPLAY A1 LAUTSPRECHER

Erhältlich bei www.bang-olufsen.com

Mit einer Laufzeit von bis zu 24 Stunden und
einer wasser- und staubgeschützten Hülle kann
dich dieser kleine, aber starke Lautsprecher auf
alle deine Abenteuer begleiten.

DYSON V11 TORQUE DRIVE

Erhältlich bei www.dyson.de

Die cleveren Aufsätze dieses Akku-Saugers passen
auch in die kleinsten Ritzen, er kann harte und weiche
Oberflächen reinigen und er zeigt bis auf die Sekunde an,
wie viel Batterieleistung er noch hat.

NOMADIX-HANDTUCH

Erhältlich bei nomadix.co

Dieses schnell trocknende, super saugfähige Handtuch
ist aus recycelten Plastikflaschen hergestellt. Es macht sich
am Strand und auf dem Campingplatz ebenso gut wie als
Yogamatte. Als Zusatzbonus sieht man auf der National Parks
Collection im Grand-Canyon-Design keine Flecken.

Es geht los

Du bist jetzt bereit zu starten. Ab jetzt wird sicher alles ganz einfach, denkst du? Falsch gedacht! Viele Nomaden bestätigen, dass die ersten paar Wochen die härtesten sind. Hier sind ein paar Infos, die hoffentlich dafür sorgen werden, dass diese ersten Tage (und die Tage danach) etwas glimpflicher verlaufen.

Wo parke ich?

Obwohl alle zugeben, auch schon auf Supermarkt-Parkplätzen und hinter Tankstellen übernachtet zu haben, ziehen die meisten es vor, wild oder auf dafür zugelassenem Gelände zu campen. Das Parken gehört in **Deutschland** zum „Gemeingebrauch" und ist überall dort erlaubt, wo es nicht ausdrücklich verboten ist. In **Europa** gibt es teilweise große Unterschiede im jeweiligen Land: von dichten Stellplatznetzen und Verboten je nach Regionen (z.B. in Italien, Finnland, Österreich, Frankreich) bis hin zum generellen Verbot von Übernachtungen außerhalb von Camping-und Stellplätzen (z.B. in Kroatien, Spanien, Ungarn).

Informiere dich also sorgfältig über die jeweiligen Regeln, egal, ob du in Europa oder etwa in Amerika oder Neuseeland unterwegs bist. Grundsätzlich gilt: Die Kenntnis der Vorschriften, Umsicht und vor allem Rücksichtnahme und ein verständnisvolles Auftreten erschließen im In- und Ausland so manchen Parkraum, auch, wenn du mal dort parkst, wo du es nicht tun solltest.

Unter den Eigentümern von Mobilheimen herrscht ein gewisser Besitzanspruch auf Lieblingsplätze. Mit der zunehmenden Beliebtheit dieses Lebensmodells kann es mancherorts überlaufen sein – es gibt also die Tendenz zur Verschwiegenheit darüber, wo man parkt. Wenn Grünschnäbel eine begehrte Stelle auf den sozialen Medien preisgeben, können sie damit durchaus einen Shitstorm riskieren.

Dennoch hat diese Community diverse Plattformen zu bieten, auf denen auch Lieblingsplätze geteilt werden. Einige der beliebtesten finden sich auf www. freecampsites.net und www. campendium.com. Beide gibt es auch als App.

GELÄNDE IM STAATSBESITZ

Nationalparks und beliebte Ausflugsziele bieten überall auf der Welt einige der malerischsten Campingplätze. Dort solltest du unbedingt rechtzeitig reservieren (bis zu sechs Monate vorher), und natürlich hat dieses Privileg auch seinen Preis. Wenn du auf deiner Tour z.B. mehrere amerikanische Nationalparks besuchen willst, kann sich ein Jahrespass lohnen.

Das Bureau of Land Management (www.BLM.gov) ist eine Behörde, die über 247 Millionen Morgen Land verwaltet. Auf dem Großteil dieses Geländes darf man umsonst campen. Als Faustregel gilt: Wer zuerst kommt, mahlt zuerst. Es gibt online verfügbare Karten dieser Gebiete. Das Land wird größtenteils nicht gewartet, du musst also selbst Wasser, Müllsäcke und Ähnliches mitbringen. Einige dieser Landstriche sind extrem abgelegen, sodass du dort eventuell kein Netz hast.

Für das **Crown Land** in Kanada gelten in etwa die gleichen Regeln wie die des BLM, allerdings gibt es in den Provinzen unterschiedliche Camping-Regeln. In aller Regel darf man bis zu 21 Tage pro Kalenderjahr an einem Ort bleiben.

In **Neuseeland** gibt es staatlich geführte Plätze für Camper beispielsweise im Fjordland Nationalpark oder im Tongariro Nationalpark. Diese sind oft erheblich günstiger als die privat geführten Campingplätze, sollten aber aufgrund der begrenzten Anzahl an Stellplätzen bereits im Voraus gebucht werden.

WILD CAMPEN

Darunter versteht man Campen abseits der Strom- und Wasserversorgung, meist in der freien Natur. Es gibt weltweit sehr große Unterschiede, was das Tolerieren dieser Praxis angeht, und jedes Land hat seine eigenen Regeln dafür. Informiere dich im Voraus genau, wie es dort geregelt ist, wo du hinwillst, oder spreche mit den Einheimischen. Es gibt viele Reiseführer und Websites, die den lokalen Umgang erläutern. Im schlimmsten Fall wird man von der Polizei vertrieben oder verwarnt und muss Strafe zahlen.

LANGZEITPARKEN

Wenn du vorhast, länger als einen Monat an einem bestimmten Ort zu bleiben, kann es sinnvoll sein, einen Dauerparkplatz zu suchen. Wohnmobilstellplätze können eine Lösung sein, vor allem in Städten, wo Parkraum teuer ist. Über die Craigslist und andere zertifizierte Websites lassen sich Plätze in Einfahrten oder ländlichen Regionen zur Miete finden.

ARBEITEN AUF BAUERNHÖFEN ODER WEINGÜTERN

Über die World Wide Opportunities in Organic Farms (WWOOF) oder Harvest Hosts kann man die Chance bekommen, das Landleben einmal ganz anders kennenzulernen. WWOOF bietet im Austausch für Kost und Logis (falls gewünscht) praktische Erfahrung in der Landwirtschaft von Ackerbau bis Viehzucht. Gegen eine jährliche Mitgliedschaft bei Harvest Hosts kann man über Nacht mit seinem Wohnmobil auf an der Organisation beteiligten amerikanischen Bauernhöfen und Weingütern bleiben.

SISTERS ON THE FLY

Diese ihren Mitgliedern vorbehaltene Organisation bietet Frauen die Möglichkeit, die große Freiheit ohne Vorurteile oder Angst zu erkunden. Seit der Gründung 1999 sind über 12.000 Frauen in den Vereinigten Staaten und Kanada beigetreten.

Bei der Untergruppe Sisters on the Curb können die Mitglieder umsonst auf den Grundstücken der anderen Schwestern parken, wenn sie in deren Gegend kommen.

YACHTHÄFEN UND SEGELN

Wenn man auf einem Segelboot lebt, ist man ganz eigenen Regeln unterworfen. Wenn man seinen permanenten Wohnsitz auf das Boot verlegen und im Yachthafen ankern möchte, muss man sich für einen Liegeplatz bewerben und eine Erlaubnis erwirken. Ist man Mitglied der Marina geworden, erlauben auch die meisten anderen Clubs das kurzzeitige Anlegen an ihren Stegen. Segler, die von Hafen zu Hafen segeln, dürfen auch auf offener See vor Anker gehen, wenn das ohne Gefahr möglich ist. Wenn du diese Möglichkeit wählst, investiere unbedingt in gute Ankerlichter, damit andere Boote dich von nah und fern gut sehen können. Wenn du vorhast, häufig auf diese Weise zu ankern, ziehe in Erwägung, ein gutes Dinghy (Beiboot) anzuschaffen, um an Land zu kommen.

Kosten

Hier folgen eine kurze Auflistung von Kosten und ein paar Tipps, mit denen sich das Budget strecken lässt.

Benzin. Das ist der bei weitem kostenintensivste Posten beim mobilen Leben. Manche Kreditkarten haben sehr günstige Payback-Angebote. Hier findest du günstige Tankstellen: www.gasbuddy.com, www.waze.com oder in Deutschland www.clever-tanken.de. Plane längere Aufenthalte zwischen längeren Strecken ein, oder beschränke dich auf eine Tankfüllung pro Monat und lerne dafür einen bestimmten Ort besser kennen.

Lebensmittel und Wasser. Wenn man selbst kocht, ist das immer günstiger als essen zu gehen. Halte unterwegs an Obst- und Gemüseständen oder Märkten. Tipp: In manchen Waschsalons gibt es auch Waschbecken – fülle deine Wasservorräte dort auf, während du Wäsche wäschst.

Instandhaltung. Vergiss nicht die regelmäßigen Ölwechsel und andere Instandhaltungsmaßnahmen. Wenn du nicht in der Lage bist, einfache Reparaturen selbst zu machen, lerne es. Du willst nicht jedes Mal die nächste Werkstatt ansteuern müssen. Es ist trotzdem ratsam, einen Notgroschen für größere Reparaturen zu haben.

Camping-Gebühren. Hin und wieder musst du wahrscheinlich auf einen bezahlten Campingplatz. Normalerweise kostet das 20 bis 40 € pro Nacht. Wenn du

dein Fahrzeug so ausstattest, dass du es auch abseits der Anschlüsse nutzen kannst (siehe Seite 303), spart das Kosten.

Mitgliedschaft im Fitnessstudio. Die Ausstattung zum Fitbleiben ist ein Vorteil solcher Studios – aber noch wichtiger sind die heißen Duschen. Mc Fit in Europa oder Fit Planet Fitness in Amerika bieten Mitgliedschaften für etwa 20 € pro Monat, und man darf häufig auf seinen Mitgliedsausweis auch einen Gast mitbringen.

Harte Zeiten

Nicht alle Tage werden rosig sein. Einen alternativen Lebensstil zu pflegen ist harte Arbeit, und vieles, was wir in unserem Alltag als gegeben voraussetzen, wird plötzlich viel schwieriger.

Das Wetter. Wenn die Welt dein Wohnzimmer ist, spürst du das Wetter mehr. Vielleicht setzen dir kalte, regnerische Tage zu. Anderen macht eher unbarmherzige Hitze zu schaffen. Ziehe also die Wetterverhältnisse für deine Reiseroute mit in Betracht.

Einsamkeit. Obwohl du auf deinen Reisen bestimmt Hunderte interessante Menschen kennenlernen wirst, werden eher wenige davon zu engen Freunden. Manchen fällt diese Isolation sehr schwer. Denke darüber nach,

zu besonderen Anlässen deine Heimat zu besuchen oder enge Freunde ein Stück mitzunehmen. Oder nimm Kontakt zu anderen Nomaden in deiner Gegend auf und verabrede dich irgendwo.

Kein Sicherheitsnetz. Wenn es hart auf hart kommt, kannst du dich wirklich nur auf dich selbst verlassen. Wenn zum Beispiel dein Auto liegenbleibt, musst du selbst in der Lage sein, es wieder flott zu bekommen. Sei der Fremde, der anderen hilft, wenn sie am Straßenrand gestrandet sind – in der Hoffnung, dass diese Hilfe auch dir in der Not entgegengebracht wird. Am Ende wird jedes Problem dich nur stärker und widerstandsfähiger machen.

Die Abwesenheit von Routine. Manche Leute kommen nicht gut damit zurecht, nicht mehr jeden Tag zur Arbeit zu gehen. Wenn du ein morgendliches Ritual brauchst, um in den Tag zu starten, überlege dir etwas, das gut zu deinem mobilen Leben passt: Gehe jeden Morgen spazieren, plane deine nächste Route oder entwickele eine Checkliste mit all den Dingen, die du morgens tun musst, bevor du losfahren kannst.

Bezugsquellen

Airstream-Ersatzteile

AIRSTREAM 4 U
www.airstream4u.de
Diese Firma bietet Ersatzteile für alle Airstream-Modelle, vom Vintagemodell bis zu den aktuellen Baujahren. Sie haben Tür-Teile, Achsen, Betten, Bremsen und Fenster vorrätig.

VINTAGE TRAILER SUPPLY
www.vintagetrailersupply.com
Seit über 15 Jahren versorgt dieses Unternehmen die Besitzer alter Airstreams mit originalen und nachgebauten Ersatzteilen. Unter anderem kann man hier Geräte, Markisen, Installateurbedarf und Scheinwerfer beziehen.

Geräte und Campingbedarf

CAMP CHEF
www.campingshop-24.de
Eine gute Bezugsquelle für alles mögliche rund um den Camperbedarf. Von Kochzubehör über Möbel, Sanitär und Wasserversorgung bietet dieser Online-Shop zahlreiche Artikel rund ums Camping an.

MOVERA
www.movera.com
Dieser Shop ist vor allem auf Elektro-, Gas- und Wasserversorgung im Camper spezialisiert. Ebenso finden sich hier Kochboxen, Vorzelte und Küchengeräte.

VITRIFRIGO
www.vitrifrigo.com
Dieser renommierte italienische Hersteller ist auf Kühlgeräte für Wohnwagen, Boote, LKW und andere Automobile spezialisiert.

YETI
www.eu.yeti.com
Yeti ist am bekanntesten für hart- und weichschalige Kühlboxen und Trinkbecher. Es ist einer der großen Namen im Outdoor-Segment. Die Produkte zeichnen sich durch geschmackvolles Design aus, das designbewusste Reisende anspricht.

Stoffe und Textilien

STOFFKONTOR
www.stoffkontor.eu
Calico bietet Tausende Stoffe (auch Outdoor- und Markisenstoffe) an. Es gibt einen Onlineshop und eine Niederlassung in Norddeutschland.

STOFFERIA
www.stofferia.de
Diese Website bietet eine riesige Auswahl an schön bedruckten Polsterstoffen, Gardinenstoffen, Outdoorstoffen und mehr an – hier ist für jeden etwas dabei.

SPOONFLOWER
www.spoonflower.com
Spoonflower ist ein wunderbarer Anbieter für stylishe Bezugsstoffe; hier kann man sogar seine eigenen Designs auf den Stoff drucken lassen.

TRUE FABRICS
www.truefabrics.de
Eine sorgfältig kuratierte Auswahl von bunten Stoffen aus der ganzen Welt, auch Bio-Baumwolle und Reste. 10 % der Einnahmen gehen an Hilfsprojekte. Es wird Wert auf Nachhaltigkeit gelegt.

INSTA.LINEN
www.instalinen.com
Bei Instalinen gibt es wunderschöne, in den USA gefärbte Stoffe, von Metallic über hauchdünn bis zu Bezugsstoffstärke, sowie Baumwolle-Leinen-Stoffe als Meterware.

Wasserhähne und Armaturen

REIMO
www.reimo.com/de
Neben einer Fülle von anderen Zubehörteilen bietet dieser Online-Shop auch eine große

Auswahl an Waschbecken, Wasserhähnen und Armaturen für Camper und Wohnmobile an.

ECCOTEMP

www.eu.eccotemp.com

Der Marktführer unter den tanklosen tragbaren Wassererhitzern ist ein Familienunternehmen, das diverse Durchlauferhitzermodelle anbietet.

TOMTUR

www.tomtur.de

Die Kompost-Toilette von Nature's Head ist beliebt bei den Bewohnern von ausgebauten Bussen und Tiny Houses. Auf der Website wird dieses Sanitär-Produkt ausführlich erklärt, und es gibt außerdem einen großen FAQ-Bereich.

CAMPINGSHOP-24

www.campingshop-24.de

Dieser Onlineshop bietet eine gute Auswahl an Camping-Duschsystemen, auch Solar-Duschen finden sich hier.

Möbel und Innendekoration

ETSY

www.etsy.com

Etsy ist eine Dachmarken-Plattform, auf der kunsthandwerkliche und kleine Ein-Personen-Betriebe ihre Waren vertreiben. Hier findet man ausgezeichnete handgemachte, einzigartige Produkte.

IKEA

www.ikea.de

Die bezahlbaren, gut designten Küchen von IKEA passen in umgebaute Schulbusse oder Tiny Houses ebenso wie in konventionelle Häuser. In den überall auf der Welt vertretenen Geschäften findet man außerdem Hausrat, Bettwäsche und Dekokissen.

1767

www.1767designs.com

Dieses kleine Nashviller Designstudio bietet eine begrenzte Auswahl rustikaler Wanddekorationselemente, die aus recyceltem Altholz aus Abrissobjekten angefertigt werden.

ATISAN

www.atisan.de

Dieser Onlineshop bietet schöne Dekoartikel in Naturfarben und aus natürlichen Materialien wie Seegras, Bambus und Holz aus zertifizierter nachhaltiger Forstwirtschaft an. Die Produkte wie Kissenbezüge, Steingutgeschirr oder Körbe werden von kleinen traditionellen Handwerksbetrieben weltweit hergestellt.

AVOCSDOSTORE

www.avocadostore.de

Rohstoffe aus Bio-Anbau made in Germany, vegane Materialien und schadstoffreduzierte Herstellung zeichnen diesen Shop aus, der neben Kleidung auch allerhand schöne Deko- und Wohnartikel anbietet, von Textilien über

Küchenutensilien, Badzubehör und Hygieneartikeln bis hin zu Bürozubehör.

LILLIGREENSHOP

www.lilligreenshop.de

Nachhaltige Produkte wie Geschirr, Trinkflaschen, Lunchboxen, aber auch Küchenzubehör, Kerzen und Lampen finden sich in diesem feinen Onlineshop, dessen Motto „Zero Waste" sich auch in der Verwendung von recyceltem Glas wiederfindet.

SACKCLOTH & ASHES

www.sackclothandashes.com

Gründer Bob Dalton wurde inspiriert, den Obdachlosen zu helfen, als seine Mutter 2013 gezwungen war, auf der Straße zu leben. Für jede verkaufte Decke wird auch eine Decke einem lokalen Obdachlosen-Hort gespendet. Versand auch nach Deutschland.

SOCIETY 6

www.society6.de

Auf dieser Online-Plattform werden Hunderttausende Künstler aus aller Welt repräsentiert. Verkauft wird alles von bezahlbarer Kunst bis zu Überwurfdecken und Dekokissen.

VAUDE

www.vaude.com

Der deutsche Zelthersteller setzt auf Familientradition, nachhaltige Materialien und umweltschonende Produktionsabläufe.

Dies und das

DOMETIC

www.dometic.com

Dieser weltweit vertretene Anbieter ist auf alles spezialisiert, was man für einen mobilen Lebensstil braucht, einschließlich Kühlschränken, Kochplatten, Backöfen und Klimaanlagen.

CAMP CHEF

www.campingshop-24.de

Eine gute Bezugsquelle für alles mögliche rund um den Camperbedarf. Von Kochzubehör über Möbel, Sanitär und Wasserversorgung bietet dieser Onlineshop zahlreiche Artikel rund ums Camping an.

Heizungen

DICKINSON MARINE

www.dickinsonmarine.com

Dickinson Marine baut seit dem Jahr 1932 innovative Küchenöfen, Grills und Heizöfen für den Schiffsbedarf. Die Verwendung dieser Geräte ist aber nicht auf Boote beschränkt. Die Heizöfen tauchen auch immer öfter in Tiny Houses und in umgebauten Bussen auf. Webseite auf Englisch, internationaler Versand.

FOUR DOG STOVE

www.fourdog.com

Die kleine Firma Four Dog Stove ist ein Familienbetrieb aus St.

Francis, Minnesota. Dort werden maßangefertigte leichte Zelte und im Rucksack transportierbare Öfen mit passendem Kochgeschirr aus Titan angefertigt. Webseite auf Englisch, internationaler Versand.

TINY WOOD STOVE

www.tinywoodstove.com

Der Gründer des Unternehmens, Nick Peterson, und seine Familie leben und arbeiten im Airstream. Als sie auf der Suche nach einer autarken Heizmethode waren, entschieden sie sich für Holz als Brennmaterial, konnten aber keinen Ofen finden, der ihre Bedürfnisse erfüllte. So wurde Tiny Wood Stove geboren, die Firma, die sich auf kleine Holzöfen und deren Zubehör spezialisiert hat. Bei einer Bestellung über 1000$ ist internationaler Versand durch ein Speditionsunternehmen möglich.

Ein Zuhause mieten oder kaufen

ESCAPE CAMPERVANS

www.escapecampervans.com/de/

Diese preisgekrönte Vermietung von ausgebauten Bussen bietet Destinationen in den Vereinigten Staaten und Kanada an. Es gibt über 450 voll ausgestattete Busse mit maßangefertigter Einrichtung im Angebot, perfekt für ein Wochenende oder längere Touren.

GETAWAY

www.tinyhousevillage.de

Getaway bietet einfache, wunderschön designte Hütten zum Verkauf an, welche mit ökologischen Materialien gebaut werden. Außerdem bietet das Team Workshops rund um das Thema Tiny Hausbau an.

ALPENHOLZMASSIV

alpenholzmassiv.de

Diese Holz-Manufaktur aus Süddeutschland stellt neben Holzdekoration für Innen und Außen auch Tiny Houses in unterschiedlichen Größen und Ausführungen her.

UCAMPING

www.ucamping.com/de

Ucamping ist eine intuitive und informative Website, um Campingplätze zu buchen und sich über Camping-Reiseziele zu informieren.

WICKED CAMPERS

www.wickedcampers.ca

Diese Campingbusse sind auf der ganzen Welt verteilt. Die Ausstattung der Wicked Campers schließt Matratzen, Gasöfen, Besteck, Geschirr und Kühlboxen mit ein. Deutscher Standort in München.

Beleuchtung

LED POWERSHOP

www.led-powershop.de
Bei LED Powershop findet man
für Wohnmobile und Boote kon-
zipierte LED-Deckenlampen und
Leuchten in großer Auswahl.

LUCENT LIGHTSHOP

www.lucentlightshop.com
Hier gibt es eine kleine, moderne
Auswahl an Hängelampen und
Wandleuchten in Schwarz und
Messing, die speziell für Wohn-
mobile und Campingbusse
gemacht sind. Lucent Lightshop
bietet für jeden Bedarf die rich-
tige Lampe und internationalen
Versand.

Bootsbedarf

SVB

www.svb.de
Seit 1989 bietet dieser Shop mit
Sitz in Bremen alles, was dazu
dient, dass es auf dem Boot glatt
läuft, von Elektronik und Sanitär
über Pflege und Sanierung bis
hin zu Navigation und Beklei-
dung.

Solar-und Energiequellen

SOLAR POWER SUPPLY

www.solarpowersupply.de
Dieser Hersteller bietet sowohl
fest installierte Solarmodule als
auch tragbare Stromquellen, USB-
Powerbanks und eine Auswahl
von Solarlampen und -laternen.

GREENAKKU

www.greenakku.de
Greenakku bietet ein breites
Sortiment an effektiven Solar-
Panels in verschiedenen Größen,
Ausführungen und Preisklassen.

RENOGY

www.renogy.com
Solarausrüstung, Solarpanels,
Lade-Controller, Inverter,
Generatoren und Deep-Cycle-
Batterien – das sind die Produkte,
für die Renogy als Unternehmen
für erneuerbare Energie mehrfach
ausgezeichnet wurde. Der Dienst-
leister bietet hoch effiziente
Produkte zu extrem kompetitiven
Preisen.

Die Eigentümer

DANIELLE BOUCEK &
TOMMY KRAWCZEWICZ
@slowcarfasthome
slowcarfasthome.com

BROOKE BUDNER
@brookebudner
brookebudner.squarespace.com

JACE & GIDDI
CARMICHAEL
@ourhomeonwheels
ourhomeonwheels.com

BRETT COLVIN
@pointerandpine
pointerandpine.co

SUNNY COOPER
@migrationsofsun

YOAV ELKAYAM
@yoav.kafets
yoavkafets.bigcartel.com

JOHN ELLIS &
LAURA PRESTON
@thelonglongairstream
@vacilandoquilting
vacilandoquilting.co

NASH & KIM FINLEY
@thenomadicpeople
bareescape.com

BELA FISHBEYN &
SPENCER WRIGHT
@belafish
tinymigrations.com

MICHAEL FUEHRER
@navigationnowhere
navigationnowhere.com

RAPHAËLLE GAGNON &
MARK COELHO
@borealfolk
borealfolk.ca

ROBERT & SAMANTHA
GARLOW
@shed_tinyhouse
shedsistence.com

MARCELLA GAROFALO &
TANNAZ DARIAN
@lostintrillium

DEVIN GROODY &
CATRIN SKAPERDAS
@devingroody
@finallytiny
@travelingfemale

MATT H-B &
STEPHANIE RHODES
@slownsteadylivin
slownsteadylivin.com

ALEXANDRA KEELING &
WINSTON SHULL
@alexandra_abroad
@winston_wandering

KATHARINA KÖRFGEN
@kathawillsommer
saltysoulsexperience.com

KIERAN & PAULINE
MORRISSEY
@kieranmorrissey
@paulinemorrissey
paulinemorrissey.com

ASHLEE NEWMAN
@loveisintheairstream
ashleenewman.com

KATE OLIVER &
ELLEN PRASSE
@themoderncaravan
themoderncaravan.com

ASHLEY & DINO PETRONE
@arrowsandbow
arrowsandbow.com

WIM & ANNEKE
ROBBERTSEN
@woonschip_robbedoes
woonschiprobbedoes.nl

AUDREY & GARRETT
RUHLAND
@thisldu
thisldu.com

SINA SCHUBERT &
CARSTEN KONSEN
@wander.horizons
wanderhorizons.com

ASHLEY & BRANDON
TREBITOWSKI
@trebventure
trebventure.com

KYLA TRETHEWEY
@ourwildabandon
ourwildabandon.com

KIT WHISTLER &
J. R. SWITCHGRASS
@idletheorybus
idletheorybus.com

Dank

Ein Buch zu produzieren bedeutet Zusammenarbeit im wahren Sinne des Wortes. Es war mir eine Ehre, von so vielen talentierten und klugen Menschen umgeben zu sein (die meisten von ihnen Frauen!).

Ich danke allen, die uns die Türen zu ihren Wohnwagen geöffnet haben, uns an Bord ihrer Schiffe gebeten haben und uns in ihren Schulbussen mitgenommen haben. Ihr habt uns eure Geschichten erzählt, und ich bin beeindruckt von eurem Mut und eurer Bereitschaft, euch dem Abenteuer zu stellen.

Meiner Mitstreiterin und Fotografin Sian Richards, die mich auf allen Wegen, die zu diesem Buch geführt haben, begleitet hat, möchte ich sagen: Es ist ebenso dein Buch wie meines. Dein mitfühlendes Auge sieht die Dinge, wie ich es niemals könnte. Du hast diesem Buch Herz und Seele gegeben.

Vielen Dank allen Menschen bei Artisan. Schon während der ersten Gespräche mit Herausgeberin und Redaktionsleiterin Lia Ronnen und Lektorin Bridget Monroe Itkin wusste ich, dass ich in guten Händen war. Beide waren schon ab dem ersten Anruf mit Feuer und Flamme dabei, und haben gleich zu Anfang schon die schwierigen Fragen gestellt. Ein besonderer Dank an Bridget, die sich akribisch dieses Buches angenommen hat. Deine Klugheit und das nie endende Arbeitsethos sind eine Inspiration für mich. Danke auch Sibylle Kazeroid, Bella Lemos und Elise Ramsbottom, dass ihr dieses Buch in die richtigen Bahnen gelenkt habt. Eurer Arbeit hinter den Kulissen ist es zu verdanken, dass der Prozess so reibungslos ablief. Danke an das Kreativteam bei Artisan: Michelle Ishay-Cohen, Nina Simoneaux, Jennifer K. Beal Davis, Barbara Peragine und Hanh Le. Ihr habt diesem Buch einen Geist gegeben, den es durch Text und Fotos alleine nicht gehabt hätte. Und Allison McGeehon, Theresa Collier, May Michelson und Patrick Thedinga danke ich dafür, dass sie dafür gesorgt haben, dass das Buch unter die Leute kommt.

Meiner Agentin Maria Ribas bei Stonesong gebührt ebenfalls besonderer Dank. Du bist mit mir ins kalte Wasser gesprungen und hast dann unermüdlich dafür gekämpft, dass mein Traum in Erfüllung geht. Deine Orientierungshilfe war unbezahlbar.

Dem Team beim House & Home Magazine, insbesondere Linda Reeves, möchte ich dafür danken, dass sie mir Zeit und Raum für das Schreiben des Buches gegeben haben, dieses Projekt zu verfolgen.

Meine lieben Freunde Murray Whyte und Rose Pereira haben entscheidend dazu beigetragen, diesem Buch zum Start zu verhelfen. Ich bin dankbar für eure Freundschaft und euer Fachwissen als Lektoren. Danke, Murray, dass du dich immer wieder auf endlose Gespräche eingelassen und mir dabei geholfen hast, meiner eigenen Stimme vertrauen zu lernen. Rose, an deren wachen Blick ich immer und immer wieder appelliere – ich glaube nicht, dass ich dir jemals genug danken kann für all deine mir geopferte Zeit.

Dank an meine Eltern und meine Schwestern, die meine ersten Reisebegleiter waren. Das Buch ist so etwas wie eine Ode an die vorbeisausenden Landschaften und die gemeinsam erlebten Geschichten meiner Kindheit. Zuhause wird für mich immer dort sein, wo wir fünf zusammen sind.

Ich danke meinen Kindern Henry und Orla, die mich ermutigt haben und sich immer wieder über all die Souvenirs gefreut haben, die ich von meinen Reisen mitgebracht habe. Ich hoffe, dieses Buch wird euch Inspiration sein, eure eigenen Träume zu leben und eurem Herzen zu folgen, wenn die Zeit dafür gekommen ist.

Und zu guter Letzt ist da noch mein Mann Myles, der nicht nur alles in ruhige Bahnen gelenkt hat, sondern auch sein talentiertes Auge diesem Buch gewidmet hat – ich bin dir unendlich dankbar.

Index

Emma Reddington ist Gründerin von *Marion House Book*, einer Webseite für Design, deren Marke Millionen von Fans erreicht. Sie ist ebenfalls Herausgeberin des *House & Home Magazins*. Reddington hat bereits bei bekannten Formaten wie *Elle Decor*, *Good Housekeeping*, *HGTV Magazine*, West Elm, Etsy, Home Depot und vielen anderen mitgewirkt. Sie lebt in Toronto, Canada, und kann auf Instagram unter @marionhousebook gefunden werden.

Sian Richards ist Fotografin und lebt in Toronto und Boston. In ihren Arbeiten fokussiert sie sich auf Inneneinrichtung, Design und Lifestyle Fotografie. Sie arbeitet unter anderem für die *New York Times*, *Good Housekeeping*, *Chatelaine*, *House & Home* und *West Elm*. Ihre Arbeiten findet man auf sianrichards.ca.